Nivel
A2

Cris
Mar
María de
Nit

Coordinadora
Olga Cruz Moya

¡Genial!
Curso de español

Incluye

Libro del alumno
Cuaderno de actividades
Banco léxico
Gramática afectiva
A escena: vídeos de apoyo
#ComunidadesDeAprendizaje

incluye
libro digital
www.blinklearning.com

blink
LEARNING

en CLAVE ELE

audio descargable

Dirección editorial: enClave-ELE

Autoras: Cristina García Sánchez, Manuela Mena Octavio, María del Carmen Méndez Santos, Nitzia Tudela Capdevila

Coordinadora: Olga Cruz Moya

Edición: Paula Queraltó

Diseño y maquetación: Diseño y Control Gráfico

Cubierta: Diseño y Control Gráfico

Fotografías: © Shutterstock; © Edit-enclave; pág. 10: © Nitzia Tudela; pág. 12: http://bit.ly/2GIbf9W; pág. 14: http://bit.ly/2CK8v9I; http://bit.ly/2otDId7; pág. 24: Tania Duiker/Shutterstock.com; Bloomicon/Shutterstock.com; pág. 25 (31, 53, 103, 137, 141, 154): rvlsoft/Shutterstock.com; pág. 26: sportpoint/Shutterstock.com; Ivan Negin/Shutterstock.com; pág. 27: http://bit.ly/2EM7AvB; http://bit.ly/2F0giFC; pág. 30: tanuha2001/Shutterstock.com; pág. 34: Don Mammoser/Shutterstock.com; pág. 36: http://bit.ly/2BSd3OH; http://bit.ly/2GGpbRX; http://bit.ly/2FnUxxi; http://bit.ly/2EZqcr6; http://bit.ly/2F0qIF6; pág. 38: Shanti Hesse/Shutterstock.com; pág.41: http://bit.ly/2BO094k; http://bit.ly/2oqjWhC; http://bit.ly/2GEwOIu; http://bit.ly/2sNTap5; http://bit.ly/2Cd6reR; pág. 42: http://bit.ly/2Cme1Uy; http://bit.ly/2EV6C09; http://bit.ly/2GKQ5YP; http://bit.ly/2oz6to2; http://bit.ly/2wY7nR0; pág. 45: http://bit.ly/2EPreCL; http://bit.ly/2FoXzkO; www.elmundo.es; pág. 48: Brandon Bourdages/Shutterstock.com; LMspencer/Shutterstock.com; http://bit.ly/2BLfxhC; pág. 52: http://bit.ly/2sYAwLa; http://bit.ly/2EYXrHT; http://bit.ly/2CEkCoE; pág. 56: http://bit.ly/2sNFvyb; pág. 58: http://bit.ly/2EU9LgC; http://spoti.fi/2HPBrAX; http://bit.ly/2EVg6Ek; rvlsoft/Shutterstock.com; pág. 62: http://bit.ly/2GCSO6O; pág. 66-67: http://bit.ly/2sOuJb4; http://bit.ly/2EUB6eA; http://bit.ly/2EOkepG; http://bit.ly/2F1pGcc; http://bit.ly/2t0eQ1n; http://bit.ly/2BNeiif; http://bit.ly/2HMvlBz; pág. 68: http://bit.ly/2CgEH97 pág. 70: http://bit.ly/2ENB7oE; http://bit.ly/2BPVwGW; http://bit.ly/2EWqmMu; http://bit.ly/2sPh9UJ; pág.71: http://bit.ly/2ELSUwv; pág. 73: Matyas Rehak / Shutterstock.com; pág. 76: http://bit.ly/2F7VYCs; http://bit.ly/2os4rXA; http://bit.ly/2sX2C9J; pág. 80-81: http://bit.ly/2GKSm6j; pág. 83: http://bit.ly/2EMnTEh; http://bit.ly/2EQf7Fz; http://bit.ly/2CL4lON; pág. 86: http://bit.ly/2Fx0BUj; http://bit.ly/2os2YAh; http://bit.ly/2BR9rMN; pág. 87: Goran Jakus/Shutterstock.com; © Leticia Santana; pág. 90: http://bit.ly/2oAqb2v; http://bit.ly/2osQhp7; http://bit.ly/2oCtVkm; http://bit.ly/2or9YgK; pág. 95: http://bit.ly/2olmrT9; pág. 96-97: © María Méndez; © Leyre Alejaldre; © Cristina García; © Diego Ojeda; © Daniel Hernández; pág. 100: http://bit.ly/2t4yr0v; http://bit.ly/2orGrUy; http://bit.ly/2GKI6el; http://bit.ly/2CIBISG; pág. 104: http://bit.ly/1XwkJLK; pág. 106: http://bit.ly/2EWkG5k; http://bit.ly/2CDNwp8; http://bit.ly/2EZXI0d; http://bit.ly/2F76Ujy; pág. 112: Rose Carson/Shutterstock.com; Maxisport/Shutterstcok.com; Maxisport/Shutterstock.com; http://bit.ly/2opop5i; Mai Groves/Shutterstock.com; http://bit.ly/2CexhTA; http://bit.ly/2Fp3M01; http://bit.ly/2EXz0Oa; http://bit.ly/2EOwJSf; http://bit.ly/2BLB61A; pág. 119: http://bit.ly/2FnoNIw; pág. 121: http://bit.ly/2GKG4ee; pág. 124: http://bit.ly/2EMPOli; http://bit.ly/2sNO4Jf; http://bit.ly/2GD9lHJ; http://bit.ly/2HFaPCF; pág. 128: EQRoy/Shutterstock.com; http://bit.ly/2GDs1ad; pág. 129: ymphotos/Shutterstock.com; pág. 131: http://bit.ly/2BLDqWh; pág. 134: BetoChagas/Shutterstock.com; ChristianChan/Shutterstock.com; Seewhatmitcheese/Shutterstock.com; pág. 135: http://bit.ly/2oxd1V5; pág. 137: http://bit.ly/2FsE8ry; pág. 138: PhotoFires/Shutterstock.com; kiwisoul/Shutterstock.com; nito/Shutterstock.com; http://www.fotosdevalladolid.com/01030701.jpg; http://bit.ly/2CgG2Nb; Enrique Palacio Sansegundo/Shutterstock.com; danilovski/Shutterstock.com; pág. 143: http://bit.ly/2cZHPcu; pág. 145: Stjepan Tafra/Shutterstock.com; pág. 148: omeus/Shutterstock.com; Oldrich/Shutterstock.com; pág. 150: http://bit.ly/2CFc6Wu; http://bit.ly/2okQx9k; http://bit.ly/2EULseo; http://bit.ly/2Fx2eRV; pág. 151: Leonard Zhukovsky/Shutterstock.com; http://bit.ly/2BRCtvF; Kamira/Shutterstock.com; Aspen Photo/Shutterstock.com; pág. 153: http://bit.ly/2owfiie; http://bit.ly/2BTDYd2; http://bit.ly/2EOJkVD; https://goo.gl/xYC1HW; pág. 159: Kathy Hutchins/Shutterstock.com; Featureflash Photo Agency/Shutterstock.com; Jimmie48 Photography/Shutterstock.com; s_bukley/Shutterstock.com; pág. 176: LaineN/Shutterstock.com; pág. 177: http://bit.ly/2CKuQUy.

Si detecta que alguna fuente de los imágenes o textos citados en este manual es incorrecta o está incompleta, por favor, diríjase a enClave-ELE a través de esta dirección: info@enclave-ele.com".

Ilustraciones: Jaume Bosch

Estudio de grabación: Voces de cine

Elaboración de los vídeos: Refugio Creativo Producciones

Agradecimientos: A quienes nos han ayudado con sus comentarios constructivos para mejorar el manual.
Al profesorado que se ha mostrado dispuesto a formar parte de los ejemplos del libro como Leyre Alejaldre, Daniel Hernández, Diego Ojeda, Patricia Sisniegas y Enid López Reed. Asimismo queremos mostrar nuestra gratitud a nuestras coordinadoras editoriales Cristina Herrero y Leticia Santana que nos han acompañado en este proyecto de más de dos años con paciencia y entera dedicación. En especial a todos nuestros estudiantes en España, Ucrania, Japón y Polonia, quienes han participado en el pilotaje de las actividades del libro y sin cuyo entusiasmo y aportaciones este manual no sería el mismo. Y a todas nuestras familias y amigos que nos han apoyado durante este proyecto.

© enClave-ELE, 2018

ISBN: 978-84-16108-78-7

Depósito legal: M-7059-2018

Impreso en España

Printed in Spain

¡Genial! es un manual diseñado bajo las orientaciones del *Marco Común Europeo de Referencia (MCER)* y el *Plan Curricular del Instituto Cervantes (PCIC)* con un **enfoque orientado a la acción.**

Atiende a las **diferencias individuales** del alumnado y a la realidad de la enseñanza de ELE en grupos de contextos muy diversos.

¡Genial! se caracteriza por que:

- contiene un **libro del alumno**, un **cuaderno de actividades**, un **banco léxico** y un **apéndice gramatical con actividades significativas** que forman un conjunto armónico diseñado para mejorar el aprendizaje.
- incluye un **cortometraje** de ficción en cada unidad en la sección de *A escena* para repasar los contenidos de la unidad y trabajar la **comprensión audiovisual** y la **escritura creativa.**
- contiene **tareas significativas, afectivas y memorables.**
- favorece el **aprendizaje en espiral**, de manera que los contenidos se fijan y rentabilizan a lo largo del libro.
- todas **las destrezas se trabajan de modo equilibrado y activo** desde las primeras actividades de cada unidad.
- desarrolla la **autonomía** y las **estrategias de aprendizaje** del alumnado de un modo organizado y sistemático.
- trabaja los **contenidos lingüísticos** (fonética, gramática, sintaxis, léxico, pragmática, ortografía) de un modo integrado y equilibrado.
- el **léxico** ha sido elegido siguiendo el **PCIC** y planificado para que se repita un número mínimo de veces a lo largo del libro del alumno, del banco léxico y del cuaderno de actividades.
- incorpora **textos** que han sido seleccionados para ofrecer ejemplos de un **uso real y frecuente de la lengua** como consecuencia del análisis discursivo que se ha realizado para cada contenido y función.
- desarrolla la **competencia intercultural** a través de actividades que transmiten **saberes y comportamientos socioculturales** de distintas partes del mundo hispanohablante.
- abarca **referentes culturales** no solo en la sección *Dentro del mundo hispanohablante*, sino también a lo largo de todo el manual, así como conocimientos de otras zonas del mundo.
- fomenta una **visión del mundo inclusiva y respetuosa**, al ofrecer ejemplos, fotos y textos que recogen una variada gama de modelos culturales y personales.
- incluye **actividades de respuesta abierta** para promover el **intercambio de ideas** y el debate en clase.
- permite la localización de contenidos usando la etiqueta **#GenialA2.**
- presenta **etiquetas temáticas (#)** en cada unidad para que el alumnado encuentre **muestras reales de lengua en Internet** y para que el profesorado pueda darle un uso didáctico al establecer **comunidades virtuales de aprendizaje**.

Si usas Instagram, te animamos a formar parte del proyecto de Pilar Munday y Adelaida Martín Bosque siguiendo la etiqueta #InstagramELE, con la que estudiantes de todo el mundo publican todos los días fotos con diferentes temas y palabras clave.

• **UNIDAD 0:**	• **UNIDAD 1:**	• **UNIDAD 2**
#SoyEstudianteDeEspañol	#PorFinConPablo	#CosasQueHacerEnLaVida
	#SelfiesMemorables	#EsteFindeHe
	#QuieroSelfieCon	#PersonasIncreíbles
	#SoyGenialA2	
• **UNIDAD 3**	• **UNIDAD 4**	• **UNIDAD 5**
#BuenAlojamiento	#TalDíaComoHoy	#EnMiBarrioHay
#EstáPasando	#LaPrimeraVezQue	#FelizDíaVecino
#TardeDeSofá	#DeMayorQuieroSer	#MiBarFavorito
	#ElAñoEnQueNací	#DominicanoSoy
• **UNIDAD 6**	• **UNIDAD 7**	• **UNIDAD 8**
#DeTapas	#CuandoEraPequeño	#CocinerosPerezosos
#CostumbresDeOtrosPaíses	#DePequeñoJugabaA	#MisPropósitosParaEsteAño
	#RecuerdosDeLaEscuela	#ParaTenerUnaVidaSaludable
	#MiProgramaFavorito	#HéroesDelDeporte
	#CómoHemosCambiado	#MisCebollasRellenas

ÍNDICE DE CONTENIDOS

	FUNCIONES	GRAMÁTICA	LÉXICO	Y ADEMÁS...	TIPOLOGÍA TEXTUAL
NIDAD 5 ejor en mi casa Pág. 66	• Hablar del pasado con y sin relación con el presente • Comparar viviendas y barrios • Hablar con los vecinos • Buscar compañero de piso y repartir las tareas de la casa	• El contraste de pretérito perfecto y pretérito indefinido • Los comparativos de igualdad • *Tener que / Hay que* + infinitivo • Organizadores del discurso • *Por* + cantidad • Formas de recomendar	• Tipos de vivienda • El barrio y la ciudad • *Multi- / Inter-* • Partes de la casa y muebles • Tareas del hogar	**Ortografía y fonética** Z - C - Q - K **Cultura** República Dominicana **Proyecto** Puntos de interés cultural en...	• Conversaciones informales • Titulares de prensa • Entrevistas de radio • Artículos de blog • Publicaciones y perfiles de redes sociales • Representación teatral • Carta de un bar • Artículos de revista
NIDAD 6 omamos algo? Pág. 80	• Valorar un restaurante • Hacer una reserva • Hablar de las tapas y del tapeo • Pedir y dar permiso • Expresar posibilidad	• Formas para expresar cantidad • Formas para opinar de la comida • Precios: *unos* + cantidad • Suavizar un aspecto negativo: *un poco* • Expresiones para hacer, aceptar y rechazar una propuesta • *Poder / Se puede*	• Tipos de restaurantes • Comidas y tapas	**Ortografía y fonética** • R - RR • Entonación en los saludos **Cultura** Cuba **Proyecto** Premio Tenedor de Oro	• Conversaciones y reservas telefónicas • Opiniones o reseñas en Internet • Mensajes instantáneos • Mensajes de voz • Entradas de blog
NIDAD 7 ¡Cómo hemos mbiado! Pág. 94	• Hablar de hábitos y costumbres del pasado • Describir el carácter y el físico de las personas • Hablar de la escuela primaria • Conocer los juegos, deportes y programas de la infancia	• Pretérito imperfecto • *Parecerse* • *Jugar / Practicar* • Concordancia con sustantivos que comienzan por *a-* tónica	• Aplicaciones y páginas web • Juegos y deportes de la infancia • La escuela de los años 80 • Programas de televisión de los años 80	**Ortografía y fonética** • La mayúscula con materias y disciplinas • X **Cultura** EE.UU. **Proyecto** Sonidos de mi vida	• Publicaciones de redes sociales • Mensajes • Entrevistas • Reseñas de programas de televisión • Titulares de noticias • Conversaciones informales • Presentaciones
NIDAD 8 ruébalo! Pág. 108	• Hablar de la dieta • Hablar de rutinas • Dar instrucciones y consejos • Hablar de la salud • Expresar sensaciones físicas	• *Soler* + infinitivo • Imperativo afirmativo • *Tener que* + infinitivo • *Hay que* + infinitivo • Imperativo: formas y valores • Pronombres de objeto directo e indirecto • *Doler*	• Vocabulario de la comida: ingredientes y recetas • Vocabulario sobre los deportes • Vocabulario de la salud: partes del cuerpo, síntomas, enfermedades y remedios • Vocabulario sobre los viajes en avión	**Ortografía y fonética** La tilde en palabras esdrújulas: *cómpralos* **Cultura** Paraguay **Proyecto** Master Chef ELE	• Podcast • Programas de radio • Entradas de blog • Retransmisiones deportivas • Mensajes instantáneos • Notas de voz • Representación teatral

ESQUEMA DE LAS UNIDADES

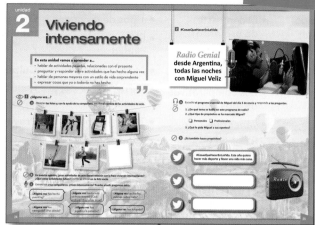

Se presentan los contenidos de la unidad y trabajamos actividades de precalentamiento.

A través de tres secuencias trabajamos los contenidos de la unidad y desarrollamos todas las destrezas.

Secuencia 1

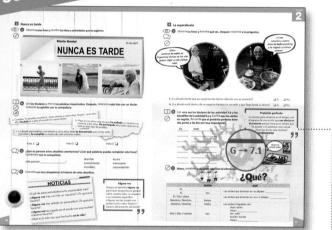

Llamada a la sección del apéndice gramatical para ampliar la información.

Secuencia 2

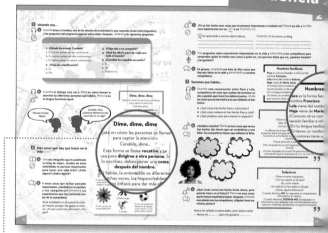

Contenido fonético, ortográfico y pragmático integrado en las actividades.

Secuencia 3

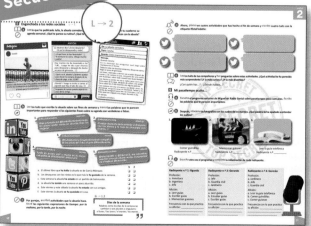

Llamada a una actividad del banco léxico para ampliar el contenido.

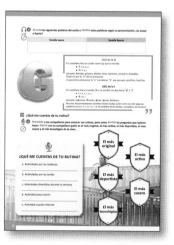

Marcas de color que ayudan a diferenciar el género de las palabras.

A escena

Explotación didáctica de u cortometraje con temática afín a la unidad.

Cultura

Se pone de manifiesto la pluralidad lingüística, referentes culturales e interculturales.

Proyecto

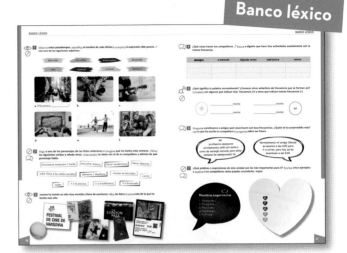

Al final de cada unidad el estudiante puede realizar un proyecto y una auto evaluación para verificar su aprendizaje.

Banco léxico

Ampliación del contenido léxico en cada unidad y referenciado dentro de las actividades.

CONTENIDO ADICIONAL

Cada unidad cuenta con material extra al final del libro para profundizar y consolidar contenidos tanto dentro como fuera del aula.

Cuaderno de actividades

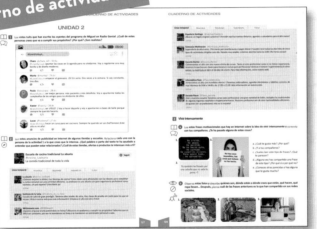

En el Cuaderno de actividades se trabajan todas las destrezas y se efuerzan contenidos que pueden presentar mayor dificultad para el alumno.

Apéndice gramatical

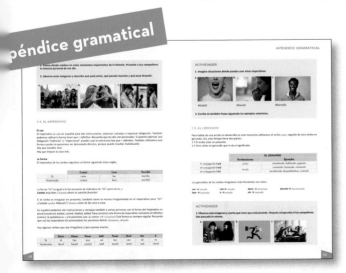

Apoyo gramatical con explicaciones breves y sencillas, ilustraciones y actividades que clarifican contenidos cuya comprensión puedé presentar mayor dificultad.

Transcripciones

Incluye las transcripciones de las actividades de comprensión auditiva del Libro del alumno y del Cuaderno de actividades.

¡Bienvenidos!

#SoyEstudianteDeEspañol

1 **Rompemos el hielo**

 a Escucha **cómo se presenta tu profesor y** escribe **qué datos crees que son verdaderos y cuáles falsos.**

> Mi estación favorita es el invierno.

> Me encantan los juegos de mesa.

Verdadero ✓	Falso X

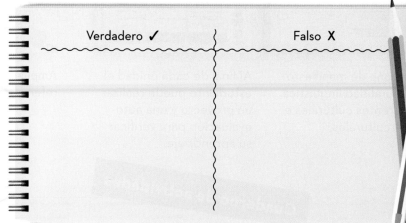

b En pequeños grupos, haced **preguntas para completar la tabla.**

> ¿Cómo te llamas?

> ¿Cuántos años tienes?

> ¿Estudias o trabajas?

¡Nos conocemos más!

Nombre del compañero	Datos personales: edad, estudios, profesión...	Información sobre familia y amigos	Información sobre rut gustos

 c Muévete **por la clase y encuentra un punto en común con cada uno de tus compañeros.**

> ¿Te gustan los animales?

> Sí, tengo una gata que se llama Bune.

> Yo tengo una tortuga y una iguana.

A mi compañero y a mí nos gustan los animales. ♥

2 Puedo, conozco, comprendo...

b.

c.

(a) ¿Qué ves en las fotos? Escríbelo en la hoja de vocabulario.

(b) Comenta dónde crees que están y qué hacen.

(c) Con tu compañero prepara un diálogo para una de las situaciones.

Vocabulario

Puedo...

✓ ✗

pedir en un bar o en un restaurante.

preguntar o explicar una dirección.

comprar en una tienda.

explicar lo que quiero o necesito.

¡Qué planazo!

En esta unidad vamos a aprender a...

- hacer planes
- expresar gustos e intereses
- hablar del carácter y de deseos
- opinar sobre la moda de los selfis

G → 9

1 Planes

a **Comenta** con el grupo estas preguntas con tus compañeros:

- ¿Usas Facebook u otras redes sociales similares? ¿Para qué?
- ¿Sigues alguna página o perteneces a algún grupo?
- ¿Para qué crees que se utilizan las comunidades de Facebook?

Conjunciones

Cuando usamos la conjunción *o* y la siguiente palabra también empieza por *o-*, cambiamos la conjunción por una *u*:

O otras (incorrecto) / *u otras* (correcto).

Para + infinitivo

*Utilizo Google **para conocer** la oferta de ocio de mi ciudad y Whatsapp **para quedar** con mis amigos.*

b **Mira** las portadas de estas páginas de Facebook. Luego **relaciona** las páginas con los siguientes planes.

ver películas en lugares diferentes

quedar para hacer fotos

ir a exposiciones de arte urbano

ir a fiestas sin ruido

escuchar a DJ famosos

ir a tomar algo y jugar con animales

pintar y tomar un café

PROYECTO ARTE CALLEJERO
@ProyectoArteCallejero

Me gusta · Seguir · Compartir · ...   Contactar

Plan #1 _____
_____
_____

Plan #2 _____
_____
_____

PASIÓN POR LAS FOTOS
@pasionporlasfotos

Únete   Me gusta · Seguir · Compartir · ...   Contactar

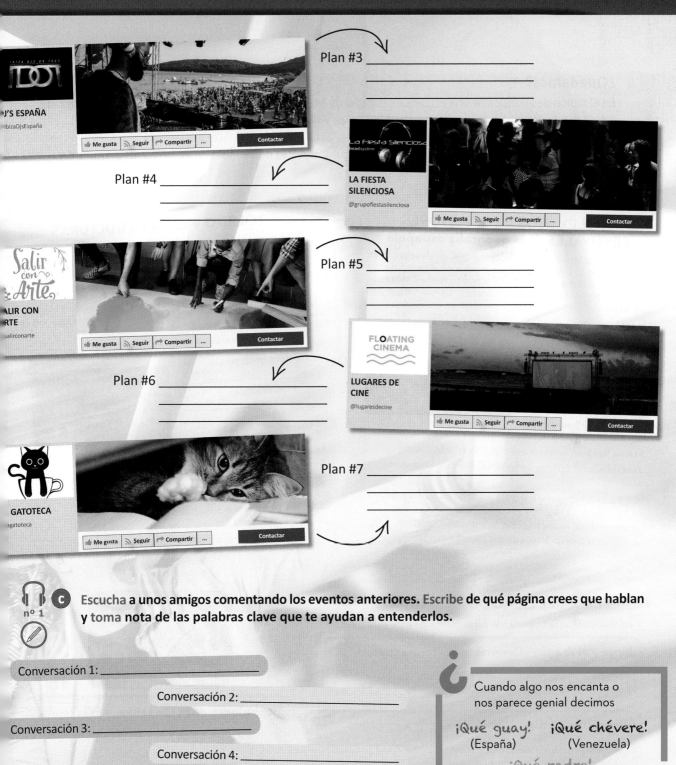

DJ'S ESPAÑA
IbizaDjsEspaña

Me gusta   Seguir   Compartir   ...   Contactar

Plan #3 _____
_____
_____

La Fiesta Silenciosa
headsystem

LA FIESTA
SILENCIOSA

@grupofiestasilenciosa

Me gusta   Seguir   Compartir   ...   Contactar

Plan #4 _____
_____
_____

Salir con Arte

SALIR CON
ARTE

salirconarte

Me gusta   Seguir   Compartir   ...   Contactar

Plan #5 _____
_____
_____

FLOATING
CINEMA

LUGARES DE
CINE

@lugaresdecine

Me gusta   Seguir   Compartir   ...   Contactar

Plan #6 _____
_____
_____

GATOTECA
gatoteca

Me gusta   Seguir   Compartir   ...   Contactar

Plan #7 _____
_____
_____

c Escucha a unos amigos comentando los eventos anteriores. Escribe de qué página crees que hablan y toma nota de las palabras clave que te ayudan a entenderlos.

nº 1

Conversación 1: _____

Conversación 2: _____

Conversación 3: _____

Conversación 4: _____

Conversación 5: _____

Conversación 6: _____

¿

Cuando algo nos encanta o
nos parece genial decimos

¡Qué guay!   ¡Qué chévere!
(España)   (Venezuela)

¡Qué padre!
(México)

"

d Vuelve a escuchar las conversaciones y presta atención a cómo pronuncian las siguientes palabras. ¿Parecen unidas o separadas al hablar? Dibuja un enlace ⌣ entre las palabras que suenan "unidas". ¿Puedes pensar en otras palabras unidas que suenan así?

1. ¿Quién te escribe?
2. No olvides los cascos.
3. Palos para hacerse selfis.

La Habana

Esta forma de pronunciar ayuda mucho
a tener fluidez y parecer más natural al
hablar. Piensa en grupos de palabras como
La Habana. Suenan unidas, ¿no?

"

2 ¿Quedamos?

En el tablón de anuncios de una escuela de español de Madrid aparecen varias ofertas de ocio: exposición de fotografía, festivales de música, encuentros literarios, visitas culturales, etc.

 a Lee **los cuatro anuncios** y responde **a las preguntas. Antes de leer los textos,** revisa **las preguntas y** subraya **las palabras clave.**

1. TE LLEVAMOS A LOS MEJORES FESTIVALES de la geografía española

Con la nueva tarifa joven disfruta del 25% de descuento en el precio de tu billete. La mejor música en directo de tus artistas favoritos a buen precio. Escoge tu festival, nosotros te llevamos hasta Castellón, Alicante, La Coruña o San Sebastián.

Si reservas dos entradas y billetes de tren o autobús con nosotros te regalamos otro.

El Festival Internacional del Mundo Celta de Ortigueira en el mes de julio (La Coruña)

EspañaFIB | Benicassim en el mes de julio (Castellón)

Marea Rock en la tercera semana de julio (Alicante)

Jazzaldia en la tercera semana de julio (San Sebastián)

Para conseguir un viaje gratis a uno de estos festivales...
a. tienes que asistir a dos conciertos.
b. hay que reservar un par de entradas.
c. debes comprar más de dos billetes.

2. TOLEDO y sus TRES CULTURAS

Este mes tenemos muy buenas ofertas para Toledo con nuestros guías oficiales. Conoce el corazón de la ciudad y descubre los lugares más importantes de Toledo. Hablamos de las tres culturas de la ciudad (judía, cristiana y musulmana), así como de sus tesoros arquitectónicos y culturales. También ofrecemos visitas guiadas para ver las obras de El Greco. Precios y reservas en la página web. Si te interesan otras ciudades, contáctanos: www.viajesculturales.com.

Para reservar puedes rellenar este formulario.

Nombre (requerido):
_____

Correo electrónico (requerido): _____

Asunto: _____

Mensaje: _____
_____

El viaje a Toledo...
a. ofrece descuentos a guías turísticos.
b. permite ver obras de arte.
c. se puede comprar por Internet.

3. FERIA DEL LIBRO DE MADRID

Le invitamos a participar en las actividades de este año.

Jorge y el dragón - Cuentacuento interactivo

Público familiar (+ 3 años)   Hora: 20:00 h / 20:30 h
Fecha: viernes 27.05   Pabellón: Pabellón Samsung

Encuentro poético

Organiza: Asociación Argadini   Hora: 18:00 h / 19:00 h
Fecha: viernes 27.05   Pabellón: Biblioteca Eugenio Trías

En este evento...
a. todas las actividades son gratis.
b. no se puede ir con menores de edad.
c. las familias son las protagonistas.

Booktubers: cada día somos más leyendo

Intervienen: Esmeralda Verdú (Esme Butterfly), May R. Ayamonte y Javier Ruescas
Modera: Karina Sainz Borgo
Organiza: Comunidad de Madrid
Fecha: viernes 03.06 | Hora: 18:30 h / 19:30 h
Lugar: Pabellón de Actividades
Reservas en la página web del evento. Plazas limitadas

4.

EXPOSICIÓN DE FOTOGRAFÍA
Juana Biarnés. A contracorriente.
Fecha: sábado 02.06 – domingo 31.07
Precio del catálogo: 20 euros
Juana Biarnés (España, 1935) es considerada la primera fotoperiodista de España. En sus retratos aparecen grandes personajes que marcan la historia de los años 60 y 70: Jackie Kennedy, Louis Armstrong, Marisol, Dalí, Jack Lemmon, Orson Wells o Roman Polanski, entre otros muchos.

Esta exposición...
a. expone fotografías de hechos históricos.
b. cuesta 20 euros.
c. se puede visitar durante tres meses.

Lugar: Teatro Fernán Gómez. Centro Cultural de la Villa
Estación de metro: Colón
Horario: Martes-Domingo: 10:00 h / 21:00 h

b ¿Cuál de las actividades anteriores te interesa y cuál no? Explica la razón a tu compañero.
L → 1 y 2   G → 7.6

> A mí no me
> gustan nada los festivales
> porque hay demasiada gente.

> Pues a mí me
> encantan, para mí los festivales
> son sol, verano, olor a mar, libertad...

 c Después de leer los textos, completa la información de esta tabla-resumen. En tu opinión, ¿falta alguna información importante?

	Festivales	Visita cultural	Cuentacuento	Encuentro de poesía	Booktubers	Exposición de fotografía
¿Qué día es?						
¿A qué hora?						
¿Cuánto cuesta?						

 d Para asistir a la visita guiada de Toledo hay que contactar con la agencia y solicitar información. Escribe un mensaje para reservar una visita. Tienes el formulario en el texto 2.

 e Algunos de los estudiantes de la escuela están pensando en participar en otras actividades. Escucha sus conversaciones y escribe qué plan prefieren hacer. Escribe las palabras clave para ayudarte.

nº 2

> Para rechazar una propuesta en español generalmente nos justificamos y damos explicaciones para no parecer antipáticos y maleducados.
> *¡Qué pena! ¡Me encanta la idea, pero es que ya tengo planes! ¡Pero otro día vamos!*

a. plan turístico   b. plan cultural   c. plan musical

conversación 1: _____   Palabras clave: _____
conversación 2: _____   Palabras clave: _____
conversación 3: _____   Palabras clave: _____

f Aquí tienes algunas frases que se usan para invitar, aceptar y rechazar propuestas de planes. Escucha otra vez las conversaciones y marca las frases que aparecen.

(¿Te apetece ir conmigo?)   (Es que no me interesa mucho...)   ((Sí,) vale.)   (Bueno, vale, pero...)

(¿Vamos a...?)   (¿Quedamos el viernes?)   (¿Qué tal si...?)   (Sí, pero...)   (¿Y si quedamos?)

(No sé, bueno...)   (Vale, ¿por qué no?)   (De acuerdo.)   (¿Por qué no...?)   (Lo siento, pero no puedo.)

(Comemos mañana?)   (¿Tomamos algo?)   (¿Quedamos para...?)   (No, lo siento. Otro día.)

 g Ahora haz una tabla como esta en tu cuaderno y clasifica estas frases según su significado.

Proponer planes	Aceptar propuestas	Aceptar propuestas con reservas	Pedir confirmación de una propuesta	Rechazar propuestas

 h Elige los planes que más te interesan de las actividades 1 y 2. Después, invita a algunos compañeros a ir contigo el próximo fin de semana.

3 De concierto

Fecha: 13 de junio

BOGOTÁ JUNIO PABLO ALBORÁN
Precio: 180.000$** y entradas VIP **245.000$

PRÓXIMAMENTE BOLETAS EN VENTA

6 de mayo

PABLO ALBORÁN
TOUR TEЯRAL

ENTRADAS DESDE 25€

a **Mira** los carteles del concierto de este artista.

- ¿Sabes quién es?
- ¿Conoces algunas de sus canciones?
- ¿Qué otros cantantes hispanohablantes conoces?

¿

En algunos países com Colombia, *entrada* se dice también *boleta*.

b Los lectores de la revista *Festivaleros* preguntan al artista en Twitter. **Lee** y **relaciona** las preguntas de los lectores y las respuestas del artista.

NO TE PIERDAS el chat de Twitter con
Pablo Alborán desde Las Vegas para
los Grammy Latinos.

Pregunta a Pablo Alborán #PorFinConPablo. Conciertos en mayo y junio.

Tiene club de fans incluso antes de sacar su primer disco, es el artista más buscado en Google y de los más descargados en iTunes.

Hoy está con nosotros en la redacción del periódico y los lectores nos envían sus preguntas.

Pregunta 1: Hola Pablo, *me gustaría* conocer un poco tus aficiones. ¿A qué dedicas el tiempo libre? ¡Abrazos y mil gracias por la respuesta! Alfredo.

P2: ¿Qué cosas te transmiten paz? Natalia.

P3: Hola, Pablo. ¿Con quién *te gustaría* cantar o componer? Javi.

P4: Hola, ¿puedes decirnos tres defectos que tienes? No vale decir "soy muy perfeccionista" o cosas así, ja, ja, ja, eso no son defectos. :-) ¡¡¡Te mando el beso más grande del mundo mundial!!! Mar.

P5: ¿Qué deporte de riesgo *te gustaría* hacer? ¿Paracaidismo? ¡Un poco de adrenalina al cuerpo! Fran.

P6: ¿Prefieres salir con los amigos o pasar tiempo con la familia? Gonzalo.

P7: ¿*Te gustaría* cambiar algo de tu vida actual? ¿Qué? Loli.

P8: Cuando eras niño, ¿qué querías ser de mayor? Un beso muy grande. Ángela.

☐ **Respuesta**: Lo bonito es encontrar en tus amigos una familia, y en tu familia unos amigos. No puedo decidir. ¡Abrazos!

☐ **R**: Hola, ja, ja, ja..., soy un poco obsesivo con algunas cosas del trabajo. Me olvido del resto del mundo cuando me enamoro y no sé cocinar.

☐ **R**: Sí, ser médico sin fronteras ¡Y mira qué cambio! Je, je. ¡Besos!

☐ **R**: Hummm, creo que prefiero el escenario. ¡Te aseguro que también es un deporte de riesgo!

☐ **R**: La falta de tiempo. De todas formas, vivir deprisa te hace ver cosas y darle importancia a cosas que no la tienen. Ahora me fijo más en los pequeños detalles... ¡Gracias!

☐ **R**: ¿Tiempo libre? ¿Eso qué es?... Je, je. *Me gusta* mucho el deporte, mi familia y encerrarme en mi estudio a producir. Soy muy normalito.

☐ **R**: La familia, los amigos... y un paseo por las playas de mi tierra en el atardecer. Eso es gloria bendita.

☐ **R**: Me encantaría con Juan Luis Guerra, Christina Perri o Drexler...

c ¿Y tú? ¿Qué quieres preguntarle a Pablo Alborán? Recuerda usar la etiqueta #PorFinConPablo. Escribe un tuit con tu pregunta.

d Comenta con tu compañero cómo crees que es Pablo y qué adjetivos de carácter crees que lo definen mejor. L → 3 y 4

simpático antipático inteligente alegre serio tímido

sociable amable optimista abierto egoísta reservado

generoso nervioso tranquilo tolerante agradable trabajador

e Fíjate en las palabras que aparecen en negrita en la actividad 3.b. ¿Qué tienen en común? ¿Para qué crees que se usan?

f ¿Cuál de las funciones comunicativas siguientes corresponde a *me gusta* y cuál a *me gustaría*?

Expresar gustos y preferencias

Expresar deseo

g ¿Qué diferencia hay entre *me gusta tocar la guitarra* y *me gustaría tocar la guitarra*?

h Escribe cuatro frases utilizando las estructuras *me gusta* y *me gustaría*, dos verdaderas y dos falsas. Después, tienes que adivinar cuáles son las frases verdaderas y las frases falsas de tu compañero.

1. _____
2. _____
3. _____
4. _____

4 Autorretratos 2.0

a Observa la foto y comenta las siguientes preguntas.

1. ¿Qué está haciendo la gente de la fotografía?

2. ¿Dónde están?

3. ¿Te gusta hacerte selfis?

4. ¿Dónde y con quién te gusta hacerte selfis?

5. ¿Te consideras adicto a los selfis?

6. ¿Crees que puede ser peligroso hacerse selfis en sitios públicos?

b Entrevista a tu compañero.

> Dime con quién te haces selfis y te diré quién eres.

a.

b.

f.

1. ¿Con quién te gusta salir en los selfis?
a. Solo.
b. Con mis amigos.
c. Con desconocidos.

2. ¿Dónde prefieres hacerte selfis?
a. En bares.
b. En discotecas.
c. En clase.

3. ¿Qué no puede faltar en tus selfis?
a. Alguien de mi familia.
b. Mi mejor amigo.
c. Mi perfil bueno.

4. ¿Por qué te gusta ver los selfis de tus amigos?
a. Me gusta reírme de ellos.
b. Veo lo que hacen.
c. Aprendo cosas sobre ellos.

5. ¿Por qué te gusta hacerte selfis?
a. Para tener las fotos de recuerdo.
b. Me gusta reírme un rato.
c. Para ligar.

6. ¿Qué foto de perfil prefieres?
¿A., b., c., d., e., f.?

c.

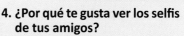

e.

d.

c Reflexiona **sobre las respuestas de tu compañero.** Elige **dos adjetivos para él en función de las respuestas. ¿Por qué eliges estos dos adjetivos?**

| alegre | sociable | abierto | tímido | generoso | inteligente |

| simpático | optimista | tranquilo | original | aventurero |

d Lee **estos titulares de prensa sobre los selfis. ¿Qué opinas? Después** relaciona **esos titulares con las noticias.** Marca **las palabras que te parecen importantes para relacionar titular y noticia. Hay uno que no tiene pareja.**

1. Selfi, o la moda de autorretratarse con el móvil.

4. Así son los adictos a los selfis según la ciencia.

2. Si llevas palo de selfi no entras: los museos españoles también lo prohíben.

5. El selfi, una nueva estrategia de marketing de los museos de Italia.

3. La RAE adapta su diccionario para incluir términos como selfi y píxel.

¿Qué opinas?
Opino que...
Creo que...

a. Cada vez más gente utiliza redes sociales como Facebook y Twitter para comunicarse. Por eso los jóvenes se hacen fotos para ponerlas en sus perfiles a diario. Mucha gente piensa que es solo una moda, pero algunos especialistas dicen que puede tener efectos negativos para la sociedad.

b. Después de ser reconocida como palabra del año, el selfi llega a los museos y una galería propone a sus visitantes hacerse una autofoto delante de las piezas de su colección.

c. La autofoto es a día de hoy la mejor forma de gritar al mundo: "Sí, existo. Me encuentro genial y además soy guapísimo...".

d. Es la palabra del año. La RAE acepta muchas palabras técnicas y relacionadas con el mundo de la tecnología y las adapta al español. El ejemplo más famoso este año es selfi.

e Escucha **las opiniones de un grupo de amigos y** relaciona **con el titular correspondiente de la actividad anterior.**

nº 3

Opinión 1:
_____

Opinión 2:
_____

Opinión 3:
_____

Opinión 4:
_____

Titular: _____

Titular: _____

Titular: _____

Titular: _____

Opinión 5:
_____

Opinión 6:
_____

Opinión 7:
_____

Opinión 8:
_____

Titular: _____

Titular: _____

Titular: _____

Titular: _____

f Escribe **las estructuras que se han utilizado para dar una opinión.**

5 #SelfisMemorables

a Comenta con tu compañero. ¿Prefieres hacer selfis o fotos? ¿Sueles hacer fotos a las obras de arte y monumentos que ves en tus viajes? ¿O prefieres hacerte selfis en los museos y monumentos?

b Algunos internautas comparten cada día selfis desde sus cuentas de Instagram. Lee estas etiquetas, ¿las entiendes? Después, relaciona estas etiquetas y las siguientes fotos.

#Amigos   #Amor   #Familia   #DePaseo   #Escalada   #Arte   #Turismo   #Museos   #Viaje   #Diversión
#TiempoLibre   #Excursión   #Monumentos   #Pareja   #Senderismo   #InstagramELE

1.

Yo creo que la foto número uno son un grupo de amigos que están de excursión.

Sí, es verdad. Yo también lo creo. Están contentos, felices además parece que es verano po la ropa que llevan.

3.

4.

2.

5.

c Presenta a la clase un selfi que te gusta mucho y que para ti es importante. Tienes que explicar la fecha, el lugar, quiénes son las personas de la foto y por qué la foto es especial.

#QuieroSelfiCon

d Entrevista a tus compañeros y busca con quién les gustaría hacerse un selfi, dónde y cuándo.

e Hazte un selfi con nuestro manual *¡Genial!* y compártelo en Twitter con la etiqueta #SoyGenialA2.

CITA A CIEGAS

1 Mira la primera parte del corto hasta "¿Qué pasa a continuación?" y relaciona los iconos con las aficiones que tienen estos chicos.

a.　b.　c.　d.　e.

f.　g.　h.　i.　j.　k.

2 Escribe otros datos sobre Rodrigo, Germán y María. Luego comenta con tu compañero cómo imaginas a Marta.

Nombre	Gustos	Carácter	Planes

3 ¿Cuál de estas frases resume el final de la historia?

Rodrigo ha ido al concierto:

☐ solo　☐ en familia　☐ con su novia

☐ con amigos　☐ otros

4 Haz una tabla como la anterior con la información de tres compañeros de clase.

5 Busca qué conciertos o festivales hay en tu ciudad e invita a un compañero. Él tiene que aceptar o rechazar la invitación.

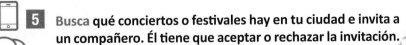

Dentro del mundo hispanohablante

Perú Express

1 *Perú Express* es un proyecto de televisión que busca gente como tú para participar en un programa de aventura alrededor del país de los incas. Los candidatos deben responder correctamente a todas las preguntas de este formulario para ser seleccionados y poder participar. ¿Te apuntas?

a Por parejas, responded a las siguientes preguntas. Podéis utilizar el teléfono móvil para buscar la información, pero solo tenéis diez minutos. ¿Preparados?

1. La capital de Perú es...
2. Los dos autores que ponen letra y música al himno peruano son...
3. Los cinco países con los que hace frontera Perú son...
4. El océano que rodea su costa es...
5. Machu Picchu significa en español:
   a. *Montaña alta.* b. *Montaña vieja.* c. *Montaña sabia.*
6. La moneda de Perú es...
7. Un escritor peruano famoso nombrado premio Nobel es...
8. Una surfista peruana muy famosa es...
9. Elige las dos películas que pasan en Perú:
   a. *El increíble Hulk.* b. *Tadeo Jones.* c. *Diarios de motocicleta.*
10. Perú tiene el récord Guiness en:
    a. *La mayor variedad de platos.* b. *La mayor variedad de refrescos.* c. *La mayor variedad de té*

2 ¡Bien hecho! Queda muy poco... Observa las siguientes fotografías y marca aquellas que, en tu opinión, se relacionan de alguna manera con Perú o la cultura peruana.

a ¿Qué fotografías has marcado? ¿Por qué? Compara tus respuestas con las de tu compañero.

b ¿Qué lugares del mundo aparecen en las fotografías no seleccionadas?

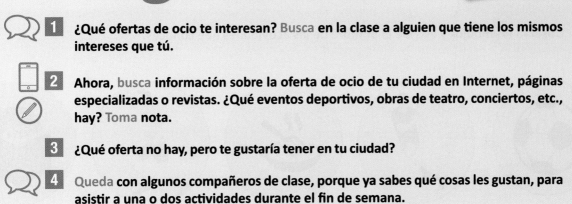

Agenda cultural

1 ¿Qué ofertas de ocio te interesan? Busca en la clase a alguien que tiene los mismos intereses que tú.

2 Ahora, busca información sobre la oferta de ocio de tu ciudad en Internet, páginas especializadas o revistas. ¿Qué eventos deportivos, obras de teatro, conciertos, etc., hay? Toma nota.

3 ¿Qué oferta no hay, pero te gustaría tener en tu ciudad?

4 Queda con algunos compañeros de clase, porque ya sabes qué cosas les gustan, para asistir a una o dos actividades durante el fin de semana.

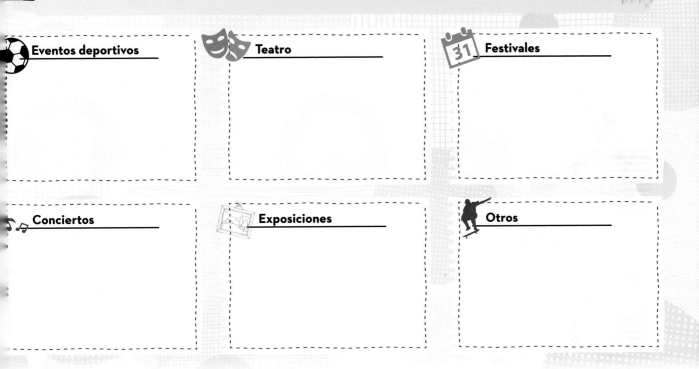

Eventos deportivos

Teatro

Festivales

Conciertos

Exposiciones

Otros

¡Recuerda y comprueba!

Reflexiona. Utiliza **los números de los emoticonos para evaluar tus conocimientos.** Comenta **con tus compañeros.**

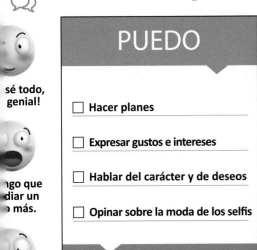

sé todo, ¡genial!

go que diar un o más.

ecesito asar.

PUEDO

☐ Hacer planes

☐ Expresar gustos e intereses

☐ Hablar del carácter y de deseos

☐ Opinar sobre la moda de los selfis

¡Genial!

CONOZCO

☐ Actividades y lugares de ocio

☐ Adjetivos de carácter

¡Genial!

COMPRENDO

☐ Expresiones para aceptar o rechazar una invitación

☐ La diferencia entre *me gusta* y *me gustaría*

☐ Los verbos de opinión

¡Genial!

1 Observa **los dibujos y** escribe **el nombre de las actividades que conoces.**

1. _____ 2. _____ 3. _____ 4. _____ 5. _____

6. _____ 7. _____ 8. _____ 9. _____ 10. _____

11. _____ 12. _____ 13. _____ 14. _____ 15. _____

2 ¿Haces alguna de las actividades de ocio anteriores? Escribe y clasifica **esas actividades según tus gustos.**

 Actividades que te encantan.   Actividades que no te interesan.

 Actividades que te gustan.   Actividades que no te gustan.

 Actividades que te interesan.   Actividades que no te gustan nada.

3 ¿Conoces los adjetivos con el significado contrario a estos? Escríbelos. Utiliza el diccionario o el móvil si es necesario.

Simpático ≠ *antipático*   Alegre   Optimista

Abierto   Amable   Generoso

Tranquilo   Sociable   Trabajador

4 ¿Puedes relacionar los adjetivos de la actividad anterior con estas imágenes? Escribe un nombre para cada foto.

a. _____

c. _____

b. _____

5 ¿Qué palabras o expresiones de esta unidad son las más importantes para ti? Escribe cinco ejemplos y explica a tus compañeros cómo puedes recordarlos mejor.

Nuestras sugerencias

1. ¡Qué guay!
2. ¡Qué padre!
3. Festival de...
4. Optimista
5. Para mí...

6.

7.

8.

9.

10.

Viviendo intensamente

En esta unidad vamos a aprender a...

- hablar de actividades pasadas, relacionadas con el presente
- preguntar y responder sobre actividades que has hecho alguna vez
- hablar de personas mayores con un estilo de vida sorprendente
- expresar cosas que *ya* o *todavía* no has hecho

1 **¿Alguna vez...?**

a Observa las fotos y, con la ayuda de tu compañero, escribe el nombre de las actividades de ocio.

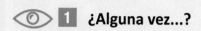

1. 2. 3. 4.

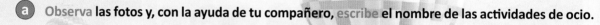

5. 6. 7.

b En vuestra opinión, ¿esas actividades de ocio tienen relación con la frase *viviendo intensamente*? ¿Qué otras actividades faltan? Escribe o dibuja en la foto vacía.

c Entrevista a tus compañeros. ¿Viven intensamente? Puedes añadir preguntas extra.

> **¿Alguna vez** has hecho puenting?

> **¿Alguna vez** has tocado un instrumento? ¿Qué instrumentos sabes tocar?

> **¿Alguna vez** has hecho patinaje sobre hielo?

> **¿Alguna vez** has navegado? ¿Por dónde?

> **¿Alguna vez** has jugado a la petanca?

> **¿Alguna vez** has tuiteado?

Radio Genial desde Argentina, todas las noches con Miguel Veliz

nº 4

a Escucha **el programa especial de Miguel del día 3 de enero y** responde **a las preguntas.**

1. ¿De qué tema se habla en este programa de radio?

2. ¿Qué tipo de propósitos se ha marcado Miguel?

☐ Personales   ☐ Profesionales

3. ¿Qué le pide Miguel a sus oyentes?

b ¿Tú también haces propósitos?

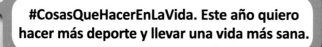

#CosasQueHacerEnLaVida. Este año quiero hacer más deporte y llevar una vida más sana.

3 Nunca es tarde

a Observa estas fotos y escribe las ideas y actividades que te sugieren.

Diario Genial   16 de abril

NUNCA ES TARDE

1.

2.

3.

b Lee los titulares y marca las palabras importantes. Después, relaciona cada foto con un titular. Comenta tu opinión con tu compañero.

a. Candela, "la abuelita mochilera", tiene setenta y nueve años "largos", como dice ella. **Ha dado** la vuelta al mundo en nueve meses.

b. Maje, la corredora más anciana, **ha acabado** un maratón con noventa y dos años. **Ha participado** diecisiete veces en su vida en este tipo de prueba.

c. La abuela paracaidista: con setenta y cinco años, Delia **ha demostrado** que no hay nada imposible y **ha cumplido** su sueño de volar entre las nubes.

Foto 1: ☐   Foto 2: ☐   Foto 3: ☐

c ¿Qué te parecen estas abuelitas aventureras? ¿Con qué palabras puedes completar esta frase? Coméntalo con tu compañero.

¡Me parecen _____!

aburrido	locura
normalmente	interesante
increíbles	sorprendentes

d Comenta con tus compañeros la historia de estas abuelitas.

NOTICIAS

-¿Cuál de estas actividades te ha sorprendido más?

-¿**Alguna vez** has corrido un maratón? ¿Te gustaría hacerlo?

-¿**Alguna vez** has saltado en paracaídas? ¿Te gustaría hacerlo?

-¿**Alguna vez** has viajado por el mundo con una mochila? ¿Quieres hacerlo?

-¿Qué es lo más raro que has hecho **en la vida**?

Alguna vez

Usamos el adverbio **alguna ve[z]** para hacer preguntas en gene[ral] sobre nuestra vida y no respe[cto] a un momento específico: ¿Alguna vez has tocado una guitarra en tu vida y hasta el espacio del presente, del aho[ra]...

4 La superabuela

👁 **a** Observa las fotos y describe qué ves. Después responde a las preguntas.

¡Esta [ma]ñana **he vuelto** de [Chi]na! ¡Antes de los cien [voy] a viajar a seis países más!

¡A mis noventa y cuatro años **he hecho** puenting y he viajado a treinta países!

1. ¿La abuela siente que sus experiencias tienen relación con su presente? ☐ Sí ☐ No

2. ¿La abuela está dentro de un espacio-tiempo no cerrado y que llega hasta su ahora? ☐ Sí ☐ No

📖 **b** Lee otra vez los titulares de las actividad 3.b y los bocadillos de la actividad 4.a y escribe aquí los verbos en negrita. Recuerda que el pretérito perfecto tiene dos partes y las dos son muy importantes.

ha   dado

___   ___
___   ___
___   ___
___   ___
___   ___
___   ___

> **Pretérito perfecto**
>
> Lo usamos para situarnos en el tiempo y en el espacio de una acción que **nos afecta en el presente** porque hace poco tiempo que ha pasado o la sentimos como actual.
> *¿Qué has hecho esta mañana?*
>
> G → 7.1

Nunca he comido pulpo.

HOY PULPO A LA GALLEGA

✏ **c** Ahora, completa la siguiente tabla con la información que tienes.

¿Qué?

	QUIÉN	QUÉ
Yo		Los verbos que terminan en -ar añaden: ___
Tú	has	
Él / Ella / Usted		Los verbos que terminan en -er e -ir añaden: ___
Nosotros / Nosotras	hemos	
Vosotros / Vosotras	habéis	Los verbos irregulares son:
Ellos / Ellas / Ustedes	han	Decir: dicho Hacer: ___ Ver: visto Escribir: escrito Volver: ___

5 Volando voy...

no 5

Escucha ahora a Candela, una de las abuelas de la actividad 3, que responde desde Salta (Argentina) a las preguntas del programa especial sobre viajes. Después, **contesta** a las siguientes preguntas.

1. ¿Dónde ha estado Candela?
a. En varios países en un continente.
b. En varios países en dos continentes.
c. En varios países en varios continentes.

2. ¿Viaja sin planificación?
a. Sí.
b. No.

3. ¿Viaja sola o en compañía?

4. ¿Qué ha sido lo peor de viajar por todo el mundo?

5. ¿Candela ha cumplido su sueño?
a. Sí.
b. No.
c. Todavía no.

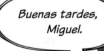

b **Escucha** el diálogo otra vez y **fíjate** en cómo llaman la atención las diferentes personas que hablan. **Piensa** si en tu lengua funcionan igual.

Buenas tardes, Miguel.

Candela, dime, ¿cuántos kilómetros has recorrido en tu viaje?

Dime, dime, dime

Fíjate en cómo las personas se llam para captar la atención:
Candela, dime...

Esta forma se llama **vocativo** y se usa para **dirigirse a otra persona**. lo escribes, debes poner una **com después del nombre.**

Al hablar, la entonación es diferen y, muchas veces, los hispanohablan le damos énfasis para dar más efec

6 Diez cosas que hay que hacer en la vida

a **Lee** esta infografía que ha publicado un blog de viajes. ¿Cuáles de estas actividades te parecen importantes para tener una vida feliz? ¿Falta alguna? ¿Sobra alguna?

b Y estas cosas que te han parecido importantes, ¿también se lo parecen a tus compañeros? **Compara** las experiencias que has señalado con las de tu compañero.

Yo he señalado ir a un concierto y bailar mucho porque me gusta la música. ¿Tú qué cosas has marcado? ¿Por qué?

PARA TENER UNA VIDA COMPLETA DEBES...

1. Visitar todos los continentes.

2. Usar la bicicleta para visitar una ciudad o un país.

3. Vivir un mes en un país diferente.

4. Aprender otro idioma.

5. Ver amanecer.

6. Bailar tango.

7. Surfear.

BLOG

8. Escribir un blog o una página web para contar tus experiencias.

9. Ir a un concierto y bailar mucho.

10. Ver un partido de fútbol en el estadio, emocionarte con los goles, saltar y gritar.

c ¿Tú ya has hecho esas cosas que te parecen importantes o todavía no? Piensa en ello y escribe esas experiencias con un (ya) o un *todavía no*.

(Ya) he aprendido a cocinar platos típicos.　　　　*Todavía no* he hecho un blog.

_____　　　　_____

_____　　　　_____

_____　　　　_____

d Haz preguntas sobre experiencias importantes en la vida y entrevista a tus compañeros para comprobar quién ha hecho esas cosas y quién no. Los que han dicho que no, ¿quieren hacerlo? ¿Les gustaría?

e En grupos, preparad una lista de *Diez cosas que hay que hacer en la vida* y presentadla a vuestros compañeros.

7 Tenemos que hablar...

a Escucha esta conversación entre Paco y Lola, compañeros de clase que acaban de terminar su día y quedan para hacer los deberes juntos. Anota las cosas que *ya* han hecho y las que *todavía no* han hecho.

nº 6

- ¿Qué cosas han hecho Paco y Lola juntos?
- ¿Qué cosas todavía no han hecho Paco y Lola?
- ¿Qué palabras usan para marcar la negación?

b ¿Verdad o mentira? Piensa en tres cosas que nunca has hecho: dos tienen que ser verdaderas y una falsa. Tus compañeros tienen que adivinar la falsa.

c ¿Qué cosas nunca has hecho hasta ahora, pero quieres hacer en el futuro? Piensa en esas cosas que te hacen muchísima ilusión. Después, comenta esos planes con tus compañeros. ¿Alguien tiene tus mismos planes?

Nunca he saltado en paracaídas, pero quiero saltar.

— Nunca he................, pero me gustaría ....

Nombres familiares

Paco es la forma familiar e informal del nombre **Francisco**.
Lola viene del nombre **Dolores**.
Maje viene de **María Jesús**.
¿Conoces otros nombres que tienen una versión familiar e informal en español?
¿En tu lengua también los hay?
¿Tú tienes un nombre familiar? ¿O alguien que conoces tiene uno?

Ya

Observa estas dos frases:
¿Has ido ya al museo?
¿Ya has ido al museo?

La diferencia al usar **YA** es que la persona que pregunta tiene la expectativa de que probablemente la acción sí se ha hecho o se tiene la intención de hacerla.

Presta atención a estas frases:
¿Has limpiado la cocina? (petición de información neutra)
¿Ya has limpiado la cocina? (la persona que habla presupone que la respuesta es sí o va a ser sí).

Todavía no

Observa estas respuestas:
• *¿Ya has estado en Burgos?*
　- *No, no he estado.*
- *No, todavía no he estado en Burgos.*
¿Notas alguna diferencia?
Cuando decimos **NO**, la respuesta es simplemente informativa. Es neutra.
Cuando decimos **TODAVÍA NO,** la respuesta es informativa, pero además, hay una información extra: tenemos intención de hacerlo, nos gustaría hacerlo.

8 **Enganchada a las redes sociales** L → 2

a Lee lo que ha publicado Julia, la abuela corredora, en sus redes sociales y escribe en tu cuaderno su agenda semanal. ¿Qué te parece su rutina? ¿Qué te sorprende? ¿Tienes algo en común con la abuela?

Instagram

Usuario

Como cada lunes a las 9:00, podéis escuchar mi charla de motivación en la biblioteca municipal.
¡¡Gratis para los jubilados!!

ANTÓN

😀 ¡Buenos días! ¿Estás despierto? ¡Yo ya he desayunado y todo!

¿A qué hora te has levantado? 😒 Yo estoy en la cama. ¡Tengo mucho sueño!

Hoy martes me he levantado a las 7:00... Luego he ido a por churros para desayunar y después he hecho un poco de gimnasia... 😊

¡Qué crack, abuela! ¿Quieres quedar para hacer la compra después de tu clase de yoga, a las 12:00?

¡Genial! Y luego te invito a comer al japonés que hay al lado de casa. 😊

Después de comer puedo dejarte en casa de tu amiga...

😊 Escribir mensaje 📷   **Enviar**

---

facebook

De: La abuela corredora

Para: Concha

Asunto: Cómo mantenerse en forma

Mensaje:

Querida Concha:

En tu mensaje me preguntas qué hago p mantenerme en forma.

Todos los días me levanto temprano, desayuno sar hago un poco de gimnasia.

Los lunes, miércoles y viernes voy a nadar despué comer y, de camino a casa, me gusta dar una vue por el parque, sobre todo cuando hace buen tiemp

Los martes y jueves no voy a nadar, pero corro u hora antes de la cena, después de visitar a mi amig Ceno sobre las 21:00 mientras veo alguna película.

Casi siempre me voy a la cama a las 00:00. Antes dormirme, me gusta mirar mi Facebook, Twitter y cuenta de Instagram para leer los mensajes y ver l fotos que han colgado mis amigas durante el día.

Un abrazo,

La abuela corredora.

---

b Lee los tuits que escribe la abuela sobre sus fines de semana y marca las palabras que te parecen importantes para responder si las siguientes frases sobre su agenda son verdaderas o falsas.

1. @AbuelaCorredora   miércoles
Gran actuación del @BasketFemeninoUnicaja. Un placer poder veros en directo.¡Sois las mejores!

2. @AbuelaCorredora   domi
El mejor momento de la semana: el desa con los nietos y la taza de chocolate churros. :)

3. @AbuelaCorredora   jueves
@ClubdeLectura Estupenda tarde en compañía de las chicas del club y el gran @PerezReverte.

4. @AbuelaCorredora   viernes
Tarde de paseo, peli y manta en la mejor compañía de @MatildeMC @GloriaCV.

5. @AbuelaCorredora
@MatildeMC y @GloriaCV, me enc nuestras cenas de sábado noche. ;) La p en el italiano @Latraviata.

	V	F
a. El último libro que **ha leído** la abuela es de García Márquez.	❏	❏
b. Los desayunos con los nietos es lo que más le **ha gustado** de la semana.	❏	❏
c. Esta semana la abuela **ha estado** en un partido de baloncesto.	❏	❏
d. La abuela **ha tenido** una semana un poco aburrida.	❏	❏
e. Este viernes y este sábado la abuela **ha estado** con sus amigas.	❏	❏
f. Este viernes la abuela **se ha quedado** en casa.	❏	❏

G → 1.2

c Por parejas, escribid actividades que la abuela hace. Usad las siguientes expresiones de tiempo: *por la mañana, por la tarde, por la noche.*

Días de la semana
Palabras como los días de la semana no cambian si son plurales o singulares:
el lunes / los lunes / el martes / los martes.

d Ahora, piensa en cuatro actividades que has hecho el fin de semana y escribe cuatro tuits con la etiqueta #EsteFindeHe:

e Lee los tuits de tus compañeros y haz preguntas sobre estas actividades. ¿Qué actividad te ha parecido más sorprendente? ¿Y la más curiosa? ¿Y la más divertida?

¿Con quién has...?   ¿Dónde habéis...?

9 Mi pasatiempo oculto...

a Escucha el programa nocturno de Miguel en Radio Genial sobre pasatiempos poco comunes. Escribe las palabras que te parecen importantes.

n.º 7

b Después, relaciona las fotografías con los audios de los oyentes. ¿Qué palabra te ha ayudado a entender los audios?

1.

2.

3.

Comer guindillas
Radioyente n.º _____

Memorizar guiones
Radioyente n.º _____

Leer la guía telefónica
Radioyente n.º _____

c Escucha otra vez el programa y completa la información de cada radioyente.

Radioyente n.º 1: Águeda	Radioyente n.º 2: Gerardo	Radioyente n.º 3: Germán
Profesión: a. Inventora b. Ingeniera c. Jefa	Profesión: a. Jefe b. Guardia civil c. Jardinero	Profesión: a. Jardinero b. Jefe c. Guardia civil
Afición: a. Leer guías b. Escribir guías c. Memorizar guiones	Afición: a. Leer guías b. Estudiar guías c. Escribir guías	Afición: a. Leer la guía telefónica b. Comer guindillas c. Comer guiones
Frecuencia con la que practica su afición: _____ _____ _____	Frecuencia con la que practica su afición: _____ _____ _____	Frecuencia con la que practica su afición: _____ _____ _____

🎧 **d** Escucha **las siguientes palabras del audio y** clasifica **estas palabras según su pronunciación: ¿es suave**
nº 8   **o fuerte?**

✏️

Sonido suave	Sonido fuerte

USO de la G

En castellano hay un sonido suave /g/ que se escribe
- G + a, o, u
- Gu + e, i

Ejemplo: Águeda, guiones, Miguel, guía, siguiente, conseguir, guindillas.
Fíjate en que la "u" NO se pronuncia.
Si queremos pronunciar la "u" escribimos "ü", por ejemplo: *pingüino, lingüista.*

USO de la J

En castellano hay un sonido /x/ y se escribe con dos letras "*g*" y "*j*".
- J + a, e, i, o, u
- G + e, i

Ejemplo: ingeniera, Germán, gente, genial, jardinero.
Muchos hispanohablantes también tienen dudas sobre cómo escribir algunas
palabras con g + e, i o j + e, i. Si tú también tienes dudas, consulta tu diccionario.

10 ¿Qué me cuentas de tu rutina?

🎤 **a** Entrevista **a tus compañeros para conocer sus rutinas, pero antes** escribe **las preguntas que quieres**
✏️   **hacer.** Decide **con tu compañero quién es el más original, el más activo, el más deportista, el más**
casero y el más tecnológico de la clase.

¿QUÉ ME CUENTAS DE TU RUTINA?

a. Actividades por las mañanas
_____

b. Actividades por las tardes
_____

c. Actividades divertidas durante la semana
_____

d. Actividad poco común
_____

e. Actividad usando Internet
_____

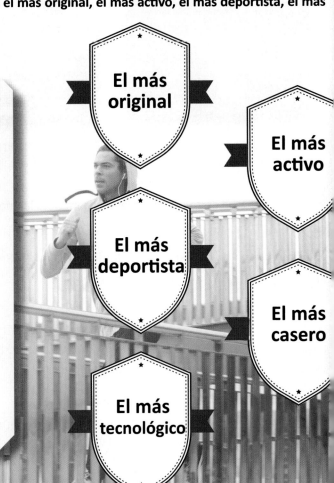

El más original

El más activo

El más deportista

El más casero

El más tecnológico

LA GRAN EVASIÓN

 1 Cosas arriesgadas que hacer antes de morir. Marca las palabras que no significan lo mismo que *arriesgado*.

peligroso   atrevido   tímido   cansado   prudente   valiente   cobarde

2 Observa las fotos de las actividades de estos chicos, mira el vídeo hasta "¿Qué pasa a continuación?" y escribe debajo de la imagen el lugar y la fecha. ¿Qué otras tres actividades mencionan?

Saltar en paracaídas

Lugar:
Fecha:

Recorrer la ruta 66

Lugar:
Fecha:

Bucear

Lugar:
Fecha:

Montar en una moto de agua

Lugar:
Fecha:

Subir una montaña

Lugar:
Fecha:

1. _____

2. _____

3. _____

 3 Completa la lista con la última actividad arriesgada que crees que van a hacer. Dibuja o escribe esa actividad.

4 Mira el final del vídeo y comprueba tu hipótesis. ¿Te sorprende este final? ¿Por qué?

 5 ¿Y tú qué nos has hecho todavía de la lista? ¿Hay alguna que no piensas hacer nunca? ¿Alguna vez has hecho algo arriesgado y/o interesante? Comenta con tus compañeros y añade otras actividades.

❑ hacer kitesurf
❑ hacer puenting
❑ comer en puestos de comida callejeros
❑ viajar sin billete de vuelta

❑ nadar con tiburones
❑ subir a un árbol
❑ viajar solo
❑ viajar a dedo

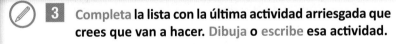

A escena

Montevideo

Colonia del Sacramento

Punta del Este

Dentro del mundo hispanohablante

Uruguay en monopatín

1 **Lee** este diario que ha escrito Miquel sobre su viaje a Uruguay. **Busca** fotos en Internet de los lugares que ha visitado. ¿Cuál te gusta más? ¿Alguno te ha sorprendido?

Cinco cosas geniales que he hecho en Uruguay

 Primera parada: **Balneario Punta del Diablo.** En los primeros días de mi aventura por Uruguay he visitado y me he bañado en uno de los diez mejores balnearios del país. ¡Una forma estupenda de empezar el viaje!

 Segunda parada: **Punta del Este.** El segundo destino me ha llevado a conocer algunas de las playas más bonitas del planeta, donde he practicado buceo y *kite surf*.

Por Miquel Albertos

 Tercera parada: **Montevideo.** En la preciosa capital uruguaya he podido disfrutar del tradicional ritual del mate. También he charlado con gente de la ciudad sobre cultura y tradiciones.

 Cuarta parada: **Colonia del Sacramento.** Uno de los sitios más increíbles que he visto es Colonia del Sacramento. Un lugar donde perderse y disfrutar de la historia uruguaya.

 Última parada: **Las Piedras Canelones.** En los últimos días de mi aventura uruguaya he visto la fiesta de la vendimia y he aprendido a hacer vino.

 2 n° 9 **Miquel ha decidido participar en el concurso** *El mundo a través de tus sentidos*, **un concurso que busca al viajero más atrevido. Escucha el podcast que Miquel ha enviado al concurso y completa la información de la tabla.**

 3 **Y tú, ¿qué cosas geniales has hecho en tus viajes? Comenta con tus compañeros.**

👁 Un monumento: .... ¿Dónde?	
👃 Un olor: .... ¿Dónde?	
👄 Un sabor: .... ¿Dónde?	
✋ Una sensación: .... ¿Dónde?	
👂 Un sonido: .... ¿Dónde?	

Las cosas más importantes de la vida no son cosas

1 Busca **en Internet personas que han hecho cosas que en tu opinión son increíbles.**

2 Prepara **una breve presentación para tus compañeros.**

3 Difunde **la historia de esta persona que admiras en alguna de las redes sociales que usas.** Escribe **en español y usa la etiqueta #PersonasIncreíbles.**

 Vanesa JO
@JO.Vanesa

 Seguir

Admiro a Alexander Doba, viajero polaco que ha cruzado el Atlántico desde África a América del Sur en piragua. #PersonasIncreíbles. Primero en el mundo.
11:50 AM - 05 Abril

↩ ⇄ 500   ♥ 1K

¡Recuerda y comprueba!

Reflexiona. Utiliza **los números de los emoticonos para evaluar tus conocimientos.** Comenta **con tus compañeros.**

sé todo, genial!

ngo que diar un co más.

ecesito pasar.

PUEDO	CONOZCO	COMPRENDO
☐ Hablar de actividades pasadas, relacionadas con el presente	☐ Vocabulario de aficiones	☐ El pretérito perfecto
☐ Preguntar y responder sobre actividades que he hecho alguna vez	☐ Vocabulario sobre experiencias vitales	☐ *Alguna vez / nunca*
☐ Hablar de personas con estilos de vida sorprendentes	☐ Nombres familiares	☐ El vocativo
☐ Expresar cosas que *ya* o *todavía no* he hecho		☐ *Ya / todavía no*
¡Genial!	*¡Genial!*	*¡Genial!*

1 Observa **estos pasatiempos. Identifica el nombre de cada afición y** completa **la expresión** *¡Me parece...!* con uno de los siguientes adjetivos.

aburrido	increíble	interesante	divertido
raro	normal	curioso	artístico

a. *¡Me parece* _____ *!*

b.

c.

d.

e.

f.

2 Elige **a uno de los personajes de las fotos anteriores e** imagina **qué ha hecho esta semana.** Utiliza **los siguientes verbos o añade otros.** Intercambia **tu texto con el de tu compañero y adivina de qué personaje habla.**

| levantarse temprano / tarde | escuchar música | hacer senderismo | hacer deporte |

| subir fotos a las redes sociales | afeitarse / depilarse | montar en bicicleta | correr |

| nadar | ir a la piscina | ir a la biblioteca | ir a la escuela |

3 Joanna ha tenido un año muy movido y lleno de aventuras. Mira **las fotos y** toma **nota de lo que ha hecho este año.**

4 ¿Qué cosas hacen tus compañeros...? Busca a alguien que hace tres actividades exactamente con la misma frecuencia.

siempre	a menudo	algunas veces	casi nunca	nunca

5 ¿Qué significa la palabra *normalmente*? ¿Conoces otros adverbios de frecuencia que se forman así? Completa con algunos que indican más frecuencia (+) y otros que indican menos frecuencia (-).

+

_____mente   _____mente

_____mente   _____mente

-

6 Pregunta a profesores o amigos qué cosas hacen con esas frecuencias. ¿Quién te ha sorprendido más? Lee lo que ha escrito tu compañero y pregunta sobre sus frases.

> Mi profesora desayuna normalmente café con leche y zumo de naranja natural, pero esta mañana ha desayunado té.

> Normalmente mi amiga Glenda se levanta a las 6:00 para ir a correr, pero hoy se ha levantado a las 8:00.

7 ¿Qué palabras o expresiones de esta unidad son las más importantes para ti? Escribe cinco ejemplos y explica a tus compañeros cómo puedes recordarlos mejor.

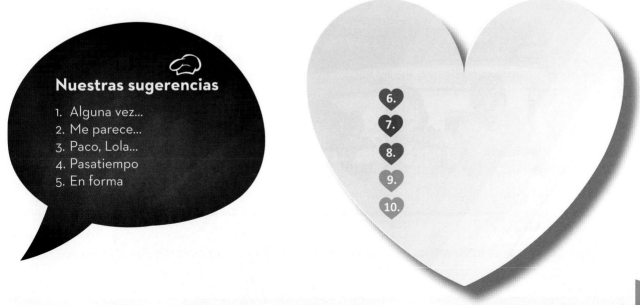

Nuestras sugerencias

1. Alguna vez...
2. Me parece...
3. Paco, Lola...
4. Pasatiempo
5. En forma

6.
7.
8.
9.
10.

Escapadas

En esta unidad vamos a aprender a...

- hablar de diferentes formas de viajar y cómo hacer la maleta
- hablar de viajes y alojamientos
- expresar acciones que están en desarrollo
- decir qué hacemos en nuestro tiempo libre

"

1 De viaje

a **Escribe** un título para cada una de las fotografías.

| con niños / en familia | de negocios | de aventuras (mochileros) | organizado |

1. _____

2. _____

3. _____

4. _____

b ¿Con cuál de estos estilos de viaje te sientes identificado? ¿Y tu compañero? ¿Por qué?

c De esta lista de objetos marca los que consideras importantes según el tipo de viaje.

Básico para salir de viaje

Ropa	Bolsa de aseo	Playa
_____ botas de montaña	champú	_____ bañador
_____ abrigo	_____	_____ biquini
_____ gorro	_____	_____ sombrero
_____ guantes	_____	_____ gafas de sol
_____ bufanda		_____ toalla
_____ pañuelo		

Botiquín	Documentos	Tecnología	Otros
aspirinas	carné de conducir	ordenador	_____
_____	seguro de viaje	tableta	_____
_____	tarjetas de crédito	móvil	_____
_____	pasaporte		

d Con ayuda de tu compañero, completa la lista de la actividad anterior. Consulta el diccionario o pregunta a tu profesor si no conoces alguna palabra.

> **En coche**
> Dependiendo del país, se puede decir *carné, permiso* o *licencia de conducir*.

2 Planes de viaje

G → 1.3

a Escucha la conversación entre unos amigos que preparan sus vacaciones y relaciona con una de las imágenes de la actividad 1.a.

nº 10

b Vuelve a escuchar el audio y marca las respuestas correctas.

> **Topónimos**
> Fíjate que en español los topónimos (nombres de ciudades, países, continentes, regiones...) van siempre en mayúscula: La Habana, Argentina, África, Asia.

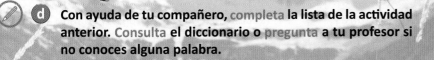

¿A dónde van a viajar?
El Caribe
África
Asia

2. ¿Qué tipo de viaje van a hacer?
a. Organizado   d. Sin guía
b. Con una agencia   e. Viaje largo
c. Con guía   f. Viaje corto

3. ¿Quiénes van a viajar?
a. Luisa y Andrés
b. Luisa, Andrés, Santi y Ana

¿Cuándo quieren viajar?
En invierno   c. En primavera
En otoño   d. En verano

5. ¿Quién va a encargarse de buscar alojamiento?
a. Luisa   c. Ana
b. Santi   d. Andrés

6. ¿Qué tienen que comprar antes del viaje?
a. Una guía   c. Un plano
b. Un mapa*   d. Un billete

*Recuerda que *mapa* es masculino.

3 ¿Turistas o viajeros?

a **Comenta** con tus compañeros. ¿Qué ves en estas fotografías? ¿En qué se parecen y en qué se diferencian? ¿Con cuál de las fotografías te sientes más identificado? ¿Crees que hay diferencias entre un viajero y un turista?

1.

2.

b **Entrevista** a tu compañero.

ESTUDIANTE A

1. ¿Te gusta comprar los típicos recuerdos cuando viajas?

   Sí ❑   No ❑

2. ¿Buscas actividades gratis y consultas páginas web para ver la oferta de ocio de la ciudad?

   Sí ❑   No ❑

3. ¿Escribes en un blog o un cuaderno donde cuentas tus experiencias de viaje?

   Sí ❑   No ❑

4. ¿Te gusta probar las comidas típicas de los sitios que visitas?

   Sí ❑   No ❑

5. ¿Te interesa la cultura y la música tradicional de los lugares que visitas?

   Sí ❑   No ❑

ESTUDIANTE B

1. ¿Para ti son suficientes siete días/seis noches para visitar un país?

   Sí ❑   No ❑

2. ¿Llevas comida de tu país cuando viajas?

   Sí ❑   No ❑

3. ¿Ves playas, museos y monumentos en un solo día?

   Sí ❑   No ❑

4. ¿Viajas generalmente con todo incluido?

   Sí ❑   No ❑

5. ¿Te gusta hacerte selfis en los monumentos famosos para tener recuerdos de tus viajes y los compartes en las redes sociales?

   Sí ❑   No ❑

- Si el estudiante A tiene mayoría de "Sí" es viajero y si tiene mayoría de "No" es turista.
- Si el estudiante B tiene mayoría de "Sí" es turista y si tiene mayoría de "No" es viajero.

c **Comenta** a la clase cómo ha sido tu último viaje. Al final, tus compañeros deciden si tu último viaje ha sido más turístico o más viajero.

- ¿Dónde has estado?
- ¿Qué has hecho?
- ¿Qué has visitado?
- ¿Qué has comprado?

d **Vas a empezar a hacer tu mapa de vocabulario de esta unidad. Anota** en tu cuaderno lo que ya has aprendido relacionado con los viajes.

4 ¡Haciendo las maletas!

a Observa las siguientes fotografías. Relaciona este vocabulario con las imágenes.

Veo una cámara de fotos en la imagen número uno.   G → 1.2

| una cámara de fotos | un sombrero | una toalla | unas gafas de sol* | una mochila |

| un mapa | un reloj | unos vaqueros* | un bolso de playa | una manta | unas zapatillas |

1.

2.

3.

*Recuerda que algunas palabras suelen usarse en plural: *las gafas, los vaqueros.*

G → 2

Los artículos indefinidos

Usamos el artículo *un, una, unos* o *unas* cuando hablamos de algo por primera vez o cuando hablamos de algo en general o que no conocemos. Cambia el género *(un, una)* y el número *(unos, unas)* dependiendo de la palabra que acompaña.

5 Los objetos más absurdos para llevar en la maleta

 a Entrevista a tus compañeros. ¿Cuál es la cosa más rara que han llevado en la maleta? ¿Con qué cuatro cosas viajan siempre?

 b De todas las cosas que has escuchado, ¿cuál te ha parecido más rara?

> ¿Qué es lo más raro que has llevado en la maleta?

> Yo he llevado unas bolsitas de té que preparo con plantas de mi jardín.

> El ganador a la cosa más rara...

c Relaciona cada imagen con su descripción.

a. Funda para la maleta

b. La almohada avestruz

2.

3.

4.

5.

c. Camiseta con iconos para viajar

d. Camiseta busca-Wifi

e. Lavadora portátil

d Comenta con tus compañeros. ¿Alguien ha llevado alguna de las cosas de las imágenes? ¿Qué opinas de ellas? ¿En tu próximo viaje quieres utilizar alguna?

 Yo creo que la camiseta es muy práctica porque...

 ¡Es increíble!

 No me gusta nada...

 Me encanta...

6 #BuenAlojamiento L → 1

a Lee los siguientes textos de la página web **www.losviajeros.es** y comenta con tu compañero cuál de estos alojamientos has utilizado.

1. Hotel Room Mate Pau en Barcelona

http://revistadeep.com/placeres/viajes/room-mate-pau/

No hay dos hoteles iguales y todos tienen una estética moderna. Los hoteles se llaman L Alicia, Mario..., tienen nombre propio. Precios de dos estrellas y atención de cuatro. Solo ofr "servicios básicos" (habitación con cama, ducha y desayuno). No hay servicio de habitacio ni gimnasio. Las mejores camas del mercado, minibar y televisión en la habitación, conexió Internet con Wifi gratuito y desayuno hasta las 12:00. Ofertas: 15% de descuento al hacer reserva de cuatro noches como mínimo.

2. Hostal en Madrid (Albergue) U Hostel

http://www.uhostels.com/

Alojamiento para mochileros exigentes: "bueno, bonito y barato". Está en uno de los barrios con más encanto de Madrid, el barrio de Salamanca.
Tiene habitaciones dobles y habitaciones compartidas para doce personas. Wifi gratuito y ofrece ordenadores, alquiler de bicis, clases de cocina, clases de flamenco, etc. Desayuno incluido. El precio de las toallas es de dos euros. Precio por noche a partir de diecisiete euros.

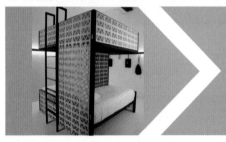

3. Hostal en Ciudad de México

http://www.downtownbeds.com/

Este hostal se encuentra en el centro histórico de Ciudad de México, a cien metros de la p del Zócalo y a trece kilómetros del aeropuerto. Tiene habitaciones privadas y compartidas das con baño compartido. La recepción está abierta las veinticuatro horas y hay conexión gratuita en las zonas comunes. Se sirve un desayuno continental gratuito. Se pueden alqu bicicletas y pueden organizar un servicio de enlace con el aeropuerto por un suplement

4. Casa rural en Teruel

http://www.lacasadelosmoyas.es/

La Casa de Los Moyas es un alojamiento de turismo rural con encanto en la provincia de Teruel, España. Es un lugar apartado y tranquilo. Ideal para hacer deportes de agua, montaña y al aire libre, y para disfrutar de la gastronomía de la zona y de la naturaleza. No hay Internet ni televisión en las habitaciones, pero, si lo necesitas, en el pueblo hay zona Wifi. Tiene piscina comunitaria. Ofrecemos pensión completa. Estancia mínima de cuatro días. Consulta los precios en nuestra página web.

5. Ecoturismo en Colombia

http://www.elcantil.com/es/hotel-nuqui-choco-colombia

El Cantil tiene siete habitaciones sencillas, dobles y múltiples. Los bungalós tienen bañ cada habitación con vistas a la selva y a las terrazas. En las zonas comunes hay un restaura dos terrazas con vistas al mar, además de la zona de hamacas. El hotel El Cantil es el núm uno de Colombia. Hay excursiones al mar y a la montaña para ver animales. Se pueden alq kayaks y tablas de surf.

OTRAS ALTERNATIVAS

6. Knok es una red de familias que intercambian sus casas para viajar, alojarse gratis y disfrutar de las vacaciones con sus niños.
http://www.knok.com/es/

7. Couchsurfing es también una red social para viajeros que ofrece alojamiento gratuito durmiendo en el sofá de otros viajeros de la red. Una alternativa muy practicada por los jóvenes de todo el mundo.
https://www.couchsurfing.com/

b ¿Recuerdas los tipos de viajes de la portada de esta unidad: de negocios, con niños/en familia, de aventuras (mochileros)? Comenta con tu compañero quién sería el tipo de turista que usa cada uno de estos alojamientos.

c En la página **www.deviajes.com** algunos viajeros hablan sobre sus últimas vacaciones y los sitios donde se han alojado. **Lee** y **relaciona** a cada persona con el tipo de alojamiento que ha utilizado de la actividad 6.a. Al leer, marca las palabras que te parecen importantes para poder relacionar cada texto con el alojamiento.

Vane: Nosotros hemos estado cuatro días en un lugar increíble. Hemos desayunado, ~~co~~mido y cenado en el mismo sitio que nos ~~he~~mos alojado; es más cómodo y así ya sabes lo ~~que~~ vas a pagar, no hay sorpresas. La verdad es ~~qu~~e ha sido genial poder olvidarte de todo y hemos disfrutado muchísimo de la naturaleza.

Silvi: He estado con toda la familia, con mi marido y mis tres niños, y ha sido estupendo. Como somos cinco no tenemos que compartir habitación con nadie más. Nos hemos quedado tres días, pero hemos hecho un poco de todo. Hemos alquilado bicis con los niños para dar un paseo por la ciudad, hemos visitado museos y hasta hemos hecho un curso de cocina toda la familia junta. Ha sido muy divertido y nada caro.

Diego: He viajado con un colega y lo hemos pasado fenomenal. Es la primera vez que duermo en el sofá de un desconocido. Lo mejor ha sido el alojamiento gratis y lo peor es que te tienes que adaptar a las costumbres de los demás, sobre todo de quien te aloja. Eso sí, es muy importante leer los comentarios de la gente en la página para no tener sorpresas.

...as: Mi pareja y yo hemos dormido en las ~~hab~~itaciones compartidas que son más baratas. ~~Tod~~o ha estado genial: la limpieza, la atención, el ~~des~~ayuno, el ambiente. La única queja es que en ~~las h~~abitaciones no hay Internet. Hemos pasado ~~cua~~tro noches y hemos podido pasear por las ~~zon~~as más importantes de la ciudad porque el ~~alo~~jamiento está muy bien situado.

...ria: He estado una semana en la ciudad ~~visi~~tando a mi hija que está de intercambio ~~de~~ estudios. Como no tiene mucho sitio en ~~su~~ piso compartido he buscado ofertas de ~~aloj~~amiento en la zona centro y he encontrado ~~una~~ muy interesante, con descuento. He ~~est~~ado muy cómoda y no he tenido que ~~leva~~ntarme temprano para poder desayunar. ~~Ten~~er la limpieza incluida y una habitación ~~indi~~vidual es muy cómodo.

Julia: Hemos estado esquiando en los Pirineos. Son nuestras primeras vacaciones sin pagar alojamiento. Hemos ido dos parejas con niños y hemos podido disfrutar de la nieve en familia. Pero también he descansado y he podido terminar de leer una novela. Además, los niños se han divertido muchísimo. Sin duda una de las mejores cosas que he hecho este año ha sido inscribirme en esa página.

Inma: Hemos estado en un lugar increíble en contacto directo con la naturaleza. Ha sido una experiencia única. He ido con mi hija, de vez en cuando nos gusta irnos de vacaciones a sitios así para estar juntas. Valoro mucho la tranquilidad, pero también conocer otras culturas, otras gastronomías. Además, en este viaje hemos nadado en el mar y hemos visto ballenas. ¡Qué más puedo pedir: entorno natural, playas exóticas y la mejor comida del país!

d Ahora ya conoces diferentes tipos de alojamientos. **Escribe** tus criterios para elegir alojamiento y luego **entrevista** a un compañero para conocer sus preferencias. ¿Sois muy exigentes o no?

	Tú	Tu compañero
Un buen alojamiento tiene que tener...		
Tiene que estar...		
Tiene que ofrecer...		

e **Escribe** en un papel cómo es el mejor alojamiento en el que has estado. **Entrega** el texto a tu profesor para ponerlo en el tablón.

• ¿Cuál es el alojamiento que más te ha gustado?   • ¿Cuál es el más raro?   • ¿Cuál es el peor?

7 **Al mal tiempo, buena cara**

L → 5   G → 7.5

a nº 11 Cuando hace mal tiempo, Cristina no sale a la calle. Hoy está muy aburrida y ha hablado con varios amigos. Escucha sus conversaciones y completa las respuestas de los amigos.

¡Me aburro!

1. Ana está _____ porque el lunes tiene un examen.
2. Gonzalo está _____ el último cómic de Paco Roca.
3. Javi está _____ música.
4. Jaime está _____ ahora.

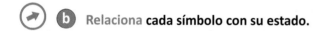

b Relaciona cada símbolo con su estado.

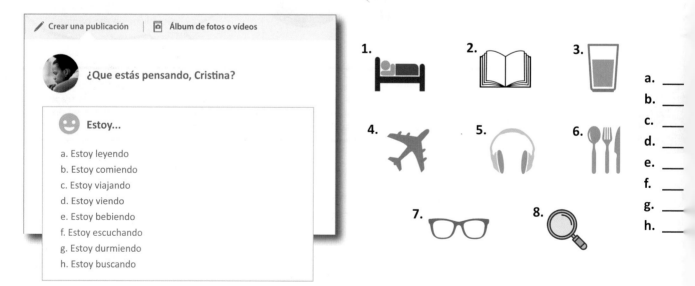

Crear una publicación | Álbum de fotos o vídeos

¿Que estás pensando, Cristina?

Estoy...

a. Estoy leyendo
b. Estoy comiendo
c. Estoy viajando
d. Estoy viendo
e. Estoy bebiendo
f. Estoy escuchando
g. Estoy durmiendo
h. Estoy buscando

1. 2. 3.

a. ___
b. ___
c. ___

4. 5. 6.

d. ___
e. ___
f. ___

7. 8.

g. ___
h. ___

c Reflexiona. ¿Conoces esta forma del verbo: *estoy leyendo*? ¿Para qué crees que se utiliza? ¿Cuál crees que es la regla para formar el gerundio?

a. Para hablar de rutina   b. Para hablar de un presente en desarrollo   c. Para hablar de un futuro cercano

d **¿Qué estás haciendo?** Imagina **qué están haciendo las siguientes personas y** completa:

Fabio Santana Castro

– ✈ Estoy viajando a Panamá (ciudad) desde el aeropuerto Internacional de Cartagena.

> En este momento Fabio está viajando a Panamá.

> ## Estar + gerundio
> Para hablar de una acción que se desarrolla en el momento en que hablamos, utilizamos el verbo **estar (en presente) + otro verbo en gerundio.**
>
> ▲ *¿Puedes hablar por teléfono ahora?*
> • *Ahora no puedo.* **Estoy cocinando**. *Te llamo luego.*

1. **Ahora** mi jefe _____

2. **Ahora mismo** alguien de mi familia _____

3. **En este momento** mi mejor amigo _____ y mi mejor amiga _____
   _____

e **Y tú, ¿qué estás haciendo?** Actualiza **tu estado en redes sociales.**

 Crear una publicación │ Álbum de fotos o vídeos

¿Qué estás pensando?

🖼 Foto/vídeo   😊 Me siento / Actividad   •••

f **¿Qué está haciendo tu famoso favorito?** Entra **en una red social como Instagram, Twitter o Facebook y** explica **a la clase quién es tu personaje preferido y qué está haciendo.**

8 **#EstáPasando**

a Lee **estos textos y** relaciona **con las siguientes frases.**

1. Es un medio de comunicación: ___
2. Es un mensaje personal: ___
3. Es un servicio de transporte: ___
4. Es en directo: ___

c.

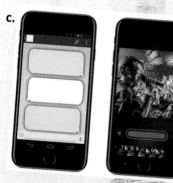

Estoy en el concierto. Están tocando nuestra canción favorita.

a.

Tu taxi está llegando. La matrícula es 1533DWL. Es de color rojo. El conductor se llama Paco. ¡Hola, Paco!

b.

Escucha en directo lo que está diciendo la vicepresidenta de la Asociación de Jóvenes Empresarios.

d.

¿Te gusta lo que estás leyendo? Comparte la noticia en redes.

b En las actividades 7 y 8.a hay verbos en gerundio. ¿Alguno no cumple las reglas que ya conoces? ¿Cuáles? Escribe el verbo en infinitivo.

Durmiendo es un gerundio irregular. El infinitivo es *dormir*.

_____ es un gerundio irregular. El infinitivo es _____.

_____ es un gerundio irregular. El infinitivo es _____.

9 #TardeDeSofá: sofá, mantita y peli

a Pablo hace distintas cosas en su tiempo libre. Lee el texto y observa las palabras en negrita. ¿Para qué crees que sirven?

Me gusta ver la tele cuando está lloviendo. **También** tomar chocolate caliente y jugar un rato. Cuando hace calor, prefiero ir a la piscina o de tiendas **porque** tienen aire acondicionado. En invierno, me gusta esquiar cuando está nevando, **pero** no siempre tengo dinero. Odio el viento **porque** no puedo pasear y **tampoco** puedo volar mi cometa. **Además,** tengo miedo de conducir con mal tiempo **y** mi pelo es un horror. ¡Verano ya! Si tengo que elegir una estación, prefiero la primavera. No me gusta el invierno **ni** el otoño. #SíguemeYTeSigo #MeGusta #Odio #TengoMiedo #CuatroEstaciones #EnMiTiempoLibre

Instagram
Pablo
27s

Instagram
Pablo

b Relaciona los conectores de la actividad anterior con su definición.

Se utiliza para añadir información afirmativa	Se utiliza para explicar una causa o razón	Se utiliza para añadir información opuesta	Se utiliza para continuar c una negación anterior

c Y tú, ¿qué haces en tu tiempo libre? Escribe un texto similar al de Pablo utilizando estos conectores.

LO QUE ELLA SE LLEVÓ

1 Antes, de ver el episodio, mira los fotogramas del corto. ¿Qué tipo de viaje crees que hace el chico? ¿Dónde crees que se aloja? Comenta con tus compañeros.

turismo rural   turismo de ciudad   viaje a la playa   estancia en un hotel

viaje de negocios   turismo cultural   estancia en un hostal   camping

alojamiento en casas particulares   hotel   viaje organizado

a.

b.

c.

d.

2 Mira el corto hasta que el chico sube al autobús y contesta a las preguntas:

a. ¿Dónde está?
b. ¿Con quién ha quedado?
c. ¿Qué tiempo hace?
d. ¿Dónde y a qué hora ha quedado?
e) ¿Por qué termina la llamada?

3 Mira el vídeo hasta "¿Qué pasa a continuación?" y responde. ¿Qué hay en la mochila de Alba? ¿Qué crees que hay en la mochila del chico?

❑ botella de agua   ❑ cargador   ❑ cascos
❑ mapa   ❑ gafas de sol   ❑ agenda
❑ peine   ❑ estuche de lápices   ❑ neceser
❑ documentación   ❑ chicles   ❑ llaves

4 Haz hipótesis con tu compañero y escribe un posible final. Luego mirad el vídeo completo para comprobar vuestras hipótesis.

CULTURA

Dentro del mundo hispanohablante

Destino Yucatán

1 Radio Genial, en su programa sobre viajes, pregunta a Imke, una chica alemana, por su viaje a México. **Relaciona** el siguiente vocabulario con su imagen correspondiente.

Chichen Itzá · cenote · playa · comida tradicional

artesanía local · música mexicana · película mexicana · Mérida colonial

a. Cenote

b.

c.

d.

e.

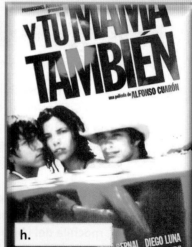
h.

f.

g.

2 Escucha **la entrevista y ordena** las fotos según cuenta Imke.

a. ☐ b. ☐ c. ☐ d. ☐ e. ☐ f. ☑ g. ☐ h. ☐

3 Antes de viajar, Imke ha buscado música y películas de su destino para preparar su viaje. ¿Tú también lo haces? **Recomienda** una película y una canción para tu próximo destino.

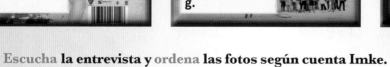

Para viajar a Madrid recomiendo cualquiera de las películas de Almodóvar, por ejemplo "Mujeres al borde de un ataque de nervios", un clásico. Y como música, "Aquí no hay playa", de Los Refrescos.

Viajar barato

1 Vas a organizar un viaje para la clase, pero de bajo coste. Decide los detalles del viaje.

1. Lugar y fechas

2. Transporte

Plan de viaje

3. Alojamiento

4. Puntos de interés 📍

HOTEL

Porque viajar es una aventura...

2 Con la información de la actividad anterior, crea tu propio póster y pégalo en las paredes de tu aula.

3 Después, vamos a votar el que nos gusta más. Recuerda que puedes poner códigos QR a tu presentación para ofrecer más información o vídeos a tus compañeros.

¡Recuerda y comprueba!

Reflexiona. Utiliza los números de los emoticonos para evaluar tus conocimientos. Comenta con tus compañeros.

sé todo,
y genial!

ngo que
diar un
o más.

ecesito
pasar.

PUEDO	CONOZCO	COMPRENDO
☐ Hablar de diferentes formas de viajar y cómo hacer la maleta	☐ Vocabulario sobre viajes	☐ El uso de las mayúsculas para los topónimos
☐ Hablar de viajes y alojamientos	☐ Vocabulario sobre el equipaje	☐ El uso del artículo indeterminado: *un, una...*
☐ Expresar acciones que están en desarrollo	☐ Vocabulario sobre alojamientos	☐ *Estar* + gerundio
☐ Decir qué hago en mi tiempo libre		
¡Genial!	*¡Genial!*	*¡Genial!*

1 Relaciona cada palabra con su símbolo correspondiente.

a. hotel   b. camping   c. casa rural

d. albergue   e. habitación doble

f. habitación individual   g. pensión completa

h. media pensión   i. todo incluido

j. alojamiento y desayuno

1.    2.   3.   4.

5.    6.   7.

8.   9. +   10.

2 Si vas de viaje tienes que elegir el transporte. ¿Dónde se coge cada transporte y quién trabaja allí? Completa la tabla.

	¿Dónde lo tomas?	¿Quién trabaja allí?	¿Qué verbos puedes necesitar?
Taxi			
Autobús			
Tren			
Avión			
Barco			

3 Observa estas fotos y relaciona cada imagen con una frase. ¿Por qué crees que están relacionadas?

a.

d.

b.

e.

c.

1. Si voy de viaje y llueve, me tomo un café.
2. Si hay mucho viento, no voy a la playa.
3. Si hace buen tiempo, me gusta pasear por la montaña.
4. Si hace mucho frío, me quedo en el hotel.
5. Si hay niebla, no quiero viajar.

Si condicional

Se usa para expresar posibilidad y no lleva tilde.

Si + presente indicativo + presente / futuro

4 Y tú, ¿qué haces cuando vas de viaje si...? Escribe y comenta con tus compañeros. ¿Hacen lo mismo que tú?

Si llueve...   Si hace frío...   Si hay niebla...   Si hay una tormenta...   Si hace buen tiempo...

5 ¿Qué mensajes aparecen en español cuando encuentras estas pantallas? Completa los mensajes. ¿Conoces otros mensajes con verbos en gerundio que lees en español con frecuencia? Escribe algunos ejemplos.

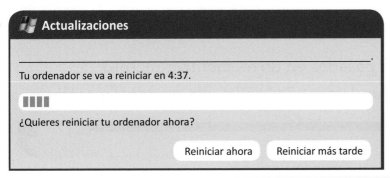

Actualizaciones

_____.

Tu ordenador se va a reiniciar en 4:37.

▮▮▮▮

¿Quieres reiniciar tu ordenador ahora?

Reiniciar ahora   Reiniciar más tarde

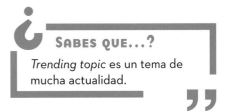

You Tube

Subiendo 1 vídeo

MP41min-720x540

Tu vídeo _____. Quedan 8 minutos
54 %

Información básica

Título
MP41min-720x540

6 ¿De qué se está hablando ahora en tu ciudad? ¿Y en tu país? ¿Qué es *trending topic* en este momento?

¿ **SABES QUE...?**

Trending topic es un tema de mucha actualidad.

"

7 ¿Qué palabras o expresiones de esta unidad son las más importantes para ti? Escribe cinco ejemplos y explica a tus compañeros cómo puedes recordarlos mejor.

Nuestras sugerencias

1. Hacer un viaje organizado...
2. Tarjetas de crédito
3. Hay (conexión a) Internet
4. (Hay) Wifi gratuito
5. También / Tampoco

6.
7.
8.
9.
10.

Fue noticia

En esta unidad vamos a aprender a...

- hablar de acontecimientos del pasado
- hablar de la biografía de una persona y de las diferentes etapas de la vida
- hablar de acciones pasadas en un momento concreto
- hablar de hechos fundamentales en la vida personal y profesional

"

1 #TalDíaComoHoy

  a Lee los siguientes tuits y habla con tus compañeros: ¿conoces a alguna de estas personas?, ¿te ha sorprendido su historia?, ¿sabes algo más sobre ellas?, ¿a qué se dedicaron?

1.

BibliotecaNacional ✔ @BNE_biblioteca

#TalDíaComoHoy **murió** Clara Campoamor. Exactamente en 1972. **Fue** la primera mujer que **luchó** por el voto femenino en España.

❤ 2   🔁 1   ◀ 1

2.

CosmoCaixa ✔ @CosmoCaixa

#TalDíaComoHoy en 1909 **nació** Rita Levi-Montalcini, la conocida neuróloga que **ganó** el Premio Nobel de Medicina en 1986.

❤ 2   🔁 1   ◀ 1

4.

Instituto Cervantes ✓ @InstCervantes

#TalDíaComoHoy de 1929 **nació** el escritor cubano Guillermo Cabrera Infante, un clásico de la literatura... **Escribió** entre otros libros *Tres tristes tigres*.

♥ 2   ↻ 1   ◀ 1

 TuiteroHistórico ✓

#TalDíaComoHoy en 1616 **murieron** dos de los grandes escritores de la historia, Miguel de Cervantes y William Shakespeare (o eso se dice).

♥ 2   ↻ 1   ◀ 1

 nº 13

b **Escucha a dos amigos hablando en un bar y responde:**

– ¿Qué se celebra el día 23 de abril?

– Una de las celebraciones es típica de Cataluña. Según la tradición, ¿qué se hace ese día?

– ¿Cómo se celebra ese día en tu país?

– ¿Con qué tuits tiene relación esta conversación?

c **Busca en Internet qué cosas pasaron tal día como hoy en otros años. Escribe un tuit y presenta la información a la clase.**

2 Mujeres que hicieron historia

a Lee esta noticia del periódico sobre mujeres que cambiaron la historia. ¿Conoces a alguna de ellas? ¿Conoces a otras mujeres que cambiaron la historia?

≡ **EL PAÍS**   f 🐦 G+

DÍA DE LA MUJER

2016 2015 2014 2013 2012

FELIZ DÍA DE LA MUJER ›

Día Internacional de la Mujer: 13 mujeres que cambiaron la historia

Google celebra el 8 de marzo, Día de la Mujer, recordando a 13 mujeres pioneras que destacaron en diversos ámbitos de la sociedad. Desde Frida Kahlo a Cecilia Grierson

El Día Internacional de la Mujer se celebra, como cada año d de hace más de un siglo, este 8 de marzo. De todas las nacio lidades y de todas las especialidades en este Día se recuerd los grandes éxitos de mujeres por todo el mundo. Probab mente, de todos los éxitos de las mujeres en los últimos c años, el derecho al voto es uno de los más importantes. En las mujeres que Google **seleccionó** podemos encontrar a

- Lotfia El Nadi **nació** el 29 de octubre de 1907 en una familia de clase media de El Cairo. **Trabajó** como secretaria y lefonista de la escuela de vuelo para poder pagar su matrícula. Loftia El Nadi **se convirtió** en la primera piloto de av egipcia en 1933.

- Frida Kahlo **nació** en Coyoacán (en México) en 1907 y **murió** también allí en 1954. A los 18 años **tuvo** un accidente. F entonces cuando **empezó** a pintar. **Fue** una de las primeras mujeres en exponer en El Louvre. Su obra *Dos desnudos el bosque* **se vendió** por más de siete millones de euros.

- Ida Wells-Barnett **nació** en 1862 en Mississipi. **Creó** la Asociación Nacional para el Progreso de las Personas de Color y **dedicó** a la defensa de los derechos civiles y de los derechos de la mujer en Estados Unidos. **Perteneció** al movimie para conseguir el voto femenino.

- María Moliner **nació** en Zaragoza en 1900 y **murió** en Madrid con 81 años. **Fue** una bibliotecaria, filóloga y lexicógrafa españ **Escribió** un diccionario muy famoso: *Diccionario de uso del español.* **Tardó** quince años en terminarlo. Nunca **fue** miem de la Real Academia Española.

Texto adaptado de: http://elpais.com/elpais/2017/03/08/actualidad/1488927709_195706

b Señala a qué mujer hacen referencia estas afirmaciones.

	Lotfia	Frida	Ida	María
Nació y **murió** en ciudades diferentes.	○	○	○	⊘
Tuvo un problema de salud importante.	☐	☑	☐	☐
Tuvo varios trabajos.	⊘	○	⊘	⊘
Luchó por temas sociales.	☐	☐	☑	☐

c De todos los verbos en tiempo pasado que has usado en las actividades de esta unidad: ¿cuáles son regulares?, ¿cuáles no? Observa cómo se forma esta forma del pasado, clasifica estos verbos en regulares o irregulares y completa la tabla.

Verbos -ar
VIAJAR

Yo	viaj	é
Tú	viaj	aste
Él/Ella	viaj	ó

Nosotros/as	viaj	amos
Vosotros/as	viaj	asteis
Ellos/as	viaj	aron

Verbos -er/-ir
VIVIR

Yo	viv	í
Tú	viv	iste
Él/Ella	viv	ió

Nosotros/as	viv	
Vosotros/as	viv	
Ellos/as	viv	

Regulares terminados en -ar	Regulares terminados en -er / -ir	Irregulares					
viajar	vivir		ser / ir	tener	estar	hacer	otros...
		Yo					
		Tú					
		Él, Ella, Usted					
		Nosotros/as					
		Vosotros/as					
		Ellos, Ellas, Ustedes					

d Reflexiona. ¿En qué situaciones crees que usamos este tipo de pasado que llamamos indefinido?

❏ Hablamos de un pasado completo, cerrado.

❏ Hablamos de un pasado con principio y fin.

❏ Hablamos de un pasado que no tiene relación con el presente, lo sentimos lejos.

❏ Hablamos de un pasado que no es una rutina.

❏ Hablamos de un pasado que vemos desde fuera y no sentimos como actual cuando hablamos.

Ayer comí pulpo. Y también calamares. De postre, tomé tarta de Santiago.

HOY PULPO

e Piensa en tres acontecimientos que tienen un significado especial para ti (algo importante que hiciste en tu vida, algo que hiciste cuando cumpliste dieciocho años...). Dibuja la idea y tus compañeros tienen que adivinar qué pasó.

 f Busca en Internet y prepara una presentación sobre alguna mujer que admiras y que cambió la historia.

G → 7.7

Perífrasis

- *Empezar + a + infinitivo* expresa el comienzo de una acción. *Empecé a estudiar la carrera en 2000.*
- *Terminar + de + infinitivo* expresa el final de una acción. *Terminé de estudiar la carrera en 2004.*
- *Dejar de + infinitivo* expresa que ya no hacemos algo. *Dejé de ir al gimnasio en noviembre.*
- *Volver + a + infinitivo* expresa que algo se repite. *Volví a ir al gimnasio en enero.*
- *Seguir + gerundio* expresa que todavía hacemos algo que comenzamos hace un tiempo. *Sigo estudiando español desde 2012.*

3 #LaPrimeraVezQue L → 1

nº 14

a Escucha el programa de Radio Genial donde entrevistan a Kina Malpartida, cinco veces campeona mundial de boxeo, que está hablando de su vida. Contesta a las siguientes preguntas marcando una opción.

	En su infancia	En su adolescencia	En su juventud	En su madurez
¿Cuándo sacó el carné de conducir?				
¿Cuándo se enamoró por primera vez?				
¿Cuándo tuvo su primera bici?				
¿Cuándo empezó a estudiar inglés?				
¿Cuándo fue a la discoteca por primera vez?				

¿CUÁNDO FUE LA ÚLTIMA VEZ QUE HICISTE ALGO POR PRIMERA VEZ?

ACCIÓN POÉTICA en Chile

 b ¿Qué verbos irregulares hay en esta imagen? ¿Qué verbos son? ¿Qué otros verbos irregulares has aprendido hasta ahora? Revisa la tabla de la actividad 2.c y escribe los que son nuevos para ti.

 c Entrevista a tus compañeros y comenta algo que han hecho por primera vez este año.

4 #DeMayorQuieroSer

 a Observa las fotografías y responde a las siguientes preguntas:

¿Qué ves en las imágenes? ¿Dónde están? ¿Dónde trabajan?

¿Cuál es su profesión? ¿Cómo van vestidos?

1.  **2.**  **3.**

4.  **5.**  **6.**

b Relaciona las palabras con las fotos anteriores. L → 4

Yo relaciono impresora con el trabajo de oficina, así que pienso en las fotos 1 y 4.

impresora	empresa	oficina	tienda

camarero	corbata	Internet

fotocopiadora	empresario	traje

multinacional	dependienta	jefe

ingeniero	ordenador	bombero

uniforme	funcionario	despacho

director	panadería	canguro

Mujeres emprendedoras

Marta

La empresa Goteo **nació** para trabajar con tem[a] sociales. **Hizo** su proyecto de fin de carrera sob[re] cómo integrar la bicicleta en la universidad. Prime[ro] **comenzó** con un servicio de alquiler en el camp[us] y luego **añadió** más servicios: taller de reparacio[nes], tienda, aparcamiento de larga duración (especi[al]mente en vacaciones). El año pasado **abrió** u[na] tienda en el centro de Madrid.

Gloria

Estudió Medicina, pero el dibujo siempre **fue** una de sus pasiones. Un día **empezó** a dibujar cosas relacionadas con la medicina, lo **colgó** en su página web y a la gente **le gustó**. Luego **decidió** hacer un máster en creación digital. **Recibió** una ayuda para equipamiento informático del Instituto Andaluz de la Mujer y un año más tarde **ganó** el premio Andalucía Joven en la modalidad de Arte. Ahora ya tiene su estudio de diseño e ilustración y llega a mucha gente a través de las redes sociales. La tecnología le ha permitido trabajar desde su ciudad. Le encantaría hablar mejor inglés para ampliar el mercado.

c En tu cuaderno, clasifica las palabras de la actividad anterior en mapas de vocabulario similares a estos.

Profesiones — **Lugares de trabajo** — **Objetos de trabajo**

d ¿Alguna de estas imágenes tiene o ha tenido relación con tu vida laboral? Explica a tus compañeros por qué.

e Escucha la siguiente conversación entre dos amigos y completa la tabla.

nº 15

Dice que...	Mujer	Hombre
1. su madre fue peluquera.		
2. su padre trabajó en el campo.		
3. su padre tuvo muchos trabajos.		
4. es periodista.		
5. su padre conoció a su madre en la ciudad.		
6. conoce muchas mujeres empresarias.		
7. tuvo que trabajar en su época de estudiante.		
8. tiene su propia empresa.		
9. de joven trabajó como canguro.		

Blanca

Titabonita, como la llama su padre, **fue** el nombre que **eligió** para su empresa. **Ganó** uno de los concursos para mujeres emprendedoras de la revista *Yo Dona*. Todo **empezó** en enero de 2012 con 25. 000 euros entre ahorros y crédito. Diseña, produce y vende zapatos, bolsos y guantes artesanales con el sello "made in Spain". Todos sus zapatos tienen un trébol dentro del pie izquierdo para dar buena suerte a quien se levanta con el pie izquierdo.

...ría

...bajó en una empresa de exportación de muebles hasta que ...cidió ser mamá. Habla inglés, francés, italiano y catalán y por ...o no **tuvo** ningún problema en internacionalizarse. Gracias ...n crédito de 30.000 euros y a que le gusta la decoración ...pezó a fabricar baldosas hidráulicas*. Con el apoyo del ...X* vende en Australia, EE.UU. y en varios países europeos. ...rincipio **pensó** buscar un fabricante en otros países, pero ...lmente **encontró** en Córdoba una empresa seria y respon-...le. Ella se ocupa del diseño y de la comercialización.

* Piezas de cerámica para cubrir suelos o paredes
*ICEX: Instituto de Comercio Exterior

Texto adaptado de: http://bit.ly/2t2QNPo

5 Emprendedoras

a La revista *Yo Dona* publicó el mes pasado un artículo sobre mujeres emprendedoras. Lee los siguientes perfiles y responde:

¿Qué persona(s) dice(n) que ...
...trabaja en algo diferente a lo que estudió?
...tiene negocios en España y en el extranjero?
...tuvo que pedir un préstamo para montar su empresa?
...cuando tuvo un hijo cambió de trabajo?
...su empresa crece cada vez más?
...trabaja a distancia?
...le dieron un reconocimiento?

b ¿Y tú? ¿Conoces a mujeres jóvenes emprendedoras? ¿Hay en tu país planes para apoyar a empresas emergentes o *start-up*?

c Piensa en una profesión que te parece interesante. Tus compañeros te van a hacer preguntas para intentar adivinar cuál es.

> Tengo una amiga que abrió una panadería en un pueblo de Madrid. Ella estudió Filología y trabajó como profesora, pero tuvo dos niños y decidió abrir su propio negocio. Ahora está muy contenta.

> Es una persona que trabaja analizando bacterias y estudia el ADN.

> ¡Bióloga!

6 #ElAñoEnQueNací

nº 16

a Estas son algunas de las canciones más famosas de la década de los 70 en España. Escucha a una chica que pregunta a sus compañeros de clase si saben qué canción sonó el día que ella nació. Marca la canción y el cantante del que hablan. Toma nota de las pistas que da. ¿De qué hecho histórico habla la canción?

b Busca en Internet qué pasó el año en que naciste, qué canción fue número uno, qué película fue un éxito, qué otros famosos nacieron el mismo año y qué aplicación o empresa triunfó ese año. Comenta esos datos con tus compañeros. Ellos tienen que adivinar en qué año naciste.

1. Serrat: *Mediterráneo* (1971)

2. Nino Bravo: *Libre* (1972)

 Cuando nací, la canción más famosa fue...

 La noticia important fue...

3. Nacha Pop: *Chica de ayer* (1980)

Se estrenó...

 Nació...

Triunfó...

> ### Fechas
> Los años en español se cuentan así:
> 1982 → 1000, 900, 82
> *Mil novecientos ochenta y dos.*

7 Buscamos al empresario del año

a Comenta con tus compañeros las preguntas. Después lee el texto.

- ¿Sabes en qué año nació LinkedIn?
- ¿Alguna vez has utilizado esta red para buscar trabajo?
- ¿Tienes tu CV en Linkedin? ¿Por qué?
- ¿Conoces otra red social donde tener tu currículum?
- ¿Conoces a alguna persona que las utilice?, ¿y a alguien que con su trabajo gracias a estas redes?
- ¿Te gustan estas aplicaciones? ¿Te parecen útiles?

LinkedIn es una red social del mundo de los negocios, las empresas y el trabajo que nació en diciembre de 2002. En el año 2008 alcanzó los veinticinco millones de usuarios. Hoy tiene ya más de cuatrocientos millones y más de dos millones de grupos. Una de cada veintisiete personas en el mundo está registrada en LinkedIn. Gracias a esta red muchas personas han encontrado trabajo y las empresas tienen más ventas, más relación con sus clientes y mejor imagen.

nº 17

b Escucha a cuatro candidatos que se presentan al concurso del **Empresario del Año**. Relaciona a cada persona con su perfil de LinkedIn.

A. Carolina Gómez. Bogotá, Colombia.
Actual: Directora del Departamento de Comunicación de OnetoOne.
Anterior: Subdirectora del Departamento de Comunicación de la multinacional Goal.
Educación: Licenciada en Relaciones Comerciales. Especialista en Internet y redes sociales.

B. Paulo Gómez. Punta Arenas, Chile.
Actual: Director de negocio local Ecoanimal.
Anterior: Director de Comunicación en VisVis.
Educación: Licenciado en Derecho y Marketing en la Universidad de Chile. Máster en dirección de empresas.

C. Daniela Tévez. Buenos Aires, Argentina.
Actual: Directora de ventas en Banca Directa.
Anterior: Secretaria de ventas.
Educación: Licenciada en Marketing. Posgrado en redes sociales. Posgrado en ventas en Internet.

D. Luis Palacios. Trujillo, Honduras.
Actual: Director de Viajes Increíbles.
Anterior: Jefe del Departamento de Ventas.
Educación: Licenciado en Economía. Máster en redes sociales.

c Escucha de nuevo las presentaciones de los candidatos y escribe los aspectos positivos y negativos que tienen. Completa esta tabla.

Candidatos	Aspectos positivos	Aspectos negativos
Carolina		
Paulo		
Daniela		
Luis		

d Comenta con tu compañero estos perfiles de los candidatos y decidid qué persona es la más adecuada para el premio y por qué.

> Yo creo que el premio no tiene que ser para Carolina porque es muy estricta con sus compañeros.

8 Mi presentación más personal

a Cada candidato ha escrito una presentación más personal, pero como no tienen un teclado en español no han podido escribir todas las tildes. Lee las presentaciones y escribe la tilde si es necesario en las palabras subrayadas.

Carolina Gómez. Si tengo tiempo, me encanta hablar con la gente y conocer cómo son, qué han estudiado, de dónde son. Además soy una persona muy positiva y siempre digo que si a todos los proyectos porque me gusta trabajar.

Paulo Gómez. Me gusta leer y correr por el campo. Normalmente hago deporte con mis compañeros de trabajo y con mi jefe, pero para el solo es importante ganar. También me gustan los deportes de equipo, porque así puedo conocer a mis compañeros.

Daniela Tévez. Para mi, lo más importante es mi familia y mi trabajo. Me gusta estar con mi familia y amigos los fines de semana, pero por mi trabajo a veces tengo que trabajar los sábados. Para mi, eso es lo peor.

Luis Palacios. Si te encanta viajar y comer, entonces eres como yo. Una de mis pasiones es beber café y te. Siempre que viajo, me gusta probar las comidas y bebidas típicas. He bebido más de cincuenta tipos de te diferentes.

ACENTUADAS	VS	NO ACENTUADAS
Pronombre personal		**Pronombre posesivo**
A **mí** me gusta el español.		**Mi** problema es que soy muy tímido.
Pronombre		**Artículo**
¿Quién es **él**?		**El** jefe de ventas.
Pronombre		**Pronombre posesivo**
Y **tú**, ¿en qué departamento trabajas?		En importación, con **tu** amigo Juan.
Adverbio		**Oraciones condicionales**
¡Ah, **sí**! En mi empresa buscan nuevos trabajadores.		**Si** quieres, te puedo enviar mi CV.
Sustantivo		**Pronombre**
¡No me gusta tomar **té** con mi jefe!		¡Pues **te** toca ir con él!

9 El candidato ideal

 a Según un estudio realizado por una universidad mexicana, para ser un empresario perfecto debes tener estas ocho características. **Completa los espacios del texto con alguna de estas expresiones:**

a. nunca piensa en vacaciones

b. inteligentes

c. en equipo

d. las reuniones

e. hacer fotocopias

f. fracaso

g. en los clientes

h. el dinero

1. Nunca descansa, siempre está pensando en el trabajo _____
2. Debe ser sociable y saber escuchar las opiniones de otras per nas durante _____.
3. Sabe reconocer el buen trabajo de los demás. Como no pu ser el mejor en todos los campos, busca a los trabajadores r _____.
4. No es un jefe, le gusta trabajar _____. Escucha a todas personas de su empresa.
5. No tiene miedo al _____. Le gustan los cambios, no le porta equivocarse.
6. Su empresa es una segunda familia, primero son los trabajad y luego él. No solo piensa en _____.
7. Es una persona muy optimista, tolerante, tranquila y amable. Si pre piensa en positivo y trabaja a todas horas: puede preparar turas, contestar correos electrónicos o _____, no le imp si es el trabajo de otras personas.
8. Busca ideas nuevas y diferentes. No quiere repetir las idea otras empresas, siempre piensa en el negocio y _____

Texto adaptado de: http://bit.ly/2F

 b ¿Qué te parecen estas características? **Comenta** con tus compañeros.

> *¿Crees que hay más requisitos importantes para ser un gran empresario? ¿Cuáles?*

> *¿Piensas que alguna característica no es necesaria? ¿Por qué?*

 c Revisa **el mapa de vocabulario que hiciste en la actividad 4.c. ¿Puedes añadir alguna palabra o expresión más sobre el mundo laboral?**

RECUERDA!

Recuerda que si añades verbos es muy importante fijarse en qué preposición llevan. S es un nombre piensa en los adjetivos con los que aparece normalmente.

  ## 10 Repaso exprés

 ¿Qué verbo de esta unidad te resulta más difícil de pronunciar?

 ¿Qué verbo es más complicado de recordar? ¿Puedes imaginar un truco para recordarlo?

 ¿Qué verbo te gusta más? ¿Por qué?

 ¿Cómo crees que podrías aprender los verbos mejor?

 ¿Has entendido cuándo usamos el pretérito indefinido?

 ¿Has entendido cómo se forma?

MARTES 13

A escena

1 En muchos países, diciembre es un mes especial: hay fiestas y reuniones con la familia. Y en el tuyo, ¿qué ocurre en ese mes? ¿Hay algún evento importante? Comenta con tus compañeros.

2 Mira el corto hasta el minuto 01:00. ¿De qué están hablando los protagonistas? Comenta con tus compañeros.

3 Continúa mirando el corto hasta el minuto 02:13 ¿Por qué están tan contentos los protagonistas? ¿Qué cosas te hacen feliz a ti?

4 Ahora, quita el audio y sigue mirando el vídeo hasta "¿Qué pasa a continuación?" ¿Qué crees que está diciendo el chico a su jefe? Escribe un breve monólogo y represéntalo en clase.

5 Mira de nuevo el vídeo hasta "¿Qué pasa a continuación?" y responde. ¿Qué hacía la abuela de la chica para tener suerte? ¿Hay en tu cultura algún objeto o ritual para tener suerte?

6 ¿Qué tienen en común estos objetos? ¿Con qué país y/o cultura los relacionas? ¿Conoces otros elementos para añadir a la lista?

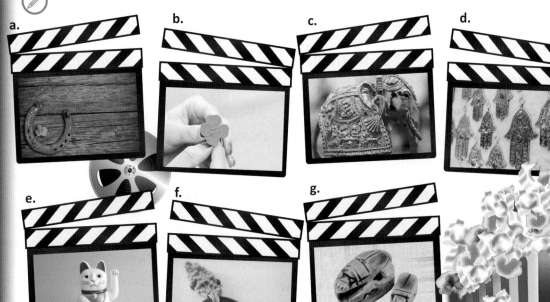

a.

b.

c.

d.

e.

f.

g.

7 Imagina qué pasa al final del vídeo. Después, comprueba tu hipótesis. ¿Esperabas ese final?

Dentro del mundo hispanohablante

Donde el *pepesup*

1 En África hay un país donde el español es lengua oficial. Relaciona las imágenes con estos tres datos.

> Hay mucha diversidad de animales.

> Tiene selva.

> La capital está en una isla del océano Atlántico.

a.

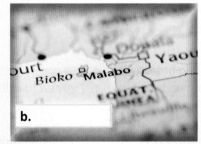

b.

c.

2 ¿Ya sabes cuál es? ¿Tienes alguna hipótesis? Comenta con tus compañeros las posibilidades que habéis marcado.

3 nº 18 Escucha este programa de Radio Genial llamado *Yo, viajero,* dedicado a este país africano. Responde a las siguientes preguntas:

- ¿Dónde está ubicado?
- ¿Cuál es su capital?
- ¿Qué tres idiomas son oficiales?
- ¿Por qué es interesante visitar el país?
- ¿Qué tipo de turismo tiene?

¿Qué te ha sorprendido? ¿Te gustaría visitar África? ¿Qué te gustaría hacer allí?

4 Busca información con tu compañero en Internet para resolver estas preguntas sobre el país:

- ¿Por qué el español es una lengua oficial?
- ¿Hay más países africanos que tienen el español como lengua oficial?
- ¿Cuántas lenguas se hablan en este país?
- ¿Qué es el pepesup?

> **¿ SABES QUE...?**
> Puedes encontrar más información sobre Guinea Ecuatorial en:
> www.guineaecuatorialpress.com

5 En grupos, diseñad un tríptico turístico sobre Guinea. ¿Qué tipo de información suele aparecer en estos trípticos? ¿Qué información os gustaría poner a vosotros?

6 Ahora, con vuestro tríptico, tenéis que promocionar Guinea en un puesto de la Feria Internacional del Turismo y responder a las preguntas de los compañeros.

El empresario del año

1 Imagina que te presentas al concurso del Empresario del Año. Completa el perfil de tu empresa y escribe una presentación para el concurso. ¡Suerte!

EL EMPRESARIO DEL AÑO

NOMBRE Y APELLIDOS:

NOMBRE DE LA EMPRESA:

TIPO DE EMPRESA

PRODUCTOS

NÚMERO DE TRABAJADORES

PUNTOS FUERTES

¡Recuerda y comprueba!

Reflexiona. Utiliza **los números de los emoticonos para evaluar tus conocimientos.** Comenta **con tus compañeros.**

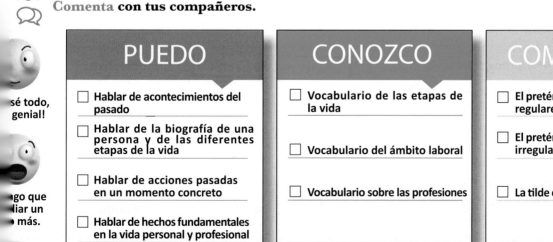

sé todo, genial!

go que iar un más.

cesito asar.

PUEDO

- ☐ Hablar de acontecimientos del pasado
- ☐ Hablar de la biografía de una persona y de las diferentes etapas de la vida
- ☐ Hablar de acciones pasadas en un momento concreto
- ☐ Hablar de hechos fundamentales en la vida personal y profesional

¡Genial!

CONOZCO

- ☐ Vocabulario de las etapas de la vida
- ☐ Vocabulario del ámbito laboral
- ☐ Vocabulario sobre las profesiones

¡Genial!

COMPRENDO

- ☐ El pretérito indefinido de verbos regulares
- ☐ El pretérito indefinido de verbos irregulares
- ☐ La tilde en palabras monosílabas

¡Genial!

1 Organiza estas experiencias a lo largo de la vida de una persona.

(nacer) (sacar el carné de conducir) (suspender un examen) (enamorarse)

(tener el primer trabajo) (independizarse) (nadar en el mar)

| Infancia | Juventud |

**Mayoría
de edad**

2 En tu opinión, ¿falta alguna experiencia importante? ¿Cuál? Escribe esa experiencia también.

3 Continúa esta serie de verbos con vocabulario que conoces.

Empezar a...   Volver a...   Terminar de...   Dejar de...   Seguir...

4 Completa la tabla con el siguiente vocabulario. Pueden ser profesiones, lugares de trabajo, tareas o habilidades y competencias.

secretario   hacer fotocopias   preparar una factura   contestar al teléfono

hablar con clientes   enviar un correo electrónico / un fax   oficina

dependiente   empresa   ser puntual   hablar idiomas   tienda

usar procesadores de texto   tener don de gentes   ser creativo

empresario   diseñador de páginas web

Profesión	Dónde trabaja	Qué cosas tiene que hacer	Habilidades y competencias

5 ¿Tienes cuenta en Linkedin o en otra red social para buscar trabajo? Completa esta ficha con el vocabulario más importante sobre tus competencias. Puedes hablar sobre los siguientes temas.

- Idiomas
- Informática
- Profesiones que has tenido
- Aptitudes personales que tienes

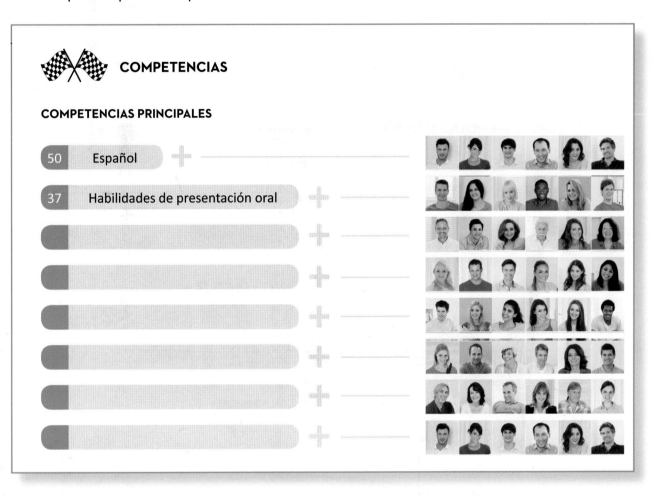

COMPETENCIAS

COMPETENCIAS PRINCIPALES

| 50 | Español |
| 37 | Habilidades de presentación oral |

6 ¿Qué palabras o expresiones de esta unidad son las más importantes para ti? Escribe cinco ejemplos y explica a tus compañeros cómo puedes recordarlos mejor.

Nuestras sugerencias

1. Infancia y juventud
2. Currículum
3. Llevar uniforme
4. Festivo
5. Puente

6.
7.
8.
9.
10.

unidad

5 Mejor en mi casa

En esta unidad vamos a aprender a...

- hablar del pasado con y sin relación con el presente
- comparar viviendas y barrios
- hablar con los vecinos
- buscar compañero de piso y repartir las tareas de la casa

"

La cocina

El dormitorio

En esta casa fue donde vivió y donde murió, el 26 de agosto de 1635, Lope Félix de Vega y Carpio, llamado el "Fénix de los ingenios", cuya fecundidad literaria traspasó los límites de lo creíble y cultivó todos los géneros de la literatura.

1 Pasear por el barrio de las Letras

a **nº 19** David es un chico que estudia en la escuela de idiomas Genial de Madrid. **Escucha** esta conversación donde le explican una ruta y **marca** en el mapa el recorrido que tiene que hacer para llegar a la Casa Museo de Lope de Vega.

b **nº 20** **Escucha** la conversación de nuevo y **contesta** a estas preguntas.

¿A qué hora es la visita guiada?

¿Hay que reservar?

¿Cuánto cuesta la entrada al museo?

¿Finalmente va o no a la visita?

Llamar la atención

Fíjate que para dirigirse a alguien y llamar la atención utilizamos:
Perdón / Perdona / Perdone.

Dar direcciones

Para dar instrucciones: *tienes que + infinitivo.*

Organizadores del discurso

Para organizar el discurso: *primero, luego, después, por último.*

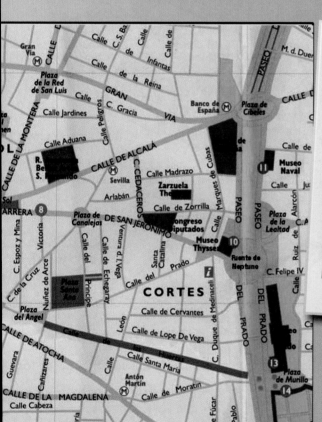

El jardín

MadridFree
@madridfree

Talleres de "Versos y espadas" en la Casa-Museo de Lope de Vega.
Para todas las edades, y
#gratismadridfree.org/versos-y-espad...

2 Casas museo de famosos L→1 y 3

En la revista *Vidas de famosos* hay un reportaje sobre las casas donde vivió Picasso.

a Relaciona cada tipo de vivienda con el nombre que crees que le corresponde. ¿En qué se diferencia un piso de un apartamento?

casa   estudio   piso   apartamento

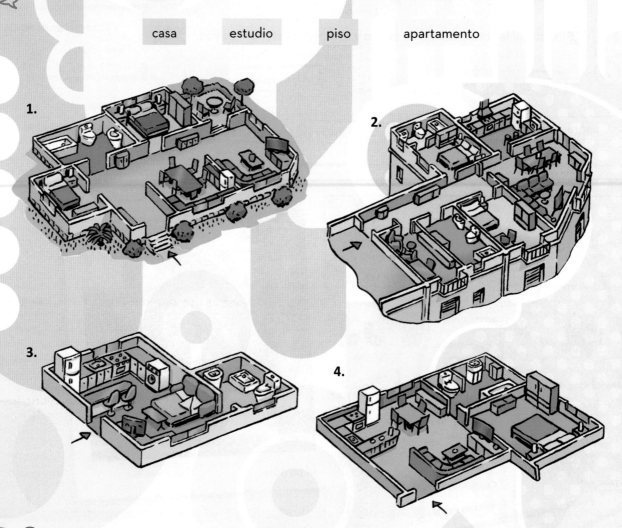

1.

2.

3.

4.

b Esta foto es de una de las casas de Picasso. Observa la foto y toma nota del vocabulario de los muebles y objetos que aparecen.

¿SABES QUE...?

En muchas partes de España un *apartamento* es un *piso* pequeño para vivir. En otros países *piso*, *apartamento* y *departamento* pueden significar lo mismo.

c Entrevista a tu compañero. ¿Cuál es tu pintor o escritor favorito? ¿Has visitado algún museo o casa de ese artista? ¿Qué habitación o parte de la casa es la que más te ha gustado?

d Dos amigos, Laura y Jorge, están leyendo un reportaje sobre las casas de Picasso y Dalí. Escucha la conversación y marca en la tabla quién dice cada frase.

nº 21

¿Quién dice que...	Laura	Jorge	Ninguno de los dos
1. le gusta la pintura de Picasso?			
2. ha visitado más de una vez el museo Reina Sofía para ver *El Guernica*?			
3. no le interesa la vida de los artistas?			
4. vive en el mismo barrio que vivió Picasso en Madrid?			
5. no ha estado en los museos dedicados a Picasso en España?			
6. ha visitado el museo Picasso de París?			
7. nunca se ha cambiado de casa?			

e Escucha de nuevo la conversación y toma nota de los lugares que se mencionan. Escribe en cada fecha el lugar donde vivió Picasso. G → 7.2

Nació en Málaga, España. | *trasladó a la Coruña* | *fue a Madrid a estudiar* | *viajó a París por primera vez / fue a Barcelona* | *se mudó a París / creación de museo (a París)* | Murió en Francia.

| 1881 | 1891 | 1895 | 1900 | 1904 | 1973 |

Pretérito perfecto y pretérito indefinido

Nunca he comido pulpo.

HOY PULPO A LA GALLEGA

1. Usamos el pretérito perfecto para situarnos en el tiempo y en el espacio de una acción que nos afecta en el presente, porque hace poco tiempo que ha pasado o que la sentimos como actual. Estás dentro del mismo espacio psicológico que la acción del verbo.

- *No ha estado en los museos dedicados a Picasso* (hasta ahora).
- *Ha vivido siempre en el mismo sitio, en la misma casa* (hasta ahora).

Ayer comí pulpo. Y también calamares. De postre, tomé tarta de Santiago.

HOY PULPO

2. Usamos el pretérito indefinido cuando hablamos de un pasado cerrado, con principio y fin, que no es una rutina y que no está relacionado con el momento presente. Estás fuera del espacio psicológico de la acción del verbo.

- *Picasso nació en Málaga.*
- *El artista vivió una época en Madrid.*

3 La casa más pequeña del mundo

a Lee **estas preguntas y** habla **con tu compañero.**

1. ¿Cuál es la casa más pequeña en la que has vivido o que has visitado?
2. ¿Qué tiene que tener una casa para gustarte?
3. ¿Qué cosas tiene que tener una casa para sentirte cómodo?
4. ¿Sabes dónde está la casa más pequeña del mundo?
5. ¿Cuántas habitaciones crees que tiene? ¿Y cuántos baños?

b Escribe **el nombre de las cosas que ves en las siguientes imágenes.**

(ducha) (váter) (silla) (mesa) (estantería) (fregadero) (tele) (mesa de trabajo)

1.
2.
3.
4.

c Lee **estos titulares de prensa,** comenta **con tu compañero y** relaciona **cada uno con la foto correspondiente de la actividad anterior.**

a. La casa más pequeña del mundo con solo 8 metros cuadrados está en París

b. Una casa polaca tiene el título de la más estrecha del mundo con 92 centímetros de ancho

c. El arquitecto de origen japonés Kota Mizuishi ha diseñado una casa de 55 metros cuadrados para tres personas

d. Wang Le ha conseguido meter una cocina, un baño, un dormitorio y un estudio en solo 3,8 metros cuadrados y por un alquiler de 1.100 euros

Por

Usamos la preposición *por* pa
• hablar de precios:
*Alquiló la casa **por** 400 euros*

• hablar de tiempo o duració
Alquiló el piso o la habitación una semana.

d ¿En cuál de estas casas te gustaría vivir? ¿Por qué?

e Escucha **las entrevistas que Radio Genial ha hecho por la calle para conocer la opinión de la gente sobre las casas más pequeñas del mundo.** Señala **quién dice qué y** completa **la tabla de la página siguiente.**

nº 22

¿Quién dice que...
ha vivido en muchas casas y pisos pequeños? _____
le gusta tener plantas? _____
no puede estar sin conexión a Internet? _____
comparte piso? _____
vive todavía con sus padres? _____

Pregunta	La señora	El chico joven	Carlos	Javier
¿Qué tiene que tener una casa para vivir de manera cómoda en ella?				

4 Busco piso

El blog *Barrios de cine* ha publicado una entrada sobre algunos de los barrios más solicitados para vivir en Madrid.

a Lee los textos y marca las palabras que te parecen importantes. ¿En cuál te gustaría vivir a ti? ¿Por qué?

Malasaña: el alquiler aquí es bastante caro en comparación con la calidad de los pisos (por lo general son viejos) y es muy ruidoso para descansar por las noches. Aquí puedes probar la cocina de casi cualquier país del mundo y disfrutar de la cultura y el arte en cada calle. Es una de las zonas favoritas de los estudiantes de Madrid. Es bohemio y muy divertido. Si te gusta pasar tiempo en cafeterías, bares, rincones escondidos, tiendas de segunda mano y galerías de arte, este es tu barrio.

La Latina: tiene muchas calles estrechas para perderse y descubrir lugares nuevos. Los fines de semana las terrazas y bares están llenos, hay mucha vida en las calles. Es una de las mejores zonas de Madrid para ir de tapas y disfrutar del ambiente nocturno. Los precios de los alquileres para estudiantes son bastante bajos.

El barrio de las Letras: este barrio está formado por pequeñas calles peatonales y agradables plazas como la de Santa Ana. Tiene una amplia oferta comercial: desde tiendas tradicionales hasta tiendas más modernas y vanguardistas. También hay muchos restaurantes y terrazas y muchos espacios culturales como CaixaForum, el museo del Prado y el museo Thyssen-Bornemisza, y zonas turísticas como la puerta del Sol o la plaza Mayor. Aquí vivieron grandes escritores del Siglo de Oro de la literatura española como Cervantes, Quevedo, Lope de Vega, etc.

Lavapiés: es uno de los barrios más tradicionales y multiculturales al mismo tiempo. Está en una de las zonas más históricas de Madrid y muy cerca del museo Reina Sofía. Ahí se celebra el mercadillo, el Rastro, los fines de semana. Los precios de los alquileres son de los más bajos de la zona centro; por eso muchos estudiantes (tanto nacionales como extranjeros) y artistas e inmigrantes viven aquí. Tiene un carácter internacional e intercultural muy interesante. Hay muchos mercados y restaurantes con platos y productos de todos los rincones del mundo. Es un barrio céntrico, no es turístico, pero sí auténtico.

Moncloa: este barrio siempre ha sido el preferido por la comunidad universitaria porque la Universidad Complutense (la universidad más grande de España) se encuentra aquí. Está en el noroeste de Madrid y no es tan ruidoso ni caótico como muchos de los barrios más céntricos. Tiene muchas zonas verdes y hay estudiantes en cualquier cafetería o bar de la zona. Es un barrio que está muy bien comunicado.

 b Entrevista a tus compañeros.

¿Dónde o en qué barrio te gustaría vivir? ¿Por qué?

 c Ahora, comenta con tu compañero y completa las siguientes frases sobre los barrios de Madrid.

Multi- / Inter-
- *Multi-* significa *muchos*.
  Multicultural significa que es de *muchas culturas*.
- *Inter-* significa que algo afecta a *varios*.
  Intercultural significa que es de *varias naciones o varias culturas y que hay relación entre ellas*.
  ¿Conoces otras palabras que tienen estos prefijos?

- Si queremos vivir en un barrio muy moderno es mejor _____ porque _____
- Si queremos vivir en un barrio muy multicultural es mejor _____ porque _____
- Si queremos vivir en un barrio con mucho ambiente es mejor _____ porque _____
- Si queremos vivir en un barrio tranquilo es mejor _____ porque _____

5 **#EnMiBarrioHay** L → 4

 a Escucha esta conversación de unos vecinos que se encuentran en el portal mientras uno sale y otro entra en el edificio. Señala en la tabla qué hay y qué no hay en su barrio.

nº 23

	Panadería	Supermercado	Carnicería	Frutería	Gimnasio	Zapatería	Parque	Farmacia	Tiend músi
Hay									
No hay									

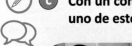 **b** En la conversación, una vecina, Celia, pide ayuda a Quique. Escucha y escribe las frases que utilizan para decir lo siguiente:

1. ¿Cómo le pide Celia permiso a Quique para hacerle preguntas?
2. ¿Cómo le responde Quique que sí que puede ayudarle?
3. ¿Cómo dan las gracias?
4. ¿Cómo quita importancia Quique al favor que le ha hecho?
5. ¿Cómo se despiden?

c Con un compañero, preparad una conversación entre vecinos y representadla en la clase. Elegid uno de estos temas.

1. Necesitas un kilo de azúcar para la tarta de tu cumpleaños.

2. Tu vecino hace ruido y tú, quieres dormir.

3. El perro de tu vecina se hace pis en la puerta de tu casa.

 d Votad en clase. ¿Cuál ha sido la mejor representación?

La representación más natural ha sido...

La que más vocabulario de la unidad ha usado...

La más divertida ha sido...

 e Escucha estas palabras de la conversación de los vecinos y escríbelas dentro del recuadro según su ortografía.

nº 24

C	Z	Q

 f Ahora comprueba con tu compañero cómo las habéis clasificado. ¿Podéis imaginar cuál es la regla por la que algunas palabras se escriben con c, otras con z y otras con q?

 g Lee las reglas sobre la ortografía en español para la c, la z y la q. Comprueba con tu profesor y compañeros si las palabras están bien clasificadas.

Completa **la tabla con otras palabras que te gustan en español y que se escriben con** *c, z* y *q.*

6 #FelizDíaVecino

 El 11 de junio se celebra el Día del Vecino. Comenta con tus compañeros.

1. En tu cultura, ¿hay alguna tradición relacionada con los vecinos?
2. ¿Tienes buena relación con tus vecinos? ¿Los conoces? ¿Te llevas bien?
3. ¿Habláis en el ascensor?

 nº 25 **Radio Genial entrevista a una experta en protocolo en el Día del Vecino. Escucha y escribe algunas de las recomendaciones para tener buenas relaciones vecinales.**

7 #MiBarFavorito

 En la conversación de los vecinos de la actividad 5.a se comparan dos bares: el bar Pontevedra y el bar Siglo XXI. Observa las fotos y responde a las siguientes preguntas.

¿Qué ves en ellos?
¿Cuál crees que es el bar Pontevedra? ¿Por qué?
¿Qué tipos de bares son?

 Con tu compañero, compara los dos bares y elige cuál os gusta más. G → 4

El bar Pontevedra es...
El bar Siglo XXI es...

Uso de la Z y la C
En español hay un sonido /θ/ que se escribe con dos letras: z y c.
z + a, o, u: zapatería, zona, azúcar.
c + e, i: vecino, cerca.

Uso de la C y la Q
En español hay un sonido /k/ y se escribe con dos letras: c y q.
c + a, o, u: música, conocer, cuándo.
qu + e, i: parque, que, quieres.

Uso de la K
La letra k aparece con todas las vocales. Es más frecuente en palabras extranjeras: anorak, kiwi, kárate, kilo, koala.

Llevarse bien
Cuando hablamos de relaciones podemos decir *llevarse bien* o *llevarse mal* con alguien.
Me llevo muy bien con mi vecino del quinto piso.

Me llevo
Te llevas
Se lleva
Nos llevamos
Os lleváis
Se llevan

genial
bien
mal
regular
fatal

Hay que
Para expresar obligación o dar recomendaciones de forma impersonal y no directa podemos usar:
Hay que + verbo en infinitivo:
Hay que estudiar más para aprobar.

BAR PONTEVEDRA
Café 1€
Cerveza 1€
Tapas gratis con cada bebida
Los camareros saben el nombre de sus clientes
Horario 18:00 a 24:00

Bar Siglo XXI
Café 2 €
Cerveza 1,75 €
Tapas de diseño a 5 €
Hay libros para leer mientras tomas algo.
Horario: 12:00 a 23:00

¿SABES QUE...?
En muchos países es normal tomar algo después de trabajar o de las clases. ¿Pasa lo mismo en el tuyo?

Un bar puede ser:
tradicional, moderno, con encanto, impersonal, típico, acogedor...

¿Cómo comparar en español?

+	−
más... que	**menos... que**
En mi barrio hay más panaderías que en tu barrio.	En mi barrio hay menos bares que en tu barrio.
En mi barrio hay tres y en tu barrio hay una.	En mi barrio hay tres y en tu barrio hay seis.

tan / tanto / tanta / tantos / tantas... como

En mi barrio hay tantos supermercados como en tu barrio.
En mi barrio hay dos y en tu barrio hay dos también.

  =

Con nombres, concuerda en género y número: *En mi barrio hay tantas panaderías como en tu barrio.*
Con adjetivos: *Mi barrio es tan grande como tu barrio.*
Con verbos: *No salgo tanto como tú.*

Comparativos irregulares

No decimos (X) | **Sí decimos** (√)
~~Más bueno~~ | Mejor √
~~Más malo~~ | Peor √

NO: *El bar Siglo XXI es más bueno que el bar Pontevedra.*

SÍ: *El bar Siglo XXI es mejor que el bar Pontevedra.*

---

8 Se busca compañero de piso

a Lee los siguientes textos de gente que busca compañero de piso. Después, decide con tu compañero quién es más compatible con quién. ¿Y contigo?

Marta: Hola, soy Marta. Tengo veintit... años. Estudio Ingeniería de Mina... Busco un compañero de piso agradab... Prefiero lavar los platos y no cocinar... tú cocinas, yo limpio la cocina. Siemp... olvido sacar la basura, pero soy punt... con la limpieza de espacios comune...

Fernando: Hola. Soy Fernando. Tengo veintisiete años. Soy profesor de portugués en una academia. Trabajo mucho. Busco un compañero de piso tranquilo. Me gusta cocinar, soy muy limpio, saco la basura todos los días, hago la compra siempre. No me gusta limpiar el baño.

Úrsula: ¡Soy Úrsula! Tengo treinta a... y soy muy exigente. Limpio todos los... Lavo los platos siempre después de c... Saco la basura todos los días y pon... lavadora cuatro veces a la semana. B... friego el suelo cada noche. Limpio el... tres veces a la semana.

Susana: Soy Susana y soy un desastre. Busco un compañero de piso poco exigente con la limpieza y el orden. No me gusta lavar los platos después de comer. Nunca recuerdo mis tareas: fregar, barrer, poner la lavadora... pero, cocino muy bien. Puedo cocinar siempre. No me molesta.

Fran: Hola. Soy Fran. Tengo treinta y cuatro años. Soy diseñador de páginas web. Trabajo mucho tiempo en casa y soy muy limpio. Quiero un compañero de piso respetuoso, organizado y limpio. Acepto repartir las tareas del hogar según nuestros horarios. Prefiero cocinar que limpiar o fregar.

 b ¿Qué persona es más compatible contigo? ¿Por qué?

 c Lee otra vez los textos y presta atención al tipo de tareas de la casa que se mencionan. Marca en la tabla la(s) tarea(s) que le gusta(n) o no a cada persona.

	Marta	Fernando	Úrsula	Susana	Fran
1. Lavar los platos					
2. Cocinar					
3. Sacar la basura					
4. Poner la lavadora					
5. Barrer y fregar					
6. Limpiar el baño					
7. Hacer la compra					

 d Escribe un anuncio para encontrar en la clase a un buen compañero para compartir piso contigo.

LOST IN TRANSLATION

1 Mira el vídeo hasta "¿Qué pasa a continuación?" y marca las palabras que describen el piso donde vive Lucía.

a. La cocina es...
❑ grande ❑ pequeña ❑ luminosa ❑ oscura

b. En la cocina hay...
❑ nevera ❑ lavadora ❑ cafetera ❑ microondas ❑ horno
❑ lavavajillas ❑ armarios ❑ lavadora ❑ estanterías ❑ plantas
❑ campana extractora

c. Lucía vive...
❑ con su compañera de piso ❑ con sus padres ❑ con su pareja ❑ sola

2 En parejas, elegid una habitación de la casa e imaginad qué pósits puede haber.

3 Antes de marcharse, Lucía hizo varias cosas. Mira los fotogramas y describe qué hizo usando los siguientes conectores.

(Finalmente) (Poco después) (Más tarde) (Luego)

a. b. c. d. e.

Lucía entró en la cocina, luego _____

4 Mira el corto hasta el final. ¿Qué quiso decir Lucía con "¡Esto no funciona!"? ¿Qué entendió Kevin? Comenta con tus compañeros.

5 Kevin estudia español y utiliza algunas estrategias como llenar la casa de pósits o usar Internet para traducir palabras. ¿Qué otras estrategias consideras interesantes para aprender un idioma? Comenta con tus compañeros.

6 Mira este corto (http://bit.ly/2FiCdbc) de un abuelo polaco que aprende inglés y toma nota de las estrategias que utiliza. ¿Coinciden con las tuyas?

Dentro del mundo hispanohablante

#DominicanoSoy

La casa de la rosa

La casa del mamey

La casa del caimito rubio

1 Relaciona **los elementos de la siguiente tabla. Después,** busca **en Internet más información sobre ellos.**

1. Una bebida típica	a. Rosa de Bayahibe
2. Una música tradicional	b. El mamey
3. Un grupo de pintores	c. El ron, hecho a base de caña de azúcar
4. Una fruta	d. Boa Mistura
5. La flor nacional	e. La bachata

2 Lee **el texto y** marca **si estas afirmaciones son verdaderas o falsas.**

	V	F
a. Los artistas de Boa Mistura comenzaron sus obras a principios del siglo pasado.	☐	☐
b. Las pinturas recrean motivos de la flora y la fauna del país.	☐	☐
c. Según el texto, los dominicanos son simpáticos, alegres y amables.	☐	☐
d. La arquitectura de las casas se adapta al clima de la isla.	☐	☐
e. Las casas las construyeron arquitectos ingleses.	☐	☐

Arte urbano, flores y frutas tropicales

Ron Barceló y Boa Mistura participaron en un proyecto solidario llamado "Dominicano soy" con el objetivo de poner en valor la riqueza cultural y arquitectónica de la isla caribeña, además de mejorar las condiciones de vida de los habitantes de Higüey. Los artistas viajaron desde España a la pequeña localidad caribeña, llena de construcciones coloniales inglesas de principios del siglo XX situadas en el centro histórico de la ciudad, para pintar de colores algunas casas con dibujos que representan frutas y flores de especies típicas de la región.

En este proyecto colaboraron los vecinos y los artistas urbanos de Boa Mistura que pintaron las casas con especies vegetales únicas como la Rosa de Bayahibe (flor nacional de la República Dominicana), el mamey y el caimito amarillo entre otros.

Cuando los jóvenes artistas de Boa Mistura estuvieron en la isla, una de las cosas que más les sorprendió fue la alegría de la gente, la amabilidad y la música que está siempre presente en la vida de los dominicanos. De hecho, la bachata no dejó de sonar durante las sesiones de trabajo.

Casas victorianas

Son de principios del siglo XX, de madera y de techos altos. Las puertas son anchas para poder tener una parte abierta y otra cerrada. Los techos están pensados para absorber el calor del verano. Es arquitectura popular hecha por carpinteros. Gracias a este proyecto de rehabilitación y a la acción colaborativa, se puede disfrutar de un nuevo paisaje en Salvaleón de Higüey. Este proyecto no ha roto la armonía con la naturaleza, por eso es tan valorado.

Para saber más

Boa Mistura (significa Buena Mezcla en español) es un grupo de artistas urbanos madrileños nacido a finales de 2001 en Madrid.

Puntos de interés cultural en...

PROYECTO

1 Elige **un punto de interés cultural de tu ciudad y** explica **los datos más importantes sobre él: horarios, números de visitantes, precios de la entrada, historia...**

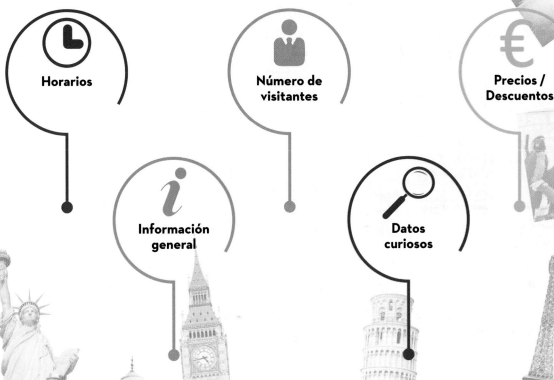

Horarios

Número de visitantes

Precios / Descuentos

Información general

Datos curiosos

2 Explica **por qué lo has elegido y por qué es el mejor lugar cultural de tu ciudad para ti.**

El museo del Prado es el mejor lugar cultural de mi ciudad, Madrid, porque...

¡Recuerda y comprueba!

Reflexiona. Utiliza **los números de los emoticonos para evaluar tus conocimientos.** Comenta **con tus compañeros.**

sé todo,
y genial!

ngo que
udiar un
co más.

ecesito
pasar.

PUEDO	CONOZCO	COMPRENDO
☐ Hablar del pasado con y sin relación con el presente	☐ Tipos de vivienda	☐ El contraste pretérito perfecto y pretérito indefinido
☐ Comparar viviendas y barrios	☐ El barrio y la ciudad	☐ *Hay que* + infinitivo
☐ Hablar con los vecinos	☐ Partes de la casa y muebles	☐ Los comparativos
☐ Buscar compañero de piso y repartir las tareas de la casa	☐ Tareas de la casa	
¡Genial!	¡Genial!	¡Genial!

1 Mira **el plano de esta casa.** Señala **el nombre de cada habitación y los muebles que hay.**

2 **¿Cómo es esta casa?** Completa **las frases con el siguiente vocabulario.**

grande / pequeña   céntrica   nueva / antigua   acogedora   cómoda / incómoda

práctica / no práctica   amueblada   moderna / tardicional   en buen / mal estado

calefacción

Esta casa es...   Esta casa está...   Esta casa tiene...

3 **Has alquilado una casa y tienes las instrucciones de donde están las cosas.** Escribe **las palabras que faltan.**

microondas   escritorio   estantería   nevera   fregadero   váter   cama   silla   duch

1.
En la cocina puedes encontrar el
a. _____ para calentar la comida. Está encima de la
b. _____ que funciona perfectamente y es grande, por eso cabe toda la comida dentro sin problema. Además, tiene el congelador dentro. Cuidado que el **c.** _____ a veces se atasca si queda mucha comida allí después de lavar los platos.

2.
Aquí en la habitación tienes la
a. _____ con un colchón nuevo. Además, tienes un
b. _____ para estudiar y trabajar. La **c.** _____ es muy cómoda. Al lado tienes una
d. _____ para dejar todos tus libros.

3.
En el baño, claro, tienes la
a. _____ y el
b. _____. Cuidado que también se atasca.

4 Observa **estos iconos y** escribe **el nombre de los servicios que hay en este barrio.**

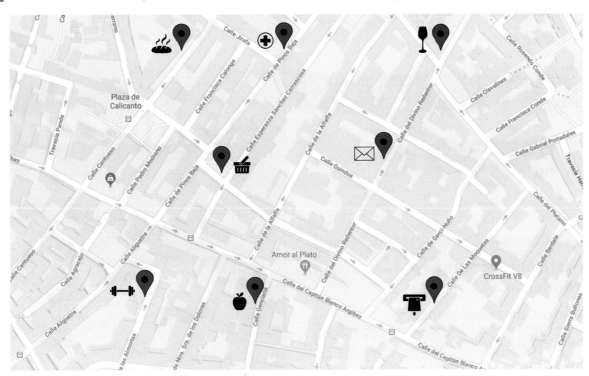

5 **Tu compañero de piso ha dividido las tareas para esta semana. ¿Qué le toca a él y qué te toca a ti?** Escribe **el nombre de la tarea.**

Le toca a él   Te toca a ti

6 **¿Qué palabras o expresiones de esta unidad son las más importantes para ti?** Escribe **cinco ejemplos y** explica **a tus compañeros cómo puedes recordarlos mejor.**

Nuestras sugerencias

1. Dar un paseo
2. Seguir recto
3. Alquilar un piso
4. Alquiler por temporadas
5. Cajero automático

6.
7.
8.
9.
10.

¿Tomamos algo?

En esta unidad vamos a aprender a...

- valorar un restaurante
- hacer una reserva
- hablar de las tapas y del tapeo
- pedir y dar permiso

"

1 La Heladera roja

 a Comenta **con tu compañero.**

1. ¿Qué están haciendo estas personas?
2. ¿Qué cosas hay en las fotos?
3. ¿Dónde están?
4. ¿Conoces alguna aplicación para pedir comida a domicilio?

a.

b.

c.

 La heladera roja

Pide comi

Barcelona   Calle

Tipo de comida

Bebidas	Comida griega
Bocadillos y sándwiches	Comida hindú
Comida argentina	Comida internaciona
Comida asiática	Comida italiana
Comida brasileña	Comida mexicana
Comida chilena	Comida peruana
Comida europea	Comida portuguesa

 **SABES QUE...?**

En España decimos *nevera* o *frigorífico*, pero en otros países hispanohablantes dicen *heladera* (Argentina) o *refrigerador* (México).

domicilio

Buscar restaurantes

a tailandesa
a china
a árabe
, helados y
unos
das
a saludable

Española y mediterránea
Hamburguesas
Americana
Kebab y comida turca
Pizzas
Sushi y japonesa
Vegetariana y vegana

Expresar cantidad

Para hablar de cantidades podemos usar las siguientes expresiones:

La mayoría...   *Unos pocos...*
Algunos...   *Bastantes...*

b Escucha **esta conversación y** relaciónala **con la foto de la actividad 1.a que corresponde. ¿Qué palabra te ha ayudado a identificarla?**

nº 26

c Entrevista **a tus compañeros para conocer sus gustos cuando piden comida a domicilio.**

Nombre

¿Sueles pedir comida a domicilio?

¿En qué ocasión?

¿Qué tipo de comida pides?

¿Llamas por teléfono o utilizas alguna aplicación?

d Comenta **con tus compañeros las respuestas de la actividad anterior.**

1. ¿Qué comida pedís más?
2. ¿Pedís comida sana o no?
3. ¿Por qué la pedís?
4. ¿Cuándo?
5. ¿Pedís para comer solos o para compartir?

2 ¡A comer!

a ¿Conoces el nombre de diferentes tipos de restaurantes o lugares para comer? ¿Qué se puede comer en estos lugares? Completa este mapa de vocabulario.

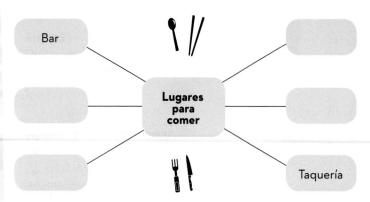

Bar

Lugares para comer

Taquería

b ¿Qué puedes comer en esos lugares? Completad todos juntos un mapa de vocabulario en la pizarra.

Una taquería es un restaurante especializado en tacos.

Si no conoces el nombre de un restaurante puedes decir:
Busco un restaurante donde comer tacos.
Quiero ir a un restaurante donde comer tacos.

c Entrevista a dos compañeros sobre restaurantes que conocen y las comidas que tomado. Puedes añadir alguna pregunta ext

El restaurante más raro donde he comido es donde solo hay un cocinero y prepara la com delante de todas las personas.

1. ¿Has visitado alguna taquería?
2. ¿Has visitado algún restaurante raro?
3. ¿Cuál es la comida más cara que has proba
4. ¿Cuál es la comida más rara que has proba
5. ¿Cuál es la comida que más te gusta?
6. ¿...?

Expresar opinión sobre la comida
(No) me gusta(n).
Me encanta(n).
No como carne, pescado.
No me gusta la comida cruda.

d Haz un listado de las comidas más raras que probado. Coméntalo con tu compañero.

- ¿Te apetece probar... la carne de cocodril ¿Por qué?
- ▲ No, no me apetece probar la carne de co drilo porque es raro comerla y pienso en pobre animal. ¡Qué asco!

3 Come mejor

a Completa esta tabla según tu opinión. Después, habla con tu compañero y compara vuestras respuestas.

Para mí, la limpieza es muy importante. Si el restaurante está sucio, yo no como allí.

	Muy importante	Importante	Normal	No me importa
Los camareros				
La decoración				
El tamaño del local				
La localización				
La limpieza				
Los baños				
La comida				
El precio				

G → 5.1

Un poco

Para decir que algo es negativo, pero sin ser muy directos o maleducados, decimos:
*Es **un poco** caro.*
*Son **un poco** lentos.*

b **Lee** las opiniones que hacen algunos clientes sobre los restaurantes y completa.

	LO POSITIVO ✓	LO NEGATIVO ✗
1. La Colonial		
2. La Mordida		
3. La Chulapa		

La Colonial de Huertas
8.5/10
Madrid-Cubano

...dadero ambiente cubano. El ...aurante es pequeño, pero la música ...omo estar en la isla y la comida ...ha encantado. A veces hay mucha ...te. Todo el personal es muy amable, ...ático y buena gente. Un sitio que ...a visitar muy a menudo. Es bueno, ...ito y muy barato, sobre todo si vas ...el descuento. Pagamos unos quince ...os cada uno y comimos muy bien. ...% recomendable!

La Mordida de Belén
8.6/10
Madrid-Mexicano

Sin duda, un lugar para visitar, 100% mexicano. Buen ambiente, buena comida, buena música y buen servicio. Los tacos al pastor son espectaculares. ¡Los camareros nos han invitado a unos chupitos de tequila y todo! El local es muy bonito, pero a veces hay mariachis y es un poco ruidoso. Además, tienen menú por trece euros y platos de carta. Sencillamente, México en Madrid.

La Chulapa de Alcalá
8.7/10
Madrid-Mediterráneo

Espectacular. Le doy un nueve como nota general. Lo mejor: el ambiente familiar y la atención. Las recomendaciones de los platos son muy buenas y es comida mediterránea. El precio es un poco alto, pero la calidad es buena. El restaurantes es grande y los baños están muy limpios.

c **Lee** los textos de nuevo y marca las expresiones que crees útiles para opinar y valorar un servicio.

Le doy un nueve.

4 Reserva ya

Escucha a un cliente haciendo una reserva en un restaurante y marca la respuesta correcta.
n° 27

G → 2

Precios

Para hablar de valores y precios aproximados usamos
unos + cantidad: *Unos quince euros.*

1. ¿Para cuántos es la mesa?
   a. Dos.
   b. Tres.
   c. Cuatro.

2. ¿A qué hora tienen la reserva?
   a. 22:15.
   b. 6:30.
   c. 10:15.

3. ¿Qué restaurante es?
   a. La Colonial de Huertas.
   b. La Mordida de Belén.
   c. La Chulapa de Alcalá.

5 ¿Quedamos?

a Lee las siguientes conversaciones entre amigos y subraya las expresiones que se usan para proponer un plan.

b Clasifica las expresiones que has subrayado según su significado.

1. Hacer una propuesta:
2. Aceptar una propuesta:
3. Rechazar una propuesta:
4. Otras expresiones útiles:

c Escucha este mensaje de voz de una de las conversaciones de la actividad 5.a. ¿A cuál corresponde?

nº 28

d Escribe un mensaje para proponer un plan a un compañero de clase.

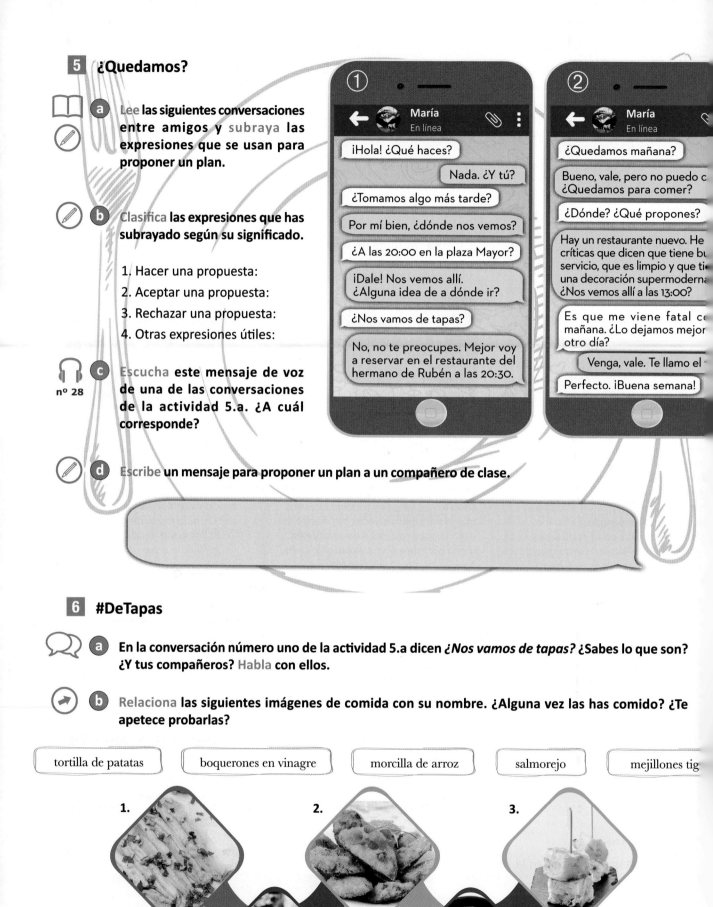

① María — En línea

¡Hola! ¿Qué haces?

Nada. ¿Y tú?

¿Tomamos algo más tarde?

Por mí bien, ¿dónde nos vemos?

¿A las 20:00 en la plaza Mayor?

¡Dale! Nos vemos allí. ¿Alguna idea de a dónde ir?

¿Nos vamos de tapas?

No, no te preocupes. Mejor voy a reservar en el restaurante del hermano de Rubén a las 20:30.

② María — En línea

¿Quedamos mañana?

Bueno, vale, pero no puedo c ¿Quedamos para comer?

¿Dónde? ¿Qué propones?

Hay un restaurante nuevo. He críticas que dicen que tiene bu servicio, que es limpio y que tie una decoración supermoderna ¿Nos vemos allí a las 13:00?

Es que me viene fatal c mañana. ¿Lo dejamos mejor otro día?

Venga, vale. Te llamo el

Perfecto. ¡Buena semana!

6 #DeTapas

a En la conversación número uno de la actividad 5.a dicen *¿Nos vamos de tapas?* ¿Sabes lo que son? ¿Y tus compañeros? Habla con ellos.

b Relaciona las siguientes imágenes de comida con su nombre. ¿Alguna vez las has comido? ¿Te apetece probarlas?

| tortilla de patatas | boquerones en vinagre | morcilla de arroz | salmorejo | mejillones tig |

1.

2.

3.

4.

5.

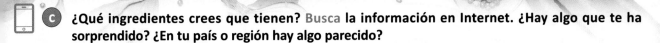

c ¿Qué ingredientes crees que tienen? Busca la información en Internet. ¿Hay algo que te ha sorprendido? ¿En tu país o región hay algo parecido?

d Comenta con tus compañeros qué tapas prefieres de todas las que conoces.

- Yo prefiero el salmorejo porque me gusta el tomate.
- Pues a mí no me gusta el tomate. No quiero salmorejo.

7 De tapeo por... L → 2 y 3

a Piensa lo que sabes y lo que quieres saber sobre el tapeo y completa las dos primeras preguntas de la tabla.

Sé	Quiero saber	He aprendido
¿Qué sabes de la cultura del tapeo?	¿Qué quieres saber sobre el tapeo?	¿Qué has aprendido sobre el tapeo?

b Lee y relaciona los textos con los iconos.

a. Las tapas evolucionan mucho con el tiempo. Las más comunes son la tortilla de patatas, las croquetas, las aceitunas, los frutos secos y las pequeñas porciones de guisos. Los dulces no son tapas.

b. Una de las teorías sobre el origen de las tapas es que el rey Alfonso X (el Sabio) ordena a las tabernas y mesones de la época servir algo de comida con el vino para evitar los efectos dramáticos del alcohol.

c. Numerosas teorías dicen que el origen de la palabra *tapear* viene de la costumbre de tapar la jarra de vino con una rebanada de pan o jamón para evitar que las moscas y mosquitos entren dentro.

d. La tapa tiene diversos nombres según la región. En el norte de España se llaman pinchos. Los pinchos son tapas más elaboradas y no se sirven gratis con la bebida.

e. Las tapas se ofrecen en los banquetes de personalidades importantes. Los cocineros gurmés también trabajan las tapas como parte de la alta cocina.

f. Las tapas son un negocio muy importante en España y la calidad de las tapas determina el éxito o fracaso de los bares.

1.

2.

3.

4.

5.

6.

c Completa la tercera columna de la actividad 7.a. Comenta con tus compañeros qué has aprendido sobre el tapeo. ¿Qué os ha sorprendido?

d Comenta con tu compañero en qué tipo de lugares comes en estas situaciones. ¿Qué local prefieres tú?

Cuando tienes poco dinero...
Cuando es invierno y hace frío...
Cuando estás de cumpleaños...
Cuando estás de viaje...
Cuando no tienes mucho tiempo para comer...

> **¿Puedes + infinitivo? / ¿Se puede + infinitivo?**
>
> ¿Puedes pedir tapas?
> ¿Puedes pedir cualquier tipo de bebida?
> ¿Se puede comer cocina tradicional?
> ¿Se puede comer en poco tiempo?

e ¿Qué preguntas puedes hacer para tener más información sobre los locales que ha elegido tu compañero?

¿Es un sitio caro / barato?
¿Es un sitio para gente joven o mayor?

8 En un lugar de La Mancha...

Lee esta crítica que se ha publicado en el blog www.unatapaunaciudad.com sobre las tapas en la comunidad de Castilla-La Mancha. Relaciona cada foto con una parte del texto.

En un lugar de La Mancha

a. El tapeo forma parte de la cultura española. Cada día a la hora de comer es habitual ver gente en las terrazas de los bares de su ciudad hablando con los amigos o compañeros del trabajo y tomando la caña y tapa del día. Pero cada vez es más frecuente encontrar nuevos espacios gastronómicos como mercados, vinotecas o bodegas antiguas, donde la gente disfruta, además de la cocina española, de un contexto diferente.

Foto: _____

1.

b. En la zona de La Mancha es muy común encontrar bodegas bar, un espacio en el que los clientes pueden probar productos propios de la cocina tradicional española, visitar la zona donde se produce y guarda el vino y realizar catas de vino guiadas por expertos. En primavera, es una actividad perfecta para hacer al aire libre, en los patios de estas bodegas.

Foto: _____

2.

c. La bodega La Tercia se encuentra en Alcázar de San Juan, en el centro de La Mancha. En este lugar los clientes pueden probar vinos de la zona, tapas caseras y cervezas locales. La tapa más famosa son las croquetas de gachas, una comida hecha con pan, harina, aceite de oliva, jamón y chorizo. Las tapas aquí no se sirven gratuitamente con la bebida, pero son baratas.

3.

El sitio es en un local de moda y se recomienda llegar temprano (13:00) para encontrar mesa. Pero solo está abierto sábados y domingos a mediodía. También es posible reservar el local para fiestas privadas.

Foto: _____

9 Los cotilleos de La Tercia

a Escucha esta conversación que ha oído un camarero de la bodega La Tercia este fin de semana. Contesta a las siguientes preguntas sobre el cotilleo de La Tercia.

1. ¿Qué relación tienen las dos personas que aparecen en la conversación?

2. Selecciona la imagen que representa el problema de estos amigos.

a.   b.   c.

b Escribe tres frases para saludar de las que aparecen en la conversación. Dibuja al lado de cada frase una flecha hacia arriba (↑) si la entonación sube al final o una flecha hacia abajo (↓) si la entonación baja al final.

1. ....
2. ....
3. ....

c) **Escribe tres expresiones de cortesía (agradecimiento, felicitación) que aparecen en la conversación.**

1. ....
2. ....
3. ....

10 ¿Se puede?

a) **Observa las imágenes. ¿Dónde están estas personas? ¿Qué cosas puedes identificar? Relaciona las imágenes con los diálogos.**

> ### Cortesía verbal
> Para suavizar un acto de comunicación que puede sonar muy directo o un poco maleducado, podemos poner al principio de la frase, estas expresiones: *perdona, perdona, me puedes(s)...*
>
> - *Perdona, ¿me pones una caña?*
> - *Perdone, ¿me pone una caña?*
> - *¿Me puede(s) traer una caña?*

2.

a.
- Hola, perdona, ¿esta silla está libre? ¿Puedo cogerla?
- Sí, claro, está libre, puedes cogerla.
- ¡Gracias!

3.

b.
- Perdone, ¿está libre este asiento?
- No, lo siento. Está ocupado.

c.
- Perdón, ¿se puede?
- Sí, adelante, puede pasar.
- Gracias.

b) **Ahora escucha los diálogos y comprueba si tu respuesta es la adecuada.**

n° 30

c) **Vuelve a leer los diálogos. Escribe en la tabla las expresiones que sirven para pedir permiso y dar o no dar permiso.**

Pedir permiso	Dar permiso	No dar permiso

11 Perdona, ¿puedo...?

a) **¿En qué situaciones pides permiso para hacer algo o das permiso a alguien para hacer algo (ir al baño, usar un teléfono, abrir la ventana...)? Comenta con tu compañero y escribe un listado.**

b Mira las imágenes y piensa qué le han pedido o le están pidiendo al camarero.

Un segundo que voy a hacer otra por si acaso.

1.

2.

3.

c Comenta las siguientes preguntas con tus compañeros y tu profesor.

1. ¿Crees que es diferente el modo de pedir o dar permiso en tu lengua y en español?
2. ¿Tienes la sensación de que el español es más o menos directo al hablar que tu lengua?

d Escucha estas conversaciones y completa la conversación con *r* suave o *r* fuerte.

nº 31

Sonia: Pe___dón, ¿podemos senta___nos en la te___aza?

Camarero: Claro, pueden sentarse, aunque dentro la consumición es más ba___ata.

Luisa: ¿No prefieres entrar en el ba___ y sentarnos en la ba___a? Tengo un poco de frío.

Sonia: Pues vamos dentro. ¿Qué camarero más hon___ado, no?

Luisa: Sí, sí, la verdad... ¡Qué simpático!

Camarero: ¿Qué quieren tomar?

Sonia: Una caña y una ___ación de patatas bravas.

Luisa: Un vermú, por favor.

Camarero: ¡Marchando una caña, un vermú y una de bravas!

Para ser educado

Cuando queremos entrar en una sala u oficina, cuando nos levantamos de la mesa o nos vamos de un lugar podemos decir:
Perdón, ¿se puede?
Con permiso.
Permiso.

Uso de r y rr

- En castellano hay dos sonidos, uno **suave** (pero) y fuerte (perro).
- El sonido **suave** siempre se escribe como -*r*: pre barata.
- El sonido **fuerte** al principio de una palabra se es como -*r*: ración.
- El sonido **fuerte entre vocales** se escribe -*rr*-: terraza.
- El sonido **fuerte** se escribe como -*r* al final de pa bar. Todas las palabras que terminan en -*r* son de fuerte.
- Cuando hay dos consonantes juntas escribimos sie *r*, pero puede sonar fuerte si son dos sílabas (honr suave si están en la misma sílaba (frío, prefieres).

e Corrige con tu profesor la conversación anterior siguiendo estas explicaciones.

f Escribe algunas palabras en español que te gustan y que tienen los sonidos de *r* suave y fuerte. Puedes utilizar tu diccionario.

g En parejas, imaginad una conversación para pedir o dar permiso en alguna de las siguientes situaciones.

1. Pedir permiso para usar el cargador del móvil de tu compañero de clase.
2. Pedir permiso para ir al baño en clase / en casa de un amigo.
3. Pedir permiso para salir de clase para atender una llamada de teléfono.
4. Pedir permiso para hacerte un selfi con alguien.

ATRACCIÓN FATAL

1 Mira **los 30 primeros segundos del corto sin audio. ¿Qué crees que está pasando? ¿Qué relación tienen los personajes que aparecen en escena? ¿De qué están hablando? Por parejas,** anotad **todas las ideas.**

2 **a** Mirad **el vídeo con sonido para comprobar vuestras hipótesis. ¿Qué estaban haciendo realmente los protagonistas? ¿De qué estaban hablando? ¿Qué relación tienen?**

b Toma **nota de por qué los protagonistas no quieren pedir estas comidas:**

3 Mira **el corto hasta "¿Qué pasa a continuación" y con tu compañero** haz **hipótesis.**

4 Mira **el vídeo completo. ¿Qué pasa cuando Carlos abre la puerta? ¿Te imaginabas este final?**

5 Completa **las siguientes frases según la historia.**

Carlos está ....

Andrea y Carlos quieren ....

A Andrea no ....

Marta es ....

Al final deciden ....

6 Por parejas, **escribid una lista de los mejores y peores sitios para ligar y** explicad **por qué.**

Dentro del mundo hispanohablante

El más famoso de La Habana

1 Un blog de viajes ha publicado este texto sobre uno de los paladares más famosos de Cuba. Lee y responde a las preguntas.

¿ **SABES QUE...?**

En Cuba, *carro* significa *coche*.

1. En La Habana todo se mezcla: una casa colonial con edificios modernos, el restaurante o paladar de lujo con un puesto de comida ambulante, un carro japonés de último modelo con uno de los años cuarenta. Un ejemplo de ello es La Guarida, un espacio donde abundan personajes de ficción y personajes de la historia cubana. La Guarida es un paladar, palabra que tiene su origen en una telenovela brasileña y que en la isla se utiliza para indicar las casas particulares que sirven comida.

2. En esta casa se filma *Fresa y Chocolate*, única película cubana hasta ahora nominada a los Óscar. Cuenta la historia de amistad entre el homosexual Diego y el joven David. Es una película contra la intolerancia, que más tarde sirve de inspiración para que Enrique Núñez y su esposa Odeysis abran La Guarida, en la casa de sus padres, ubicada en el tercer piso de una espectacular mansión de 1913.

3. En las paredes de este paladar hay cuadros de pintores, carteles antiguos de cine, unas zapatillas de ballet y ángeles a los que les falta un ala. Por todo el local hay figuras de santos, multitud de libros, Rocco (el viejo refrigerador de la película que todavía funciona) y sillones antiguos. En la mesa, cubiertos y platos dispares, vasos de los años cincuenta, y ante todo, la maravilla de una comida gurmé criolla.

4. Por este sitio han pasado muchos famosos de Cuba y del mundo: la reina Sofía, Steven Spielberg, Jack Nicholson, Uma Thurman, Fito Páez, Beyoncé, Pedro Almodóvar, Chucho Valdés o Pablo Milanés, entre otros. Y si a los que han visitado en estos quince años este paladar se les pregunta cuál es su encanto, todos coinciden en una sola cosa: La Guarida es, simplemente, un lugar mágico.

5. El almuerzo o la cena lezamiana se llama así en honor a José Lezama Lima, escritor cubano y creador de la célebre novela *Paradiso*. Esta cena se recrea en el cuento *El lobo, el bosque y el hombre nuevo* que sirvió de inspiración de la película *Fresa y Chocolate*. Para rendirle homenaje a Lezama y a la cultura cubana, La Guarida hace esta comida tradicionalmente en Navidad y Fin de Año.

a. Un paladar es...
- una telenovela.
- una comida cubana.
- un tipo de restaurante.

b. Enrique Núñez y Odeysis...
- son actores.
- son los dueños un restaurante.
- son escritores.

c. ¿Quién es Rocco?
- la nevera del restaurante.
- un actor famoso extranjero.

d. La Guarida es...
- una galería de arte.
- la casa de Diego y David.
- un restaurante famoso.

e. La cena lezamiana es la cena típica que se prepara en Cuba en Navidad y Fin de Año.
- Verdadero.
- Falso.

f. *Fresa y chocolate* es...
- un cuento.
- una novela.
- una película.

Almuerzo o cena lezamiana
★ Sopa de plátanos
★ Suflé de mariscos
★ Ensalada de remolacha
★ Pavo relleno
★ Crema helada

2 Relaciona cada imagen con el párrafo que corresponde.

a.

b.

c.

d.

3 ¿Qué se suele preparar en tu casa cuando hay alguna celebración especial?

Consigue ser el primer estudiante de ELE con el

Premio Tenedor de Oro

1 Lee **dos críticas de un restaurante o bar de tu ciudad** y escribe **las cosas positivas y negativas.**

2 Compara **las críticas con un compañero** y escribe **las suyas para ampliar tu lista.**

Participa y consigue el Tenedor de Oro. Descubre cómo:

1. Diseña tu propio restaurante o bar de tapas. Haz una lista de las tapas y servicios que ofrece. Si quieres, puedes hacer dibujos.

2. Coloca tu diseño en algún sitio visible de la clase e invita a tus compañeros a leerlo.

3. Ahora tienes que ser un cliente misterioso. Escribe dos comentarios positivos (en dos notas adhesivas) para los dos restaurantes que más te gustan. Pega las notas sobre los diseños

Si tu restaurante es el que más críticas positivas recibe, ¡enhorabuena! porque eres el primer estudiante de ELE en conseguir el Premio Tenedor de Oro. ¡Pide tu premio en clase!

¡Recuerda y comprueba!

Reflexiona. Utiliza **los números de los emoticonos para evaluar tus conocimientos.** Comenta **con tus compañeros.**

sé todo, genial!

go que diar un o más.

ecesito asar.

PUEDO
- ☐ Valorar un restaurante
- ☐ Hacer una reserva
- ☐ Hablar de las tapas y del tapeo
- ☐ Pedir y dar permiso

¡Genial!

CONOZCO
- ☐ Tipos de restaurantes
- ☐ Expresiones de cantidad
- ☐ Nombre de comidas y tapas
- ☐ Expresiones para pedir cosas con educación

¡Genial!

COMPRENDO
- ☐ Las formas para expresar cantidad
- ☐ El verbo *poder* en presente y su forma impersonal *se puede*
- ☐ La diferencia entre el sonido *r* suave y fuerte y cómo se escribe

¡Genial!

1 ¿Qué necesitas en un restaurante? Relaciona **los dibujos y las frases.**

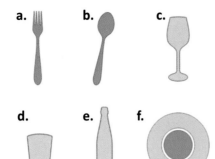

a.   b.   c.

d.   e.   f.

1. Para tomar sopa necesito una <u>cuchara</u> ( ).
2. Por favor, una <u>botella</u> ( ) de agua y otra de vino.
3. Para comer carne necesito un <u>tenedor</u> ( ).
4. No me gusta beber de las botellas, siempre bebo agua en un <u>vaso</u> ( ).
5. La comida se sirve en <u>platos</u> ( ).
6. El buen vino se bebe en una <u>copa</u> ( ).

2 Escribe **cada palabra en su frase correspondiente.**

a. Muchos españoles toman un _____ los domingos por la mañana antes de comer.

b. Cuando hace buen tiempo me encanta comer en una _____.

c. Podemos comer de pie en la _____ de los bares.

d. Cuando salgo con mis amigos y tenemos hambre nos tomamos una _____ de croquetas.

e. Después de trabajar me gusta tomarme una _____ y una cerveza con mis compañeros.

barra

tapa

terraza

ración

vermú

3 Completa **este crucigrama sobre el tapeo.**

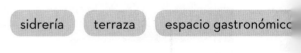

sidrería   terraza   espacio gastronómico

caña   vinoteca   tapa

Horizontal
2. Concepto aplicado a los lugares que ofrecen gra variedad de opciones de cocina y alimentos.
5. Aperitivo que se sirve de forma gratuita en alguno bares y restaurantes con una bebida.
6. Espacio situado delante de un café, restaurante, ba etc., en el que los clientes se sientan al aire libre.

Vertical
1. Lugar donde se exponen, guardan y catan distinta clases de vino.
3. Establecimiento donde se sirve y consume sidra com especialidad.
4. Palabra para referirse a la cerveza.

4 **¿Sabes qué palabra corresponde a estas definiciones? Si no lo sabes, utiliza el diccionario o el móvil.**

a. Sensación que tienes en el estómago cuando hace demasiado tiempo que no comes:

— — — — — — —

b. Espacio situado delante de un café, restaurante, bar, etc., en el que los clientes se sientan al aire libre:

— — — — — — — —

c. Hierbas que se beben calientes: __ __ __ __ __ __ __ __ __

d. Lugar público con tiendas o puestos donde se venden alimentos y otros productos:

— — — — — — — —

e. Persona que no come carne ni pescado: __ __ __ __ __ __ __ __ __ __ __ __

f. Tipo de restaurante donde comer marisco: __ __ __ __ __ __ __ __ __ __ __ __

5 Imagina **una conversación en un restaurante entre un cliente y un camarero ¿Quién usa este vocabulario y estas frases?** Clasifícalo.

¿De segundo?   No, gracias.   Una servilleta, por favor   Con hielo

Sin gas   ¿Algo más?   El menú del día es...   ¿Una sugerencia?   La cuenta

¡Marchando una de bravas!   Al fondo a la derecha   ¿Lleva frutos secos?

Cliente:

Camarero:

6 **¿Qué palabras o expresiones de esta unidad son las más importantes para ti?** Escribe **cinco ejemplos** y explica **a tus compañeros cómo puedes recordarlos mejor.**

Nuestras sugerencias

1. Menú del día
2. ¿Nos vamos de tapas / tapeo?
3. Cotilleos
4. Perdón, ¿se puede?
5. Con permiso

6.
7.
8.
9.
10.

¡Cómo hemos cambiado!

En esta unidad vamos a aprender a...

- hablar de hábitos y costumbres del pasado
- describir el carácter y el físico de personas
- hablar de la escuela primaria
- conocer los juegos, deportes y programas de la infancia

1 Relaciones sociales e Internet

 a Observa **el trabajo fotográfico de un artista italiano y** coméntalo **con tus compañeros. ¿Conoces las aplicaciones y herramientas que aparecen en las fotos? ¿Sabes para qué se usa cada una? ¿Utilizas alguna de ellas? ¿Cuántas aplicaciones tienes en tu móvil?**

 b **¿Crees que Internet ha cambiado las relaciones sociales? ¿Por qué? ¿Cómo?**

 c Hoy se hacen muchas cosas navegando por la red, pero hasta hace poco no era así. Completa **las frases que comparan la vida antes y ahora y** observa **el tiempo subrayado.**

1. Antes, la gente se <u>veía</u> en las plazas y <u>hablaba</u> de la actualidad, ahora...
2. Si <u>querías</u> quedar con algún amigo lo <u>llamabas</u> por teléfono fijo o desde una cabina, ahora...
3. Si <u>querías</u> enviar un paquete <u>ibas</u> a Correos, ahora...
4. Para comprar lo que <u>necesitabas</u> <u>ibas</u> a la tienda, ahora...
5. Si <u>querías</u> saber algo <u>preguntabas</u> a los mayores del pueblo, ahora...

 d Coloca **este pie de foto debajo de cada imagen.**

Buscar información

El WhatsApp de antes

El buzón de entrada

El Facebook rural

El conocimiento
de los mayores

Transportando archivos

Charlas cotidianas
en un banco

Las compras

Youtube en el bar

1. _____

2. _____

3. _____

4. _____

5. _____

6. _____

7. _____

8. _____

9. _____

: http://www.biancosxhock.com/web-00.html

2 #CuandoEraPequeño G → 7.3

a **Lee** las siguientes publicaciones de estos profesores de español. **Para** ayudar a sus estudiantes a entender un nuevo tiempo del pasado, han escrito lo siguiente en sus muros. **Completa** la tabla con la información que es verdadera sobre cada profesor.

	María	Leyre	Cristina	Diego	Daniel
Era un buen estudiante.	✓				
Jugaba con sus amigos.					
Practicaba deporte.					
Prefería jugar dentro de casa.					

1. María Méndez Santos
¡Ya han pasado muchos años de esta foto! #CuandoEraPequeña **me gustaba** estudiar mucho, sobre todo Historia y Lengua. **Jugaba** al escondite, al pañuelo y a las cartas con mis amigos. Bueno, ahora también juego a las cartas con mis amigos. En la playa, siempre **nadaba**. **Era** más rubia, más baja y poco tímida. **Tenía** la nariz perfecta. 😊 Ahora ya no tanto, ja, ja, ja. Creo que **me parecía** a mi madre.

2. Leyre Alejaldre
Ya han pasado más de veinte años de esta foto. #CuandoEraPequeña me gustaba mucho jugar al baloncesto, **entrenaba** cuatro días a la semana y todos los sábados jugábamos un partido de la liga escolar. Era muy buena estudiante, siempre **hacía** los deberes y **me encantaba** ir al colegio. Era más bajita y gordita. Tenía el pelo rizado.

3. Cristina García
#CuandoEraPequeña me encantaba comer dulces y todos los días **iba** a ver a mi abuela porque **trabajaba** en un quiosco. También me gustaba jugar en la calle con mis vecinas y pasear a mi perra, claro, para no estudiar. **Leía** muchos cuentos. Tenía el pelo castaño y un poco rizado y muchas pecas. Ahora me encanta estudiar, leer y pasear con mi perro Romel. Además, sigo comiendo muchos dulces.

4. Diego Ojeda
¡Cómo pasa el tiempo! #CuandoEraPequeño **disfrutaba** escuchando música en inglés, pero no la **entendía**. **Montaba** en bicicleta con mi hermano y con mis vecinos. Me gustaban mucho mis profesores de la escuela, pero no hacía todos los deberes. 😊 **Prefería** pasar el tiempo jugando al básquet. También **me bañaba** en la piscina todas las tardes en verano.

5. Daniel Hernández
¡Qué recuerdos! Este soy yo cuando tenía tres años. Me encantaba la piscina. Me bañaba en la de los niños, pero me gustaba la grande que tenía un tobogán enorme. #CuandoEraPequeño me gustaba estudiar y no me gustaba comer espinacas. **Veía** la tele un poco cada día.

b **Observa** los verbos de los textos de estos profesores que están en negrita y **escribe** aquí su forma en infinitivo.

me gustaba: *gustar*   entrenaba: _____   disfrutaba: _____
jugaba: _____   hacía: _____   entendía: _____
nadaba: _____   me encantaba: _____   montaba: _____
era: _____   iba: _____   prefería: _____
tenía: _____   trabajaba: _____   me bañaba: _____
me parecía: _____   leía: _____   veía: _____

c **Completa** la tabla con los tres verbos irregulares del imperfecto. **Usa** las formas verbales de los textos de la actividad 2.a para ayudarte.

	Verbo...	Verbo...	Verbo...
Yo			
Tú			
Él, Ella, Usted	era		
Nosotros/as			
Vosotros/as			
Ellos, Ellas, Ustedes			

El imperfecto
- Se usa para hablar de una época anterior en genera
- Se usa para hablar de rutin pasado.
- Se usa para describir situaciones, lugares o per
- Hay tres verbos que son irregulares: *ser, ir, ver*.

d Escucha **a uno de estos profesores que ha grabado un mensaje para sus estudiantes. Adivina** quién es. **Completa** la tabla. **Dibuja** un mapa de vocabulario y sigue añadiendo las palabras aprendidas en la unidad.   L → 1

nº 32

El profesor/a que habla es _____

Descripción física	Descripción de carácter	Gustos
ojos ~~azules~~ verdes baja, pequeña		libros, escuchar música

3 Antes y ahora

a **Observa** y **comenta** con tus compañeros unas fotos en la actualidad de María, Leyre, Cristina, Diego y Daniel. **¿Quién es quién? Escribe** los nombres en las fotos. **¿Cómo han cambiado? ¿En qué se parecen?**

Yo creo que Leyre es la foto número dos porque tiene la misma nariz. Se parece mucho a cuando era pequeña. Tiene el mismo pelo.

Parecerse

Se usa para decir que dos cosas tienen características comunes.

• *Creo que me parezco mucho a mi madre, tenemos la misma nariz y el mismo color de ojos.*
• *Creo que mi novio se parece a Brad Pitt: los dos son rubios, pero Brad tiene la nariz más bonita.*

2.

3.

4.

5.

b **Piensa** que eres uno de los alumnos de estos profesores y **comenta** la publicación que más te ha gustado.

c Y tú, **¿has cambiado mucho desde que eras pequeño? Escribe** una publicación sobre cómo eras físicamente, a quién te parecías, cómo era tu carácter y cuáles eran tus gustos.

G → 2

Jugar a...

Por ejemplo, para divertirse (*Yo juego a las cartas*) o para participar en una competición deportiva (*Yo juego al fútbol*).
Jugar + a + artículo + deporte / juego
Juego a la pelota.

4 #DePequeñoJugabaA...

a **Escribe** sobre los juegos y deportes que María, Leyre, Cristina, Diego y Daniel comentan en sus publicaciones. **¿Cuáles son? ¿Los conoces?**

b **¿Puedes decir qué verbo usamos para hablar de esos juegos?**

Practicar...

Por ejemplo, un deporte que hacemos de manera continuada:
Practico yoga.
Practico esgrima.
Practica atletismo.

5 #RecuerdosDeLaEscuela

En España ha aparecido un fenómeno social: *Yo fui a EGB*. Empezó con una página de Facebook y hoy tiene más de un millón de fans. Sus autores hablan de los recuerdos de la escuela, las marcas, los programas, las canciones, la comida y juegos de una época que marcó a varias generaciones de españoles.

Educación General Básica (EGB) es el nombre que recibe el ciclo de estudios primarios en varios países (Chile, Costa Rica y Ecuador). En algunos como España se trata de un sistema educativo de los años 70 y 80, que ya no existe.

G → 2

A- fuerte

La palabra *aula* empieza por una **a-** fuerte. Estas palabras que son femeninas y que empiezan con **a-** fuerte cambian el artículo a **el** solo para pronunciarse mejor, pero siguen siendo femeninas, por eso decimos:

El aula es pequeña.

El ama de casa.

a **Lee** la entrevista que han hecho a Jorge Díaz y Javier Ikaz, creadores de la página *Yo fui a EGB*.

Todo empezó como una broma y hoy tienen varios libros publicados, un CD, un juego de mesa y han recibido varios premios.

Habéis ganado varios premios, entre ellos el Premio 20Blog a la mejor bitácora de 2012. ¿Tanto nos gusta hablar de nuestros recuerdos de infancia?

Jorge Díaz: Yo creo que sí, hay quien dice que recordar es volver a vivir. Además lo hacemos mezclando humor y nostalgia, siempre con una sonrisa.

¿Cómo explicáis este blog?

Javier Ikaz: Nos gusta decir que nos centramos en los recuerdos de la infancia. Veíamos en la tele *La bola de cristal* o *Mazinger Z*, pero también cosas que muchos ya no recuerdan.

J.D.: Por ejemplo, esa música que no recordabas, pero que cuando la escuchas, te recuerda una parte importante de tu vida... Pero sobre todo, no queremos decir que esa época fue mejor...

¿Cómo nació *Yo fui a EGB*?

J.D.: Primero estuvimos en Facebook, donde ya tenemos 450.000 seguidores. Luego vino el blog, y ya superamos el millón de visitas al mes.

¿Qué tipo de público tenéis?

J.I.: Hay de todo..., pero supongo que la franja de edad está entre los veinticinco y los cuarenta y cinco años. También hay gente mayor... En general, gente que ha vivido la EGB. ¡Es difícil hablar de un solo perfil con tantos seguidores!

J.D.: Nos sigue desde el ama de casa que veía los dibujos de pequeña, hasta el director de informativos de una importante cadena que, nos asegura, llora al ver su juguete favorito de la infancia. Siempre, claro, con humor.

¿Cómo veis el pasado?

J.D.: La idea es recordar sin valorar. Creo que el pasado no era ni mejor ni peor... Simplemente, comíamos esas cosas, vestíamos así, escuchábamos esa música y queríamos ser como nuestros héroes. Hoy se lo recordamos a la gente.

¿Erais buenos estudiantes en la EGB?

J.I.: Yo era el típico estudiante regular, pero casi siempre aprobaba. Ahora veo los libros y me río, pero en aquella época, puf.

J.D.: Yo era un chico normal, discreto... No me gustaba mucho estar en el aula porque era muy pequeña, pero en general me gustaba la escuela y sacaba buenas notas. Bueno, siempre suspendía Gimnasia, ja, ja, ja.

¿Qué música escuchabais?

J.I.: Recuerdo una cinta que tenía en la cara A, Radio Futura y en la B, Nacha Pop. Yo tenía un poco más de cinco años. Todavía la conservo.

J.D.: A mí me gustaba *Loco por incordiar* de Rosendo.

¿A qué os dedicáis, aparte del blog?

J.D.: Yo soy publicista, trabajo en un estudio de diseño. Además, soy bloguero profesional y coordinador de contenidos.

J.I: Yo soy informático, pero no trabajo en eso ahora mismo. Sobre todo escribo el blog, que nos exige muchas horas al día.

Por último... ¿Cómo habéis llegado hasta los Premios 20Blogs?

J.D.: En cuanto vimos la convocatoria nos apuntamos..., pero ha sido toda una sorpresa ganar.

Texto adaptado de: http://www.20minutos.es/noticia/1738322/0/yo-fui-a-egb/entrevista/premios-20blogs/

b Contesta **si las siguientes frases son verdaderas, falsas o no se dice nada en el texto.**

	Verdadero	Falso	No se dice
1. Los creadores de *Yo fui a EGB* han ganado un premio de radio.			
2. Hablan sobre todo de los recuerdos de la adolescencia.			
3. Piensan que antes se vivía mejor que ahora.			
4. En la actualidad tienen un millón de seguidores en Facebook.			
5. El director de una cadena de televisión quiere hacer un programa con ellos.			
6. Entre el público que los sigue hay más personas de veinticinco años que de cuarenta y cinco años.			
7. Javier y Jorge casi siempre suspendían la mayoría de sus asignaturas.			
8. Desde pequeños a Javier y a Jorge les gustaba la música.			
9. Uno de los entrevistados no trabaja en estos momentos.			
10. Javier y Jorge no esperaban ganar el Premio 20Blog.			

c Completa **en tu cuaderno estos mapas de vocabulario con las palabras que usan Jorge y Javier cuando hablan sobre su infancia.** L → 3

Escuela

Programas de TV

Música

d Entrevista **a tu compañero para saber cómo era en la escuela. Primero** piensa **cómo hacer las preguntas.** L → 4

Pregunta	Tú	Tu compañero
1. Tener una buena / mala letra		
2. Ser un buen / mal estudiante		
3. Aprobar todas las asignaturas		
4. Suspender muchas / pocas asignaturas		
5. Sacar buenas / malas notas		
6. Tener una asignatura favorita		

G → 1.3

Mayúsculas

Los nombres de materias y disciplinas siempre van en mayúscula.

Física, Medicina, Matemáticas, Lengua, Gimnasia, etc.

6 Yo fui a EGB

a Observa **los tuits de la cuenta de Twitter de los chicos de @YofuiaEGB.** Responde **a las siguientes preguntas.**

- ¿De qué época son estas fotos?
- ¿Cómo se llaman los muñecos o personajes del primer tuit? ¿Con qué jugabas tú de pequeño?
- ¿Cómo se llama lo que tienen en las manos los chicos del tuit número 2?
- ¿Tenías algún programa de televisión favorito?
- ¿Hay en tu país un fenómeno parecido al de los chicos de @YofuiaEGB?

1.

Yo fui a EGB ✓
@YofuiaEGB - 19 abr.

Y tú, ¿qué muñecos tenías?

♥ 2   ↻ 1   ◀ 1

2.

Yo fui a EGB ✓
@YofuiaEGB - 19 abr.

Diez cosas que nos encantaban y que no servían para nada.

♥ 2   ↻ 1   ◀ 1

3.

Yo fui a EGB ✓
@YofuiaEGB - 19 abr.

Ocho en un coche, ¿quién necesitaba un coche familiar?

♥ 2   ↻ 1   ◀ 1

4.

Yo fui a EGB ✓
@YofuiaEGB - 19 abr.

Para un EGBero esta imagen tiene sonido.

♥ 2   ↻ 1   ◀ 1

Tuits adaptados de: *Yo fui a EGB.*

b **El tuit número cuatro pertenece a uno de los programas de televisión preferidos por los españoles:**
Un, dos, tres... responda otra vez. Lee y completa **la descripción que se hace del programa.**

Un, dos, tres... responda otra vez era un programa de TVE creado en 1972 por Narciso "Chicho" Ibáñez. En la actualidad, considerado como uno de los clásicos de la cadena.

El concurso: cada programa 1. __tenía__ ✓ (tener) un tema concreto y 2. __se dividía__ ✓ (dividirse) en diferentes partes. Los concursantes 3. __jugaban__ ✓ (jugar) en parejas. Primera parte: las preguntas 4. __eran__ ✓ (ser) de respuesta múltiple y el presendador 5. __daba__ ✓ (dar) un ejemplo de respuesta del tipo: "Digan nombres de frutas, por ejemplo, la manzana". Después de decir el ejemplo, a la orden de "Un, dos, tres... responda otra vez", 6. __había__ ✓ (haber) un tiempo de cuarenta y cinco segundos y los concursantes 7. __repetían__ ✓ (repetían el ejemplo, para luego dar todas las respuestas posibles.

Reglas básicas: si los concursantes 8. __decían__ ✓ (decir) una respuesta incorrecta o repetida, el tiempo 9. __se detenía__ (detenerse) en ese mismo momento y no 10. __podían__ ✗ (poder) continuar. 11. __era__ ✓ (ser) obligatorio contestar de forma alternativa, primero un miembro de la pareja y luego el otro.

c Jugamos al *Un, dos, tres...* En equipo, haced una lluvia de ideas con los siguientes temas. Tu profesor va a seleccionar uno de los juegos, programas o cantantes que habéis escrito para proponerlo a la clase.

| Juegos de infancia | Programas de TV | Grupos y cantantes de los 80 y los 90 |

Los teletubbies, un dos tres responda otra vez:
- *había 4 personajes*
- *cantaban una canción al inicio del programa*
- *etc.*

7 **#MiProgramaFavorito**

> En un contexto informal, a veces cortamos las palabras que usamos:
> *bicicleta > bici*
> *televisión > tele*
> *fin de semana > finde*

a Comenta con tus compañeros:

- ¿Te gustan los concursos televisivos?
- ¿Has participado en alguno?
- ¿Te gustaba alguno cuando eras pequeño? ¿Por qué?

nº 33 **b** **En Radio Genial han preguntado a personas de diferentes países hispanohablantes sobre sus programas favoritos y recuerdos de su niñez. Escucha lo que han contestado y completa la tabla.**

¿Quién dice que...	Ernesto	César	Enid	Patricia	Vanesa
1. no veía la tele en familia?					
2. pasaba tiempo en la calle?					
3. volvía pronto a casa?					
4. le gustaban los deportes?					
5. veía la tele frecuentemente?					
6. la comida antes era más natural y barata?					
7. no era hijo único?					
8. los sábados quedaba con sus amigos?					
9. no le gustaba aprender de memoria?					
0. en su casa era muy querido el presentador de un programa?					

c Y tú, ¿qué recuerdas de tu niñez? Escribe cinco frases sobre algo de esa época de tu vida que recuerdas, pero sin tu nombre. Después, tenéis que adivinar de quién es cada texto.

8 **En México** L → 5

a Andrea es una profesora de español mexicana que habla de un juego muy famoso entre los niños en su país. Primero, observa estas imágenes y piensa qué palabra te va a ayudar a entender el audio.

Palabra clave: _____   Palabra clave: _____   Palabra clave: _____

nº 34

b Ahora escucha a Andrea y señala la foto del juego del que está hablando. ¿Tú conocías este juego? ¿Alguna vez has jugado a él?

c Vuelve a escuchar el audio y marca en la tabla qué características tiene el juego.

Individual	En parejas	En grupo	Juego de mesa	No se puede hablar	Hay que correr

d Escucha el principio del audio y presta atención a cómo pronuncia el nombre de su país. ¿Conoces otras palabras que se pronuncian así, aunque se escriben con x?

> ### X
> La letra **x** representa el sonido /ks/ como en *taxi, éxito o experiencia*. Pero, a veces, la **x** representa el sonido jota (/j/). Esto es por la tradición ortográfica, porque hasta el siglo XIX en castellano era posible escribir el sonido /j/ como **x**. Lo puedes encontrar en palabras como *Oaxaca o México*, donde la pronunciación no es [méksiko], sino [méjiko].

e Hablando de juegos... ¡Entrevista a tus compañeros! Escribe tú una pregunta extra.

¿Cuál era tu juego favorito?

1. ¿Cuál era tu juego favorito cuando eras pequeño / pequeña?

2. ¿Con quién jugabas?

3. ¿Tenías algún juguete favorito?

4. Pregunta extra:

RECUERDA!

Cómo hablar de posesión
mi / mis: *Mi juego* (singular) / *mis amigos* (plural)
tu / tus: *¿Cuál es tu juego favorito?*
su / sus: *Su juego favorito es el escondite.*

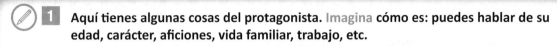

REGRESO AL PASADO

1 Aquí tienes algunas cosas del protagonista. Imagina cómo es: puedes hablar de su edad, carácter, aficiones, vida familiar, trabajo, etc.

a.   b.   c.   d.

2 Mira el final del corto, a partir de "¿Qué pasa a continuación?" y piensa en cuál puede ser el comienzo de la historia.

a. Imagina dónde y cómo ha sido el encuentro entre el chico y su alma gemela.

b. Escribe cuál crees que ha sido la conversación entre los dos personajes.

c. ¿Por qué crees que el chico no tiene su número de teléfono?

3 Ahora mira el vídeo desde el principio hasta el minuto 01:20. ¿Cómo crees que es el chico? ¿Crees que no ve la realidad porque no lleva gafas o por algún otro motivo?

4 Ahora mira el vídeo desde el principio. El protagonista describe a una chica y su amiga la dibuja. Escucha cómo la describe y dibújala tú también. Ahora mira el vídeo desde el principio.

5 ¿Qué te parecen los mensajes de voz que han dejado en la radio? ¿Y tú qué opinas? Escribe un tuit a favor o en contra de lo que hizo el chico.

6 ¿Sabes qué es un flechazo? ¿Conoces alguna historia sobre un flechazo? Comenta tu historia con la clase. Describe cómo era la persona y cómo ocurrió todo.

7 En parejas tenéis que escribir el guion para un corto sobre flechazos. Pensad en los personajes, dónde, cuándo y cómo ocurrió la historia. Explicadla al resto de la clase.

Dentro del mundo hispanohablante

El español en EE.UU.

 1 Observa **este tuit y** comenta **con tu compañero de qué trata. ¿Hay algo que te sorprende?**

 2 Lee **los titulares de noticias de diferentes periódicos digitales y** toma **nota de los temas que tratan.**

Observatorio Libro
@observatoriolibro

Siguiendo

¿Está lo hispano conquistando la cultura de medios de Estados Unidos? Hoy se celebra la II Jornada de Medios de Comunicación y Cultura en Español del @InstiCervantes. Si no puedes ir, síguelas en directo a partir de las 10:00 desde aquí.

cervantes.es/sobre_instituto...

RETWEETS	ME GUSTA	
18	17	16:44

La Feria del libro de Miami habla español

EE.UU.: más de 37 millones hablan español en sus casas

El español es el segundo idioma más utilizado en Facebook y Twitter

La generación hispana del milenio en EE.UU. ya no es como antes

Aumenta la presencia hispana entre los jugadores de béisbol de EE.UU.

nº 35

3 Escucha **a dos profesores de español colombianos que viven en los EE.UU. comentando los titulares de la revista** *Latinos de América* **y hablando de cómo ha cambiado la visión de lo hispano en el país.** Completa **la tabla.**

¿Quién dice que...	Carolina	Diego	Ninguno de los dos
1. le gusta leer en los periódicos noticias de ese tipo?			
2. antes había más franceses en el país?			
3. en muchos lugares públicos hay traductores?			
4. habla con sus alumnos sobre famosos latinoamericanos?			
5. los latinos eran trabajadores y optimistas?			

4 Con tu compañero elige **un tema de la actividad 2,** busca **información en la red y** prepara **una presentación para el resto de tus compañeros.**

Sonidos de mi vida

1 Escucha **los siguientes sonidos y** escribe **o** dibuja **a qué cosas te recuerdan.**

36

Sonido 1: _____   Sonido 4: _____

Sonido 2: _____   Sonido 5: _____

Sonido 3: _____   Sonido 6: _____

2 Haz **un póster completando la siguiente información.**

Una etapa, una canción

GRUPOS	CANCIÓN FAVORITA
CANCIÓN INFANTIL	**CANCIÓN DE PROGRAMA DE TV O RADIO**

3 Coméntalo **con tus compañeros. ¿Qué canciones o grupos de música han marcado tu vida? ¿Recuerdas alguna canción? ¿Qué música escuchabas?**

¡Recuerda y comprueba!

Reflexiona. Utiliza **los números de los emoticonos para evaluar tus conocimientos.** Comenta **con tus compañeros.**

o sé todo, y genial!

engo que udiar un co más.

Necesito epasar.

PUEDO	CONOZCO	COMPRENDO
☐ Hablar de hábitos y costumbres del pasado	☐ Aplicaciones y páginas web	☐ El pretérito imperfecto: verbos regulares e irregulares
☐ Describir el carácter y el físico de personas	☐ Juegos y deportes de la infancia	☐ El verbo *parecerse*
☐ Hablar de la escuela primaria	☐ La escuela de los años 80	☐ El uso de *jugar a* y *practicar*
	☐ Programas de televisión de los años 80	☐ Las palabras que empiezan por *a*-fuerte y el uso de las mayúsculas
¡Genial!	*¡Genial!*	*¡Genial!*

1 Observa estas fotos de cubanos famosos y describe cómo son físicamente y, según tu opinión, cómo crees que es su carácter.

a. Celia Cruz

b. José Lezama Lima

c. Gloria Estefan

d. Pablo Milanés

SER   LLEVAR   TENER   ESTAR

el pelo largo - corto   barba   moreno   gordo - delgado   verdes   azules   abierto   serio

gafas   marrones   amable   generoso   agradable   los ojos claros - oscuros   alto - bajo   calvo

sociable   rubio   tímido   optimista   simpático   inteligente   pelirrojo   reservado   tranquilo

trabajador   bigote   nervioso   alegre   tolerante   negros   feo - guapo   antipático   egoísta

2 Escribe las palabras que pueden combinarse con el verbo *pasar* y piensa una frase frecuente para cada una.

Ayer pasé un buen rato con mis amigos en la plaza Nueva.

Pasar

Pasar un
buen rato = divertirse   _____   _____   _____

3 Relaciona cada dibujo con la palabra adecuada.

matricularse   impresora   colegio   pagar la matrícula   biblioteca   certificado   suspender

a. _____

b. _____

c. _____

d. _____

e. _____

f. _____

g. _____

4 Marca con ✓ las asignaturas que estás estudiando este año. Muévete por la clase y pregunta: ¿algún compañero estudia algo diferente? ¿Quién?

Estoy estudiando...	¿Quién está estudiando...?
Derecho ❑	_____
Economía ❑	_____
Dibujo ❑	_____
Medicina ❑	_____
Historia ❑	_____
Matemáticas ❑	_____
Lengua española ❑	_____
Música ❑	_____

5 Relaciona las siguientes actividades con sus características.

tenis   baloncesto   pilla-pilla   dominó

rugby   ajedrez   parchís   escondite   golf

Individual	En grupo	Con pelota	Con otras cosas	Hay que entrenar	No hay que entrenar

6 ¿Qué palabras o expresiones de esta unidad son las más importantes para ti? Escribe cinco ejemplos y explica a tus compañeros cómo puedes recordarlos mejor.

Nuestras sugerencias

1. Cuando era pequeño
2. Parecerse a
3. Jugar a
4. Aprobar / suspender
5. Compañero de piso

6.
7.
8.
9.
10.

¡Pruébalo!

En esta unidad vamos a aprender a...
- hablar de la dieta
- hablar de rutinas
- dar instrucciones y consejos
- decir qué nos pasa

¿Sabes que tenemos unas cuantas recetas para ese ingrediente que tienes ahora mismo en mente?

¡Pruébalo!

Introduce un ingrediente	🔍

ENCONTRAR RECETAS

¿Necesitas + ideas?

Menú para hoy

Menú para toda la semana

o eres uno de estos...

Menú fácil

Menú infantil

Menú vegetariano

Menú táper

Menú embarazo y lactancia

Menú sin gluten

Menú diabéticos

---

1 **#CocinerosPerezosos**

 a Comenta **con tus compañeros las siguientes preguntas.**

1. ¿Llevas una dieta equilibrada?
2. ¿Sueles comer en casa o de táper?
3. ¿Qué hay ahora mismo en tu nevera? ¿Qué puedes cocinar con eso?
4. ¿Tienes medio limón? ¿Cuál es tu plan para él?
5. ¿Conoces algún truco de cocina?
6. ¿Eres un cocinero perezoso?

Acciones habituales

Para expresar acciones habituales utilizamos el verbo *soler*:
Soler + infinitivo
- *Yo suelo comer en casa todos los días.*
  - *Pues yo suelo comer en el trabajo.*

Soler	
Suelo	
Sueles	
Suele	+ infinitivo
Solemos	
Soléis	
Suelen	

b Escucha a Enrique en su podcast semanal con recetas para mantener una dieta sana y equilibrada y responde a las preguntas. L → 1 y 4

nº 37

1. ¿A quién enseña Enrique a cocinar?

a. Enseña a cocinar a sus amigos.

b. Enseña a cocinar a sus nietos.

c. Enseña a cocinar a sus hijos.

2. ¿Por qué cocinan poco Andrea y Jesús?

a. No saben cocinar.

b. No tienen cocina en casa.

c. No tienen tiempo.

3. ¿Cuál es el ingrediente principal del plato?

a. Ternera   b. Cordero   c. Merluza

d. Pollo   e. Cerdo   f. Salmón

4. ¿Qué otros ingredientes necesita para el plato principal?

a. Azúcar   b. Sal   c. Aceite

d. Pimienta   e. Perejil   f. Ajo

5. ¿Cuánto tiempo necesitas para cocinar el plato principal, si es pequeño?

a. Treinta minutos   b. Sesenta minutos   c. Noventa minutos

109

2 #MisPropósitosParaEsteAño

(a) Cada año, cada curso, cada primavera..., siempre tenemos objetivos que cumplir. ¿Qué propósitos tienes tú para este año? Haz tu lista.

(b) Para tener una vida completa necesitamos una buena alimentación, ejercicio y descanso. Escucha estos consejos de Radio Genial para mejorar nuestra vida. Señala las imágenes que corresponden a cada tema. ¿Alguno coincide con tus propósitos?

nº 38

1.

2.

3.

4.

5.

6.

a. ¡Cocina y come menos comida rápida!

b. ¡Descansa ocho horas!

c. ¡Busca tiempo para ti!

d. ¡Bebe más agua!

e. ¡Come cinco frutas al día!

f. ¡Haz deporte!

3 ¡Dime! G → 7.4

(a) Observa los verbos de las fotos de la actividad 2.b. Cuando utilizamos esta forma verbal, ¿qué queremos expresar? Señala la opción correcta.

a. Dar una opinión.
b. Contar una historia.
c. Dar consejos.

(b) Todas estas formas (bebe, cocina, compra...) sirven, en tu opinión, para hablar a...

a. muchas personas.
b. una persona.

(c) Revisa algunas páginas del libro y escribe seis imperativos que has encontrado.

(d) ¿Conoces otras formas frecuentes en imperativo que usas mucho?

Llámame

(e) Haced una lista en la pizarra con las mejores opciones para llevar una vida sana. #ParaTenerUnaVidaSaludable ¡Duerme ocho horas!

Imperativo (tú)

• En español usamos el imperativo para da instrucciones y dar consejos.

¡Un truco! Es igual que la forma de *tú* e presente, pero sin –s.

*Tú **estudias** español (presente). / ¡Estudi más! (imperativo para tú).*

• Si el verbo es irregular en presente, tiene misma irregularidad en el imperativo para t

*Tú **pie**nsas en tu familia (presente). / ¡Piens en eso, por favor (imperativo para tú).*

Dar instrucciones

• Para **dar instrucciones** puedes **utilizar el imperativo** también la forma *tener que*, que ya conoces.

Las dos sirven para dar instrucciones a personas de un **forma directa y concreta:**

Tienes que comer más fruta. / Come más fruta (tú).

• Si quieres dar una **instrucción general** e imperson puedes usar *hay que + verbo* en infinitivo:

Los médicos dicen que hay que comer más fruta.

• También **puedes usar esta forma cuando no quieres s demasiado directo** porque puede resultar maleducado

4 Mi receta de emergencia

a **Comenta** con tu compañero: ¿alguna vez querías cenar y no tenías muchas cosas en la nevera? ¿Tienes alguna receta de emergencia? ¿Qué cocinas cuando tienes pocos ingredientes?

b **Entrevista** a dos compañeros y **anota** sus respuestas en tu cuaderno.

1. ¿Te gusta cocinar?
2. ¿Qué cocinas normalmente?
3. ¿Alguna vez querías cenar y te diste cuenta de que no tenías (casi) nada en la nevera? ¿Qué hiciste?
4. ¿Qué receta rápida y fácil de hacer conoces?

c **Lee** este texto del blog *Japonismo* sobre las máquinas expendedoras en Japón y **marca** si las siguientes afirmaciones son verdaderas, falsas o no se dice nada en el texto.

Las *yidohanbaiki* (自動販売機) o máquinas expendedoras son muy comunes en las calles de Japón. Hay muchas. Se dice que hay una máquina expendedora por cada veintitrés personas y si pensamos que la población de Japón es de unos ciento treinta millones de personas, ¡imaginad cuántas máquinas hay! Por eso, allí podemos encontrar una máquina expendedora en (casi) cada esquina y hasta en los lugares más rurales. Dicen que hay una en el monte Fuji (el más alto de Japón). Las máquinas venden productos calientes y fríos. Los más comunes son botellas de té verde, té con limón o con leche, chocolate con leche, latas de café y refrescos. Hay máquinas que venden comida como fideos, fruta o sándwiches (algunas incluso de hamburguesas o pizzas) ¿Os lo podéis creer? ¡Pues creedlo! ¡Es cierto! También se venden otros productos como revistas, manga, paraguas... Una nota curiosa: en Japón casi no hay papeleras y las pocas que hay están al lado de las máquinas expendedoras, porque normalmente la gente toma la bebida al lado y cuando termina, tira la botella o la lata y sigue caminando (comer o beber mientras caminamos está mal visto en Japón).

Texto adaptado de: https://japonismo.com/blog/las-jidohanbaiki-o-maquinas-expendedoras

	V	F	No se dice
En Japón hay máquinas expendedoras en casi todas las calles.			
Hay máquinas expendedoras incluso en lugares naturales.			
El producto más vendido es el té verde.			
Es imposible comprar comida en las máquinas.			
En Japón los quioscos son sustituidos por máquinas expendedoras.			
Si compras comida o bebida en una máquina es aconsejable tomarlo ahí mismo.			

d **Habla** con tu compañero. ¿Qué se vende en las máquinas expendedoras de tu país? ¿Cuál es la máquina más rara que has visto?

e ¿En el texto has encontrado algún verbo en imperativo? ¿Cuál? ¿Se refiere a una o a más personas? ¿Cómo crees que se forma?

f **Imaginad** que queréis cenar, pero es muy tarde y solo podéis cocinar con los productos que hay en las máquinas expendedoras. Tenéis que pensar la receta y después presentarla.

Comprad cuatro huevos y cereales.

café   leche   naranja

manzana   fideos   huevos

vino   yogur   cereales

tomates   chocolate   pan de molde

5 **#HéroesDelDeporte**

a Comenta con tus compañeros.

- ¿Conoces a alguno de estos deportistas?
- ¿Qué deportes practican?
- ¿Qué accesorios deportivos llevan?
- ¿Qué sabes de ellos?

a.

b.

c.

d.

n° 39 **b** En Radio Genial están haciendo un reportaje sobre ídolos deportivos. Escucha los siguientes titulares de su programa y relaciona cada uno con una imagen de los deportistas anteriores.

El titular 1 es sobre la foto _____   El titular 4 es sobre la foto _____

El titular 2 es sobre la foto _____   El titular 5 es sobre la foto _____

El titular 3 es sobre la foto _____   El titular 6 es sobre la foto _____

c Comenta con tu compañero. De los anteriores deportistas, ¿quién te gusta más? ¿Qué otros deportistas españoles o hispanoamericanos conoces? ¿Conoces alguna información sorprendente sobre su carrera deportiva?

d Piensa en un deportista, ¡pero no digas su nombre! Después preséntalo a la clase. Tus compañeros deben adivinar de quién hablas.

Es la primera campeona olímpica de bádminton no asiática. ¿Quién es?

6 **Y tú, ¿qué deporte haces?**

a Entrevista a tus compañeros para conocer sus hábitos deportivos. Puedes añadir preguntas extra.

b ¿Cuáles de los siguientes accesorios te parecen importantes para practicar deporte? ¿Qué ventajas o desventajas tienen? ¿Usas alguno? Habla con tu compañero y completa la tabla.

- *El termo es útil porque estar bien hidratado ayuda a prevenir agujetas.*
- *La cámara es útil porque puedes grabar un vídeo de ti mismo haciendo deporte y luego verte para ver si has jugado bien y compartirlo con tus amigos.*

Deportes de clase

¿Cuál es el deporte que más practicamos?

¿Hacemos más deportes individuales o de grupo?

¿Con qué frecuencia hacemos deporte?

¿Por qué hacemos deporte?

¿Quiénes son nuestros ídolos deportivos?

1. Cámara de vídeo   **2. Brazalete para móvil**   **3. Term**

4. Cascos   **5. Pulseras portallaves**

Ventajas +	Desventajas -

c Lee **los ejemplos de la actividad anterior y** responde **a estas preguntas.**

En verte, ¿a qué se refiere te?

En compartirlo, ¿a qué se refiere lo?

G → 5

Pronombres

Los pronombres se utilizan para no repetir una palabra dos veces.

Cuando se usan con el verbo en imperativo o en infinitivo se ponen detrás.

Hazlo, verte, compartirlo...

7 Retransmisiones deportivas G → 5.2, 5.4

a Escucha **estas noticias deportivas y** escribe **a qué cosa hace referencia el pronombre que usan.**

nº 40

Noticia 1:

Pronombre: lo/la/los/las   Palabra que no queremos repetir: _____

Noticia 2:

Pronombre: lo/la/los/las   Palabra que no queremos repetir: _____

Pronombres: objeto directo y objeto indirecto

Lo, la, los, las son pronombres de objeto directo y los utilizamos para no repetir la cosa a la que afecta el verbo (el qué). *¿Qué pasa Navas a Jesús? La pelota.*

Pero también hay pronombres para no repetir la persona a la que afecta el verbo (a quién). *¡Pásame la pelota! ¡A mí! ¡A mí! ¡Pásamela!*

Los pronombres para no repetir personas son **me** *(a mí)*, **te** *(a ti)*, **le** *(a él, a ella, a usted)*, **nos** *(a nosotros/as)*, **os** *(a vosotros/as)*, **les** *(a ellos, a ellas, a ustedes).*

---

b **¿Conoces alguna frase en imperativo con pronombres? ¿Usas alguna cuando haces deporte?** Escribe **un ejemplo y explica a qué se refiere el pronombre.**

- *¡Llámame!* (Alguien tiene que llamarme a mí).

- *¡Sácala fuera del área!* (Saca la pelota fuera del área, se lo puede decir un portero a un defensa).

c **¿Alguna de vuestras frases tiene dos pronombres? ¿De persona y de cosa? ¿Cuál ponemos primero?**

Pásame la pelota > ¡Pásamela!

d **¿Qué pasa cuando se encuentran *le/les* con *la/lo/las/los*?**

Pasa la pelota a Navas > ¡Pásasela!

8 Elige **uno de los productos de la actividad 6.b y en grupo** pensad **en una campaña de teletienda para venderlo. Después vais a representar el anuncio ante la clase. ¡Haced un eslogan para vender más!**

9 Completa **este de mapa de vocabulario con las palabras de deporte que conoces. ¿Te falta alguna palabra que quieres aprender?** Busca **en el diccionario o pregunta a tu profesor o compañeros.**

DEPORTE

10 ¿Qué te pasa?   L → 3   G → 5.3

a Mira las imágenes ¿Qué les pasa a estas personas? ¿Están bien? ¿Necesitan ir al médico?

1.    2.    3.    4.

5.    6.    7.

b Lee los mensajes que han enviado distintos amigos a Malena, que es doctora, y relaciona las imágenes con los mensajes.

a. Hola, esta tarde no puedo ir a clase de inglés, me duele mucho el oído. ¿Puedes avisar a la profe? ¿Algún consejo para el dolor?

b. Hola guapa, estoy cansada porque he estado todo el día en el gimnasio. ¿Por qué no vamos otro día al cine? ¿Tienes algún consejo?

c. ¿Qué tal? Me duele la garganta y casi no puedo hablar. ¿Vamos mejor al cine mañana y no al karaoke?

d. Puf, a Jeremy le duele la cabeza y no puedo ir a cenar a tu casa. ¿Nos vemos otra noche?

e. Oye, mañana no puedo ir a clase de yoga, me duele el cuello. ¿Nos vemos la próxima semana?

f. Uf, me duele la espalda mucho, no puedo moverme. ¿Algún consejo? ¿Qué puedo hacer?

g. Hola, me duele la muela. ¿Conoces a un buen dentista? ¿Algún truco que darme?

c nº 41 Los contactos del teléfono de Malena se han borrado. Por eso les ha escrito un mensaje a todos. Ellos le han contestado con notas de audio. Escucha los mensajes y escribe lo que le duele a cada persona.

d Todos los amigos le han pedido consejo a Malena, pero está muy cansada y ha escrito algunos sin pensar mucho. Escribe tú otros consejos parecidos un poco locos.

Contactos	¿Qué le duele?
1. María Moreno	
2. Leyre García	
3. Ana Blanco	
4. Claudia (mamá de Jeremy)	
5. Luis Sánchez	
6. Paloma López	
7. Manuela Sala	

Contactos	Consejo
1. María Moreno	Escucha música muy alta.
2. Leyre García	
3. Ana Blanco	
4. Claudia (mamá de Jeremy)	
5. Luis Sánchez	
6. Paloma López	
7. Manuela Sala	Tómate un helado.

11 Dame un consejo G → 7.6

a Muchas personas buscan consejos en Internet. Lee este foro y escribe tus consejos para los diferentes problemas.

blema

Me duelen mucho los oídos desde hace dos días, no sé qué hacer. ¡Necesito ayuda!

Tengo un poco de fiebre, ¿qué hago? No quiero ir al médico de la Seguridad Social porque siempre hay mucha gente.

Me duelen muchísimo las piernas. Anoche salí de fiesta y mañana tengo una carrera de diez kilómetros... ¡y quiero ganar!

He limpiado toda la casa y me duele todo el cuerpo, tengo agujetas. ¿Cómo se curan las agujetas?

Me duelen los dedos de la mano. Soy escritora y mañana tengo que enviar mi último capítulo. ¿Cómo puedo escribir? ¡¡Ayudaaaa!!

Ayer comí muchísimo y hoy tengo dolor de estómago... y tengo que ir al cumpleaños de mi suegra. ¿Qué puedo hacer?

nsejo

Lávate los oídos con Coca Cola, he leído en un foro que es buenísimo, dicen que eso limpia todo el oído.

b Pepe está enfermo, tiene tos y fiebre, pero no quiere ir al médico. Ha escrito un mensaje a sus amigos de Line para pedirles consejos y muchos le están enviando algunos remedios. Lee y escucha los mensajes de sus amigos y añade las seis tildes (´) que faltan. Marca dónde está la fuerza de cada palabra para ayudarte a ponerlas.

nº 42

1. ¡Ay, Pepe! ¿Sigues mal? Te mando este mensaje rápido. **Compra** miel y limón. **Compralos** hoy mismo y **bebete** un té caliente con eso. Mañana, si sigues mal, **vete** a la consulta sin problemas. **Mejorate.**

2. Hola, colega, ¿cómo estás? Mi madre siempre me dice: **toma** leche caliente y **tomate** una aspirina. Seguro que mañana estás mejor.

3. Uf, qué mal. **Metete** en la cama y **duerme** toda la noche. Mañana **duchate** con agua caliente y si no estás mejor **ve** a la consulta del médico.

Palabras esdrújulas

Si una palabra tiene tres sílabas o más, y la fuerza está en la antepenúltima sílaba (o antes), siempre ponemos la tilde. Esto pasa, por ejemplo, con los imperativos que tienen pronombres.

Com-pra / Cóm- pra- los
(antepenúltima) (penúltima) (última)

c Escribe un mensaje a Pepe dándole algún consejo. Usa el imperativo y, si son necesarios, los pronombres. Piensa también en poner las tildes.

Doler

Me duele la cabeza. /
¿Os duele la cabeza? /
Me duelen los pies. /
¿Te duelen los pies?

d Haz un mapa de vocabulario en tu cuaderno con las palabras sobre la salud que conoces. ¿Te falta alguna palabra que quieres aprender? Busca en el diccionario o pregunta a tu profesor.

Doler	
Me	
Te	duele + sustantivo singular
Le	
Nos	
Os	duelen + sustantivo plural
Les	

13 Señores pasajeros, empezamos el embarque

a Lee este texto informativo del blog de LATAM Paraguay para sus pasajeros. Después, señala si las frases son verdaderas, falsas o no se dice nada.

Cómo cuidar la salud en un viaje en avión

Los viajes largos en avión pueden darnos algunos problemas de salud. Estos consejos son muy interesantes para aprender a cuidar la salud durante el viaje.

Si puedes, estira las piernas. Coloca tus bolsas en el portaequipajes. Si las pones debajo de las piernas, vas a estar más incómodo. Evítalo sobre todo si el viaje es muy largo. Camina si puedes. Por ejemplo, cada dos horas, levántate. Come y bebe, aunque mejor si son cosas sin gas y que no son fuertes. El aire del avión es muy seco. Lleva una crema hidratante si eres muy sensible. Es bueno para tu piel y tu cara. Si te duele la nariz, ponte un poco de crema hidratante, te vas a sentir mejor. Es muy habitual tener dolor de oídos en el despegue o en el aterrizaje. Si te duelen, bosteza muy fuerte. También puedes comer chicle. Acuérdate de pedir permiso antes de mover tu asiento. La educación es importante para mantener buenas relaciones en el avión con otros pasajeros. Para no tener *jet lag*, adapta tus horarios al que vas a tener en el destino: si es hora de comer, come; si es hora de dormir, duerme... Bueno, esto ha sido todo. Estos son nuestros consejos, ¿tienes otros? ¡Coméntalos en nuestro blog!

1. Es aconsejable caminar un poco cada par de horas.
   a. Verdadero.
   b. Falso.
   c. No se dice.

2. Son desaconsejables las bebidas gaseosas y alcohólicas.
   a. Verdadero.
   b. Falso.
   c. No se dice.

3. Es aconsejable ser educado para no tener problemas durante el viaje.
   a. Verdadero.
   b. Falso.
   c. No se dice.

4. Es bueno dormir durante el viaje para no tener jet lag.
   a. Verdadero.
   b. Falso.
   c. No se dice.

b ¿Alguna vez has viajado en avión? ¿Has tenido alguno de estos problemas? Comenta con tu compañero vuestros trucos para viajar más cómodos en avión, en tren o en bus.

nº 43

c Escucha los siguientes anuncios de cabina de la tripulación de LATAM Paraguay. Marca el orden en el que normalmente se escuchan durante un viaje.

AVISO A   1.

AVISO B   2.

AVISO C   3. Señores pasajeros, tenemos turbulencias. Abróchense los cinturones. Si está en el baño, vuelva a su asiento.

AVISO D

AVISO E   4.

AVISO F   5.

AVISO G   6.

              7.

Tripulación

Auxiliar de vue

d ¿Qué otras preguntas o frases pueden ser necesarias durante los viajes en avión? Comenta con tu compañero y preguntad a vuestro profesor.

- Perdona, ¿a qué hora nos dan la cena?
- No, no quiero nada del duty free, gracias.

Tarjeta de emba

EN BUSCA DE LA FELICIDAD

1 El vídeo que vas a ver se titula *En busca de la felicidad*. ¿De qué crees que trata? Marca una opción y explica por qué.

❑ Una historia de amor   ❑ El título de un libro   ❑ Un programa de televisión

2 a ¿Tienes una vida saludable? ¿Eso te hace feliz? Mira el vídeo hasta el minuto 01:35 y anota algunos de los hábitos que se comentan.

b ¿Qué otros hábitos son importantes para tener una vida feliz y saludable?

3 Observa el test del programa y contesta a las preguntas según tu forma de vida.

1. ¿Con qué frecuencia sueles realizar ejercicio?
2. Cuando vas a clase o cuando vas al trabajo, ¿cómo vas?
3. ¿Sueles comer algo a media mañana?
4. ¿A qué hora sueles cenar normalmente?

4 Mira el corto hasta "¿Qué pasa a continuación?". ¿Alguna vez has vivido una situación similar? Lee las preguntas de la tabla y escribe una más. Por parejas, haced las preguntas de la tabla y anotad la respuesta del compañero.

¿Qué haces si...

1. por error mandas un mensaje a alguien en el que le estás criticando?
   a. Hago como que no me he dado cuenta.
   b. Le escribo pidiendo disculpas.
   c. Le mando varios emoticonos para despistar.
2. hablas mal de alguien pensando que el teléfono está colgado y te escucha?
   a. Te ríes y dices que es una broma.
   b. Cuelgas inmediatamente.
   c. Pides disculpas.
3. por error mandas una solicitud de amistad a tu ex
   a. Eliminas la solicitud inmediatamente.
   b. Le mandas un mensaje para romper el hielo.
   c. Dejas la solicitud a ver qué pasa.
4. en una red social das a "me gusta" sin querer en la foto de una persona a la que odias?
   a. Deshaces el "me gusta".
   b. Dejas el "me gusta" pero no dices nada más.
   c. Mandas un mensaje para disimular.
5. ....
   a.
   b.
   c.

5 Mira el final del vídeo. En parejas, escribid algunos consejos para el chico. Entre toda la clase, elegid los más originales.

Dentro del mundo hispanohablante

"Me hallo demasiado"

INICIO | PAÍSES | AVENTURA | RELAX | FAMILIAS | GASTRONOMÍA

El blog de Eladio Viaja

1 Este mes vamos a conocer Paraguay, el gran desconocido de América del Sur. Te doy cinco consejos. Completa el texto con las formas en imperativo.

| visitar | probar | descubrir | mirar | viajar a |

1. Si quieres comer un plato típico, _____ la yuca frita. ☐
2. Si te gusta el deporte, _____ un partido de fútbol. ☐
3. Si quieres ver una playa sin mar, _____ la playa del río Paraná. ☐
4. Si quieres hacer unas fotos impresionantes, _____ las cataratas de Iguazú. ☐
5. Si quieres conocer el origen de la ciudad Trinidad, _____ las ruinas de la misión jesuítica. ☐

2 Relaciona las siguientes imágenes con las frases de la actividad anterior.

a.

b.

c.

d.

e.

3 De todos los consejos que ha dado Eladio, ¿cuál te interesa más? ¿Por qué? ¿Cuál te interesa menos? ¿Por qué?

4 nº 44 Radio Genial entrevista a Eladio para conocer más cosas sobre Paraguay. Escucha los consejos que da y relaciónalos con los temas siguientes. Toma nota.

| dinero | salud | transporte | seguridad |

| alojamiento | comida |

5 ¿Crees que hay otras actividades interesantes para hacer en Paraguay? Busca en Internet y coméntalo.

6 ¿Qué consejos puedes dar a alguien que viaja a tu país?

SABES QUE...?

¡Me hallo demasiado! se usa en Paraguay para indicar que estás cómodo o feliz. Literalmente significa estar a gusto.

Master Chef ELE

1 ¿Alguna vez has visto un concurso de cocina en la televisión? ¿Te gustan?

2 Cada grupo va a preparar un plato para ganar el concurso Master Chef ELE. Elegid uno.

3 Explicad qué ingredientes son necesarios y qué hay que hacer con ellos.

Ingredientes

Preparación

4 Ahora, vamos a elegir a ¡los supercocineros de la clase!

La receta más original es para...

 La más original

 La más sorprendente

 La más fácil

 La más difícil

¡Recuerda y comprueba!

Reflexiona. Utiliza **los números de los emoticonos para evaluar tus conocimientos.** Comenta **con tus compañeros.**

 sé todo, ¡genial!

 ngo que diar un o más.

 ecesito asar.

PUEDO	CONOZCO	COMPRENDO
☐ Hablar de mi dieta	☐ Vocabulario de la comida	☐ El verbo *soler*
☐ Hablar de mis rutinas	☐ Vocabulario sobre los deportes	☐ El imperativo de *tú* y *vosotros*
☐ Dar instrucciones y consejos	☐ Vocabulario de la salud	☐ Pronombres de objeto directo y objeto indirecto
☐ Hablar de la salud	☐ Vocabulario sobre los viajes en avión	☐ El verbo *doler*
¡Genial!	*¡Genial!*	*¡Genial!*

1 Relaciona **los siguientes alimentos y bebidas con su nombre correspondiente.**

24.	zumo de plátano, manzana y naranja ☐
	vino ☐
	cava ☐
	café con hielo ☐
	refresco ☐
	infusión ☐
22.	queso, yogur, mantequilla y leche ☐
	cereales ☐
	chocolate ☐
	galletas ☐
	jamón de york ☐
	jamón serrano ☐
20.	sardina ☐
	atún ☐
	gambas ☐
	mayonesa ☐
	salsas ☐
	filete con patatas ☐
	pasta ☐
18.	arroz ☐
	plato combinado ☐
	helado de chocolate, fresa o vainilla ☐
	tarta de manzana ☐
	tarta de chocolate ☐

2 Responde **a las siguientes preguntas.** Entrevista **a un compañero y** compara **vuestras respuestas.**

a. ¿Qué bebidas de la actividad 1 tienen alcohol? ¿Qué bebidas llevan hielo?

b. ¿Qué desayunas normalmente? ¿Es un desayuno sano?

c. ¿Te gusta el pescado?

d. ¿Te gusta comer con mayonesa o con salsas? ¿Cuáles?

e. ¿Qué es más sano: un filete con patatas, pasta, arroz o un plato combinado?

f. Y de postre, ¿qué prefieres? ¿Helado de chocolate, fresa o vainilla? ¿Tarta de manzana o tarta de chocolate?

3 Adivina **qué le pasa.** Escribe **debajo de cada imagen la sensación que tienen estas personas.**

a.   **b.**   **c.**   **d.**   **e.**

4 **#MisCebollasRellenas.** Completa **la receta con las palabras que faltan.**

| pon | trozos | poco | pela | 180 grados | perejil | mezcla | durante | en el horno |

CEBOLLAS RELLENAS DE YORK Y QUESO
Sara Guerra

Este plato funciona genial en cualquier ocasión. Es una receta muy fácil y barata.

Ingredientes para 4 personas:

4 cebollas grandes	Perejil
100 gramos de jamón de york	Pimienta molida
100 gramos de queso rallado	Sal
500 mililitros de nata líquida	

1. _____ a hervir el agua en una cazuela. Mientras, **2.** _____ las cebollas y vacíalas. Después, con el agua hirviendo, mete las cebollas con un **3.** _____ de sal **4.** _____ diez o quince minutos. Mientras, pica la parte de dentro de las cebollas que has quitado antes. Pica el **5.** _____ y corta el jamón york en **6.** _____. **7.** _____ todo esto con queso en un bol. Tienes que echar sal y pimienta. Después de cocer las cebollas, las sacas, las rellenas y las metes **8.** _____. Echa un poco de nata líquida. Mete todo en el horno a **9.** _____ durante media hora. Fácil, ¿no?

Texto adaptado de: http://www.recetasparavagos.com/cebollas-rellenas-york-queso/

5 ¿Qué palabras o expresiones de esta unidad son las más importantes para ti? Escribe **cinco ejemplos** y explica **a tus compañeros cómo puedes recordarlos mejor.**

Nuestras sugerencias

1. Suelo...
2. Es útil porque...
3. Termo
4. Me duele(n)...
5. Tarjeta de embarque

6.
7.
8.
9.
10.

Mi actividad favorita
de ¡Genial! A2

Lo más fácil
de ¡Genial! A2

Y tú, ¿también
eres genial?

Lo más difícil
de ¡Genial! A2

Lo más divertido
de ¡Genial! A2

Cuaderno de actividades

UNIDAD 1

1 Oferta de ocio

a **Observa** estas imágenes: ¿qué crees que anuncian estos carteles?

a.

b.

c.

d.

b **Lee** las críticas de una web de ofertas de ocio para los fines de semana y **marca** las palabras que te parecen importantes. Después, **relaciona** cada texto con un cartel de los anteriores.

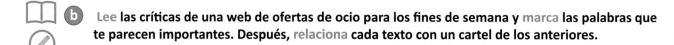

1. Es el espectáculo de mayor éxito en entradas de teatro hasta el momento en España. Es un musical excepcional, con más de diecisiete años de experiencia. Lleva muchos meses en cartelera. Es una visita obligada. ❑

2. Las leyendas de este deporte se han organizado para jugar un partido y para ayudar a una asociación de personas con una enfermedad rara. El dinero de las entradas es para esta asociación. Si quieres hacer algo diferente este fin de semana, aquí tienes algo divertido y solidario. ❑

3. ¿Qué vas a regalar a tus amigos? ¿No sabes? ¿Por qué no pruebas esta experiencia diferente? Es una competición por equipos para salir de una sala, pero colaborando para buscar respuestas. Raro, sí; pero es algo diferente de lo que haces todas las semanas, ¿no? ❑

4. Hay muchísimos chefs en el mundo, pero solo uno es considerado un "héroe nacional". Este documental es un viaje por la cocina peruana donde se descubren las razones, la inspiración y los sueños que hay detrás de un hombre con el objetivo de cambiar su país a través de su comida. Organizado por Turismo de Perú. Entrada libre. ❑

c Señala **a qué texto de la actividad anterior se refiere cada una de estas afirmaciones.**

a. Si vas a este plan, ayudas a personas enfermas.

b. Si ves este documental, vas a saber mucho sobre la gastronomía de un país.

c. Si quieres participar en esta actividad, no tienes que pagar.

d. Si quieres hacer algo diferente en tu tiempo libre, participa en esta actividad colaborativa.

e. Si quieres ver algo que mucha gente ya ha visto, compra entradas para este espectáculo.

d Pregunta **a tus compañeros cuál de estos planes les apetece más. Podéis leer las críticas que otros han escrito en Internet para tomar una decisión.**

2 ¿Hacemos algo el finde?

nº 45

a Escucha **los mensajes de varios amigos que comentan sus planes para el fin de semana y** escribe **las palabras que te parecen clave para saber qué tipo de plan es cada uno. ¿Dónde crees que van?**

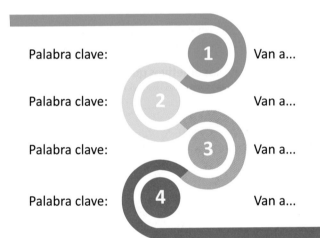

Palabra clave: 1   Van a...

Palabra clave: 2   Van a...

Palabra clave: 3   Van a...

Palabra clave: 4   Van a...

nº 46

b Ahora escucha **las respuestas a los mensajes y** completa **las fichas con la información de los eventos.**

	Fecha y hora	Estilo de ropa	Petición especial
Plan A			
Plan B			
Plan C			
Plan D			

Plan B

Tener un plan B es una expresión que sirve para decir que si hay un problema con la primera opción que tenemos, hay otra opción posible.

- ¿Hacemos un picnic el sábado?

- Hum, mejor no. ¿Y si llueve?

- Pues si llueve tenemos un plan B: ir al cine, ¿te apetece?

- ¡Vale!

🎧 **c** Escucha **los mensajes de nuevo. ¿Para qué crees que se usan estas expresiones?:** *Ah, y una cosa...* */ Solo una cosa...*

☐ Para añadir una información nueva   ☐ Para pedir algo de una forma más suave

💬 **d** Elige **un plan e** invita **a tu compañero. Puede pedirte cosas un poco especiales o tú a él. Te puedes ayudar con la actividad 2.f del libro del alumno. Si no acepta tu propuesta, puedes proponer un plan B.**

> Ir a un mercadillo a comprar flores para tu terraza

> Ir a la peluquería para cortarse el pelo

> Ir a hacer recados y después tomar un café

> Comer juntos

3 Mi mandala

👁 ✏️ **a** Observa **el siguiente mandala. Subraya los adjetivos que te definen. Añade alguno más en las estrellas del centro.**

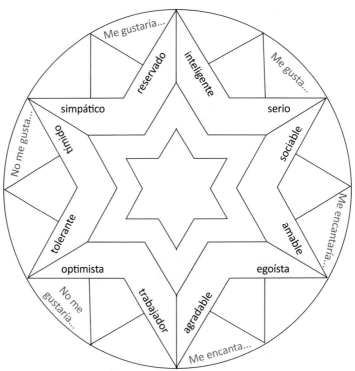

✏️ **b** Completa **las expresiones en rosa con tus gustos o preferencias.**

🎤 **c** Ahora entrevista **a tus compañeros sobre su carácter y sus gustos o preferencias.**

UNIDAD 2

1 Lee **estos tuits que han escrito los oyentes del programa de Miguel en Radio Genial. ¿Cuál de estas personas crees que va a cumplir sus propósitos? ¿Por qué? ¿Son realistas?**

4G **08:00**

← #EsteAñoVoyA...

Charo @charo_bill · 30 dic
#EsteAñoVoyA apuntar las cosas en la agenda para no olvidarme. Voy a regalarme una muy bonita y de diseño moderno.

Marta @martaal · 29 dic
#EsteAñoVoyA empezar el gimnasio. ¡Sí! En serio. Dos veces a la semana. Si soy constante, tres días.

Paula @paulaque · 28 dic
#EsteAñoVoyA ser mejor persona: más paciente y más detallista. Voy a apuntarme todos los cumpleaños de los amigos para no olvidarme de ellos.

Xavier @xavico · 28 dic
#EsteAñoVoyA ser ¡FELIZ! :) Voy a hacer deporte y voy a apuntarme a clases de baile porque siempre he querido hacerlo.

Lucas @lucasmof · 27 dic
#EsteAñoVoyA hacer un curso para ser cocinero. Siempre he querido ser un chef famoso ¡Este año es mi año!

2 Lee **estos anuncios de publicidad en Internet de algunas tiendas y escuelas.** Relaciona **cada uno con la persona de la actividad 1 a la que crees que le interesa. ¿Qué palabra o parte del texto te ha ayudado a entender que pueden estar relacionados? ¿Cuál de estas tiendas, ofertas o productos te interesan más a ti?**

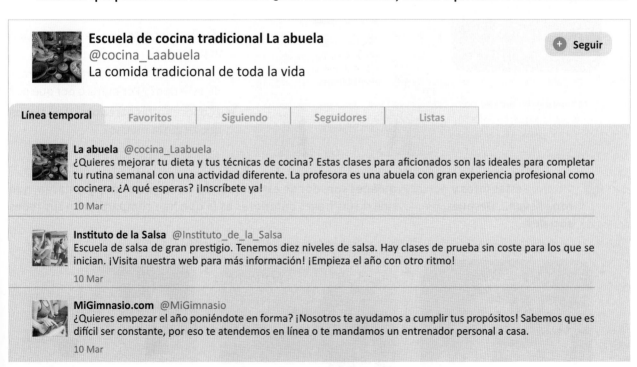

Escuela de cocina tradicional La abuela
@cocina_Laabuela
La comida tradicional de toda la vida

➕ Seguir

Línea temporal | Favoritos | Siguiendo | Seguidores | Listas

La abuela @cocina_Laabuela
¿Quieres mejorar tu dieta y tus técnicas de cocina? Estas clases para aficionados son las ideales para completar tu rutina semanal con una actividad diferente. La profesora es una abuela con gran experiencia profesional como cocinera. ¿A qué esperas? ¡Inscríbete ya!
10 Mar

Instituto de la Salsa @Instituto_de_la_Salsa
Escuela de salsa de gran prestigio. Tenemos diez niveles de salsa. Hay clases de prueba sin coste para los que se inician. ¡Visita nuestra web para más información! ¡Empieza el año con otro ritmo!
10 Mar

MiGimnasio.com @MiGimnasio
¿Quieres empezar el año poniéndote en forma? ¡Nosotros te ayudamos a cumplir tus propósitos! Sabemos que es difícil ser constante, por eso te atendemos en línea o te mandamos un entrenador personal a casa.
10 Mar

Línea temporal	Favoritos	Siguiendo	Seguidores	Listas

Papelería Santiago @SantiagoPapeleria
¿Buscas un regalo original y práctico? ¡Ya están aquí los nuevos dietarios, agendas y calendarios para el año nuevo!
10 Mar

Gimnasio Motivación @Gimnasio_motivacion
Superoferta de año nuevo. ¡Tres meses por sesenta euros si pagas ahora! ¡Y puedes venir todos los días! Más de cinco tipos de actividades dirigidas cada día. Horario muy amplio, ¡estamos abiertos hasta las 0:00! ¡No tienes excusa!
10 Mar

Escuela Harina @Escuela_Harina
Comenzamos el año con una nueva oferta de cursos. Tanto si eres profesional como si no tienes experiencia, tenemos lo que buscas: clases para iniciarse y cursos para perfeccionar técnicas o conocer la gastronomía de otros países. La matrícula se abre el día diez de enero. Para más información, visita nuestra web.
10 Mar

Informática Paco @PacoInformatica
¡Empezamos el año con increíbles ofertas! ¡Tenemos ordenadores, agendas electrónicas y tabletas a precios de risa! Abrimos de 9:00 a 14:00 y de 17:00 a 21:00. Más información en nuestra web.
10 Mar

Escuela Pasos @Pasos_escuela
¡Ven a nuestra escuela! Tenemos cursos para perfeccionar una gran variedad de bailes. Incluidos los tradicionales de algunas regiones españolas e hispanoamericanas. Nuestros profesores son de siete nacionalidades diferentes. ¡Si quieres ser un profesional, esta es tu escuela!
10 Mar

3 Vivir intensamente

a Lee **estas frases motivacionales que hay en Internet sobre la idea de vivir intensamente y** comenta **con tus compañeros. ¿Te ha pasado alguna de estas cosas?**

1.
> He vivido.
> He amado.
> He perdido.
> Me he hecho daño.
> He confiado.
> He cometido errores.
> Pero sobre todo…
> he aprendido.

2.
> Yo también he llorado por una cebolla que no valía la pena. ='(

3.

> No hay cosas imposibles, hay cosas que todavía no has hecho.

a. ¿Cuál te gusta más? ¿Por qué?

b. ¿Y a tus compañeros?

c. ¿Sueles leer este tipo de frases? ¿Qué te parecen?

d. ¿Alguna vez has compartido una frase de este tipo? ¿Por qué sí o por qué no?

e. ¿Conoces otras parecidas o hay alguna que te gusta mucho?

b Observa **estas fotos y** describe **quiénes son, dónde están o dónde crees que están, qué hacen, qué ropa llevan… Después,** piensa **cuál de las frases anteriores es la que han compartido en sus redes sociales.**

1.

2.

3.

c Ahora os toca a vosotros: por grupos tenéis que escribir una frase motivacional sobre la idea de vivir intensamente. Después, vais a explicarle a la clase el significado de vuestra frase.

" _____

_____ "

4 Pepe Mujica

a Lee esta noticia sobre Pepe Mujica, expresidente de Uruguay, y marca si las frases son verdaderas o falsas. Anota la frase clave para justificar tu respuesta.

Ex

refijo ex- lo usamos para ir que algo ya no es:

residente = que ya no es sidente

irector = que ya no es ·ctor

Nombres familiares

·cuerda que hemos ·prendido que hay ·ombres en español ·ue tienen una forma ·amiliar. *Pepe* es la ·orma familiar de José.

CÓMO VIVE JOSÉ MUJICA, EL EXPRESIDENTE "MÁS POBRE DEL MUNDO"

Mujica, a quien muchos uruguayos llaman simplemente Pepe, ha vivido normalmente en su casa a las afueras de Montevideo, incluso durante su tiempo como presidente. Ahora tiene ochenta y dos años. Ha sido miembro de un grupo guerrillero uruguayo. Ha estado en la cárcel (durante catorce años, para ser exactos) y ha sido presidente de Uruguay. Su casa está en el campo y es pequeña: tiene una cocina, un baño y un par de habitaciones. Hay animales de granja. Es una zona muy tranquila. Mujica se levanta temprano todos los días. Tiene servicio de Internet y usa el ordenador para buscar información casi a diario. No usa Twitter. Tiene una televisión en la habitación, aunque no ve mucho. Algunas veces ve películas, pero le encanta el tango y

lo escucha habitualmente. Nadie trabaja en su casa. Todo lo hacen él y su familia; y también alimentan a los animales. Su coche es azul, un clásico, muy viejo, pero todavía funciona. Su perra se llama Manuela y es muy mimosa.

Texto adaptado de: http://www.bbc.com/mundo/ noticias/2012/11/121108_mujica_entrevista_gl

	Verdadero	Falso	Frase clave
1. Siempre ha vivido en la misma casa.			
2. Su casa es grande y con muchas habitaciones.			
3. Normalmente consulta Internet.			
4. Usa mucho las redes sociales.			
5. En su casa trabajan varias personas.			

nº 47

b Escucha estos anuncios de la visita de Pepe Mujica a Japón. Escribe los detalles importantes para poder seguir sus actividades.

¿Cuántos días va a estar?	¿Qué ciudades va a visitar?	¿Qué lugares va a visitar?	¿Quién le ha invitado?

c ¿Conoces a otros personajes famosos de Uruguay? En grupos, buscad información sobre uruguayos conocidos en la ciencia, en el deporte, en el arte... Preparad una pequeña presentación para vuestros compañeros. ¿Qué han hecho? ¿Por qué son famosos?

UNIDAD 3

1 Diario de viaje

a A María le encanta viajar y por eso, tiene un blog de viajes. Toma notas, escribe y hace fotos en cada viaje que hace. Lee un fragmento de su diario de viaje de este fin de semana y responde a las preguntas.

BLOG DE VIAJES
INICIO   SOBRE MÍ   CONTACTO

Tres, dos, uno… ¡Ya!

Faltan menos de veinticuatro horas para empezar nuestra aventura en tierras polacas. Mañana viernes por la tarde salgo en coche desde Jaén para encontrarme con Sandra en Madrid y viajar a Varsovia. El avión sale a las seis de la mañana, pero es mejor estar dos horas antes.

Allí, por la mañana temprano nos espera Raúl que conoce muy bien la zona y ha preparado nuestra escapada. Como vive en Polonia habla la lengua y tiene muchos amigos que vamos a conocer. ¡Qué ganas de ver ya los bisontes! De momento, hoy jueves toca hacer la maleta que facturamos porque le llevamos muchos regalos y comida española a Raúl. :). Hemos visto las previsiones del tiempo y hay que llevar ropa de abrigo porque por las noches bajan las temperaturas, aunque es verano. A ver si no nos dejamos nada. Sandra anda tan indecisa como yo por la ropa… ¿Botas o tenis? Hum…, tenis* será lo mejor. Llegamos a las diez y media, vamos a desayunar algo típico y esa misma mañana cogemos un autobús que nos va a llevar directo al Parque Nacional.

Sábado: Ya en Polonia

Finalmente hemos llegado a nuestro hotel. El día ha sido muy largo entre el viaje de avión y el viaje en autobús. ¡Qué bien que tenemos el alojamiento reservado y con media pensión!, porque a la hora que llegamos no hay tiendas ni restaurantes abiertos. Esta noche cenamos y nos acostamos pronto porque el viaje nos ha cansado bastante y mañana toca levantarse muy pronto. Lo que no sabemos es si volvemos para comer o vamos a estar todo el día fuera.

Deporte

Llamamos al calza[do] deportivo de mane[ra] diferente dependienc[ia] del país o regió[n] zapatillas, teni[s] playeras, deportiva[s] bambas…

Domingo: Hoy ha tocado madrugar otra vez

Nos hemos levantado prontísimo, pero ha valido la pena. Hemos desayunado y cámara en mano hemos ido al bosque. ¡Qué nervios! Hemos visto una familia de bisontes, hemos preparado la cámara y nos hemos acercado. Hemos hecho un montón de fotos, pero lo que más me ha gustado ha sido ver la familia de bisontes.

Son las diez de la noche y vamos hacia el aeropuerto para volver a Madrid. Estoy agotada, pero ha merecido la pena. ¡Menudo finde!

---

1. Marta escribe sobre el viaje que va a hacer con…

a. un primo.

b. unos amigos.

c. una amiga.

2. Según el diario…

a. han viajado sin equipaje.

b. el viaje hasta el parque es en coche.

c. las temperaturas pueden cambiar.

3. Sandra y María no saben…

a. qué tipo de calzado llevar.

b. dónde van a comer.

c. dónde se van a alojar.

4. Raúl…

a. nunca ha estado en el Parque Nacional.

b. está contento porque va a ver bisontes por primera ve[z]

c. espera a María y a Sandra con amigos.

5. Lo que más le ha gustado a María es…

a.    b.    c.

b La compañía aérea ha perdido la maleta de María y de Sandra en la vuelta del viaje de Varsovia y una azafata del vuelo le dice que tiene que hacer una reclamación. Completa los siguientes datos.

IBERIA

Reclamación

Introduce tus datos para efectuar la reclamación.

A continuación te presentamos un formulario que puedes utilizar para hacernos llegar tus comentarios.
Si tu consulta está relacionada con una incidencia de equipaje, pincha aquí.
Si quieres saber la situación de una reclamación ya reportada, utiliza el formulario "Consulta el estado de tu incidencia".

Motivo de reclamación

☐ Retraso   ☐ Cancelación   ☐ Equipaje   ☐ Pérdida de conexión

Datos personales

Nombre:

Apellidos:

Aeropuerto de origen.   /código del vuelo

Aeropuerto de llegada: /código del vuelo

Aeropuerto/s de tránsito: /código del vuelo

Número de maletas perdidas:

Tipo de maletas: ☐ blanda ☐ dura ☐ metálica

Color de la maleta(s):

¿Tiene candado? ☐ Sí ☐ No

¿Lleva alguna etiqueta de información personal? ☐ Sí ☐ No

¿Tiene alguna característica diferente (pegatinas, lazos...)?

Consulta el estado de tu incidencia

Referencia

Apellidos del pasajero*

Tipo de documento*
- Selecciona -

Número de documento*

☐ Es titular de una tarjeta Iberia Plus o de otra tarjeta Oneworld

Ver estado

---

2 ¡Me han robado la maleta! Escucha el siguiente diálogo entre un viajero y un policía. Contesta a las siguientes preguntas.

a. ¿Dónde le han robado el equipaje? _____

b. ¿Cómo es la mochila de Paco? _____

c. ¿A qué comisaría ha llamado Paco? _____

d. ¿Dónde está el teléfono de Paco? _____

e. ¿Alguna vez te han robado la maleta? ¿Y la cartera? _____

3 Ahora tienes que escribir una entrada de blog sobre tu último viaje: ¿Dónde has ido? ¿Cómo has viajado? ¿Qué ropa has llevado? ¿Qué lugares has visitado? ¿Qué te has olvidado de llevar? Escribe entre setenta y ochenta palabras. Tus compañeros tienen que adivinar de qué lugar se trata.

4 ¿Qué transporte utilizas para...? Selecciona y completa según tus gustos.

Coger / Tomar

Recuerda que el verbo coger se usa en España con los medios de transporte, pero en Hispanoamérica se usa habitualmente tomar.

Tomar el autobús o tomar un taxi.

a. Para viajes largos prefiero coger el avión / el barco / el tren porque...

b. Para moverme por la ciudad prefiero coger un taxi / el metro / la bici porque...

c. No me gusta tomar el taxi / el metro / el tren porque en la carretera / la calle / la boca de metro / en la estación normalmente hay...

d. Me gusta / no me gusta viajar en avión porque los pilotos / las azafatas son...

e. Me gusta / no me gusta montar en bicicleta / en moto por la ciudad porque...

5 Completa esta noticia que ha aparecido en un periódico español con el vocabulario correspondiente. Hay dos palabras que no vas a usar.

llegar   traer

conocer   llevar

buscar   viajar

preparar   tomar

deshacer

VIAJES CON DESTINO SORPRESA, UNA NUEVA FORMA DE VISITAR EUROPA

Organizar, planificar y 1. _____ nuestra maleta según el lugar que vamos a visitar es lo más frecuente. Primero, elegimos un destino y 2. _____ en Internet la comida típica, los mejores restaurantes, las tiendas o un buen hotel.

Pero, ¿qué haces si no conoces el destino? En los dos últimos años muchos viajeros prefieren 3. _____ a ciegas. Esta opción la ofrece la plataforma Viajes ciegos, creada por un grupo de jóvenes de Vigo. Así, ofrecen diez ciudades europeas para los más aventureros por doscientos euros. Está incluido el vuelo y dos noches de hotel.

Esta nueva manera de viajar es económica y los usuarios no 4. _____ su destino hasta que cogen el avión. ¿No es increíble? Además, solo pueden 5. _____ una maleta. En su web solo puedes elegir el aeropuerto de salida y dos ciudades a las que no quieres viajar, el resto es suerte. Dos días antes de 6. _____ el avión recibes los billetes, pero el destino está oculto hasta el momento de 7. _____ al aeropuerto.

6 Coloca los verbos más frecuentes que acompañan a las palabras de los cuadros. Recuerda colocar la preposición que necesitan (a, de, en, por) o el artículo (el, la).

Subir a Internet.

| Subir | Llevar | Deshacer | Buscar | Hacer | Salir | Coger | | Maleta | Internet | A |

| Descargar | Llegar | Tomar | Preparar | Conocer | Navegar | | Destino | Aeropuer |

7 De estos destinos, escoge uno y comenta a tu compañero qué vas a llevar en la maleta y qué lugares vas a visitar. Tu compañero tiene que adivinar qué ciudad vas a visitar.

Buenos Aires   Tailandia   Kenia   Gran Canaria

Ámsterdam   Nueva York   Lisboa   Marrakech

UNIDAD 4

1 Escucha **esta noticia sobre lo que pasó #TalDíaComoHoy y** marca **las respuestas correctas.**

49

1. Esta noticia habla sobre…

a. fiestas que se celebran el 12 de octubre.

b. costumbres culturales para celebrar el 12 de octubre.

c. momentos históricos que pasaron el 12 de octubre.

2. ¿Qué país se independizó un 12 de octubre de 1968?

a. Guinea Conakri.

b. Guinea Ecuatorial.

c. Guinea-Bisáu.

3. El nombre de este país tiene su origen en…

a. su localización geográfica.

b. el líder de su independencia.

c. el primer occidental que fue allí.

4. La película *Palmeras en la nieve…*

a. habla del presente del país.

b. habla de la época colonial del país.

c. habla de la época precolonial del país.

5. Según la noticia, ¿qué se celebra en algunos países hispanoamericanos?

a. el Día de la Hispanidad.

b. el Día de la Independencia.

c. el Día de la Resistencia Indígena.

2 **Para tus compañeros y para ti, ¿es especial el día 12 de octubre por alguna razón? Si no lo es,** pensad **y** completad **este calendario con otros días importantes para vosotros.**

133

3 En el calendario hay otras fechas señaladas y días festivos. ¿Sabes por qué esos días son especiales? Con un grupo de compañeros, elegid uno de esos días y preparad una presentación para explicar por qué es importante.

4 Lee los siguientes momentos importantes de una vida. ¿Falta alguno más? Completa alguna de las burbujas en blanco.

Usar un ordenador   Ir al colegio   Viajar al extranjero   Suspender un examen   Aprender a nadar   Enamorart

Tener una bici   Aprobar el carné   Ir a una discoteca   Independizarse

5 Prepara una entrevista sobre esos momentos para tus compañeros. Vas a buscar a...

a. quien usó el ordenador por primera vez siendo más joven.

b. quien tuvo la bicicleta más bonita.

c. quien nadó en el mar más frío.

d. quien aprobó el carné de conducir en el tercer intento.

Oye, Martin, ¿cuándo fue la primera vez que usaste un ordenador?

6 Los objetos de tu vida

 a Clasifica cada imagen con una etapa de tu vida.

infancia   adolescencia   juventud

a. Discos y casetes   b. Cubo de Rubik   c. Playmobil   d. Cromos

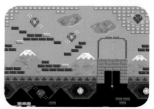

e. Cintas de vídeo   f. Llave USB   g. MP3   h. Videojuegos

nº 50 **b** Escucha y relaciona **cada nota informativa con una de las imágenes de la actividad anterior.**

c Comenta **con tus compañeros las siguientes preguntas.**

- ¿Conoces estos objetos?
- ¿Has utilizado alguno de ellos?
- ¿Tienes alguno todavía?
- ¿Cuándo tuviste el primero?
- ¿Fue un regalo o lo compraste?

d Presenta **a la clase un objeto importante para ti y** explica **por qué lo es. Tus compañeros pueden hacer preguntas.**

7 Lee **la siguiente biografía sobre Donato Ndongo y** marca **la opción correcta.**

Donato Ndongo nació en 1950 en Alén-Efak, en la excolonia española Guinea Ecuatorial. Se exilió a España en 1994, porque se opuso a la dictadura de Obiang. En 1984 publicó *Antología de la literatura guineana* para reconocer a los autores de su país que escriben en español. Entre 2005 y 2008 fue profesor visitante en la Universidad de Missouri y fue director del Centro de Estudios Africanos de la Universidad de Murcia entre los años 2000 y 2003. Trabajó también como periodista para algunas publicaciones españolas como reportero sobre África. En una entrevista dijo sobre su novela *El metro* (2007): "El negro es una persona invisible fuera de África y yo lo único que pretendo con mi novela es hacer visibles a los negros que andamos por las esquinas de España y Europa. Somos personas como los demás: con nuestra cultura, familias, creencias... Eso no se puede dejar tirado cuando se baja de la patera, del avión o como cada uno llegue...". El protagonista de esta historia es un joven inmigrante camerunés que vive en España y cuenta su vida en el poblado de África y su aventura en occidente. También ha escrito poesía y ensayos. Es reconocido como un africanista muy importante y el máximo especialista en la literatura en español de Guinea.

1. Según el texto, Donato...
a. es profesor en una universidad.
b. ha tenido muchos trabajos de administración.
c. ha tenido varias profesiones.

2. La novela *El metro* habla de...
a. un estudiante de intercambio en España.
b. un hombre de Camerún en España.
c. la vida de los africanos en España.

3. El autor...
a. ha escrito diferentes tipos de libros.
b. vive en su país de origen.
c. escribe en su lengua materna.

4. Con sus obras quiere...
a. recoger la literatura en español escrita por inmigrantes.
b. contar la historia de casos reales de inmigrantes.
c. dar a conocer la situación de los inmigrantes.

8 ¿Tú tienes algún escritor favorito? Prepara **una ficha para recomendar un libro a tus compañeros.**

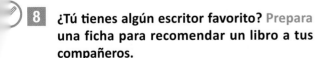

foto del autor | biografía del autor

resumen de la historia | tu frase o momento favorito

9 Lee **estas frases y** piensa **en qué situaciones puedes usarlas.**

- Yo estuve aquí.
- ¡Ups! Yo no lo hice.
- Yo estuve solo cinco minutos.
- Es que no tuve tiempo.
- Fue solo un momento.
- Sí, fui yo.
- ¿Quién te lo dio?

10 **Vamos a dar un premio.** Vota **con tus compañeros...**

La situación más original

La situación más graciosa

La situación de comunicación más útil para vosotros

11 Escribe **una historia usando las frases de la actividad 9 y estos conectores.**

| hoy | ayer | la semana pasada | en el año... | entonces | en aquel momento | cuando |

12 **Las cinco profesiones más antiguas del mundo.**

a Comenta **con tus compañeros. ¿Qué profesiones crees que son las más antiguas? ¿Qué profesiones crees que están de moda? ¿Qué profesiones piensas que van a desaparecer?**

b Lee **el siguiente texto y** escribe **la palabra adecuada debajo de cada imagen.**

Cuando de pequeño te preguntaron ¿qué quieres ser de mayor?, a lo mejor respondiste: futbolista, bombero, astronauta, profesor o médico. Hoy, los niños prefieren ser ingenieros, modelos o grandes empresarios como los creadores de Google, YouTube o Facebook. Muchas profesiones van a desaparecer con la llegada de los robots y las nuevas tecnologías, pero también es cierto que algunas profesiones olvidadas se están recuperando, por eso hablamos de oficios y profesiones de ayer. Esta semana, un periódico muy conocido ha publicado un estudio que dice que los cinco trabajos más antiguos son espía, comerciante, profesor, peluquero y agricultor.

Las profesiones más populares antes...

1. _Futbolista_ 2. _____ 3. _____ 4. _____ 5. _____

Las profesiones más populares ahora...

1. _____ 2. _____ 3. _____

Los cinco trabajos más antiguos son...

1. _____ 2. _____ 3. _____ 4. _____ 5. _____

13 ¿Sabes que está de moda que subir el currículum a Twitter para buscar trabajo? Lee estos tuits de personas que buscan trabajo y relaciona con la empresa adecuada. Después comenta tus respuestas con tus compañeros. ¿Todos tenéis la misma opinión?

Aquí hay trabajo @AQHT_TVE
Cómo escribir tu currículm en Twitter, el #twesume. Nos lo envías y lo difundimos **#JobDay**
Ow.lyaJcR300mq3Q

Noelia @Noelia
El año pasado trabajé como secretaria. Preparé facturas, contesté al teléfono, hice fotocopias, archivé y envié correos electrónicos @AQHT_TVE

Silvia @Silvia
En mi anterior trabajo fui contable, me encargué de hacer facturas, contestar al teléfono, reclamar los pagos @AQHT_TVE

Nacho @Nacho
Soy comercial. En mi trabajo necesito hablar todos los días con mis clientes y con mi jefe. Tengo don de gentes @AQHT_TVE

Catalina @Catalina
Soy profesora. He trabajado en colegios públicos y privados. Mi especialidad es la geografía y la historia @AQHT_TVE

Maite @Maite
Tengo experiencia atendiendo a clientes. He trabajado en una tienda de ropa. También trabajé en una librería y en una tienda de zapatos durante 3 meses @AQHT_TVE

Empresa 1
Buscamos gente con capacidad de atención al público para gestionar la recepción de la empresa y también con experiencia administrativa.

Empresa 2
Buscamos gente para formar opositores de primaria y secundaria de todas las asignaturas.

Empresa 3
Buscamos ayudantes de dirección para hacer tareas de administración, secretariado y recepción.

Empresa 4
Buscamos trabajadores que hagan de relaciones públicas de la empresa y que también pueda hacer de comercial por temporadas.

14 Escribe tu currículum en un tuit.

UNIDAD 5

1 Casas con historia

  a Selecciona **el texto (a-h) que corresponde a cada enunciado (1-10). Hay dos textos a los que les corresponden dos enunciados.**

a. La Casa Natal de Pablo Ruiz Picasso. Málaga

Abre todos los días y se puede entrar gratis los domingos. En un recorrido por la casa, se puede ver una copia de un salón del siglo XIX y objetos, recuerdos familiares y piezas realizadas por el famoso pintor malagueño.

b. El Teatro Museo Dalí. Figueres

El edificio se considera el mayor objeto surrealista del mundo. Normalmente, en agosto es posible visitar también el museo por la noche y tomar una copa de cava en una terraza interior.

c. La Casa Museo de Portlligat

Es una antigua casa de pescadores con una estructura en forma de laberinto. Dalí vivió y trabajó aquí hasta que murió su esposa Gala. Las visitas son limitadas y hay que reservar antes de ir.

d. El Castillo Gala Dalí en Púbol

Es un castillo del siglo XI de estilo gótico-renacentista. Aquí Dalí desarrolla su creatividad pensando en Gala. Se puede visitar del 15 de marzo al 14 de junio y los lunes no abre.

e. La Casa Museo Colón. Valladolid

Se recuerda la vida de Cristóbal Colón y el descubrimiento de América. Allí puede encontrar desde una lápida que dice *Aquí murió Colón* hasta un monumento a la Santa María, el barco que utilizó en su primer viaje. Es como viajar cinco siglos al pasado. Los lunes cierra.

f. La Casa Museo de José Saramago. Lanzarote

Aquí vivió el premio nobel José Saramago buena parte de su vida. Es una casa con personalidad y se puede pasear por su biblioteca y conocer la cocina donde tomaron café personalidades como Susan Sontag, José Luis Sampedro, Eduardo Galeano o Pedro Almodóvar. Cierra los domingos.

g. El Museo Sorolla. Madrid

Además de la antigua casa del pintor Sorolla, este museo es una isla de tranquilidad en el centro de Madrid. Unos preciosos jardines reciben al visitante para acceder después a las habitaciones del pintor, a su estudio... Y todo lleno de sus obras más importantes. Cierra los lunes y los domingos por la tarde.

h. La Casa Natal de Cervantes. Alcalá de Henares

Aquí nació el autor de *El ingenioso hidalgo don Quijote de la Mancha*. Es una casa de familia acomodada de los siglos XVI y XVII. Se puede ir cualquier día excepto los lunes. En verano, durante los Veranos Cervantinos, y en la Semana Cervantina (en torno al 9 de octubre) se organizan talleres, conciertos, teatro...

1. Está en el centro de la ciudad, pero hay muchas plantas y flores.
2. En esta casa hay muchos libros.
3. Los domingos no hay que pagar.
4. En algunas épocas del año se realizan actividades culturales.
5. Esta casa museo es una obra de arte.
6. Solo es posible visitarlo si informas antes de tu visita.
7. En esta casa pasó sus últimos días un personaje histórico.
8. Se puede visitar siempre.
9. En este museo es posible tomar alguna bebida.
10. Está situada en un edificio histórico.

  b Busca **información en Internet sobre alguno de estos lugares o alguna casa museo de tu país o de tu región.** Explica **a la clase dónde está, quién vivió allí, cómo llegar y por qué te parece interesante visitar ese lugar.**

2 Mil pisos

a En el escaparate de la inmobiliaria Mil Pisos en Madrid hay varios anuncios y ofertas de compra y alquiler. Lee los anuncios y completa con las palabras adecuadas. En cada anuncio hay una palabra de más.

1. APARTAMENTO EN EL CASCO ANTIGUO

A doscientos metros de la plaza Mayor. Está en un cuarto **a.** _____ con ascensor. Tiene dos habitaciones con cama doble, con **b.** _____ a un patio interior. El salón **c.** _____ tiene cocina americana completamente amueblada: lavavajillas, nevera, horno, microondas, lavadora y cafetera.

Máximo cuatro personas. Reservas por semanas, quincenas o el mes.

A partir de 30€ la noche.

planta   comedor   piso   vistas

2. ESTUDIO EN BARRIO DE MALASAÑA, MADRID

Estudio exterior y luminoso reformado con **a.** _____. Cuarenta metros cuadrados distribuidos en: salón-dormitorio con cocina americana amueblada, baño amplio con **b.** _____. Gastos de comunidad incluidos. Tiene aire acondicionado y **c.** _____ central. Cuarta planta sin ascensor.

800€ / mes.

calefacción   aseo   terraza   ducha

3. CASA EN CHINCHÓN, MADRID

Se vende casa de **a.** _____ en la parte antigua de Chinchón. Esta vivienda está dividida en tres **b.** _____ y se compone de cuatro dormitorios, dos baños, cocina, salón-comedor y patio **c.** _____. No tiene garaje. Necesita reforma.

225.000€.

plantas   interior   pueblo   puertas

4. PISO EN MÓSTOLES, MADRID

Tiene ciento veinte metros cuadrados bien distribuidos en cuatro dormitorios, dos baños, cocina sin **a.** _____, salón-comedor con acceso a una amplia **b.** _____ con excelentes **c.** _____, calefacción individual y muy buena situación de parada de autobús, colegios, universidad y zonas **d.** _____.

168.000€.

terraza   comunes   vistas   amueblar   verdes

5. ÁTICO EN EL CENTRO DE MADRID

Reformado y con muchísima **a.** _____. Da a una calle peatonal. Suelo de **b.** _____ y buena distribución. Completamente amueblado. En el **c.** _____ tiene armario, mesilla y una cama. En el salón comedor sofá, mesa, mesita de televisión y estantería.

680€ / mes.

parqué   escritorio   dormitorio   luz

6. CHALÉ EN LA SIERRA DE MADRID

Está en una urbanización tranquila con **a.** _____ y jardín. La casa tiene ciento cuarenta metros en total. Terrazas con vistas a las montañas y distribuida en dos plantas. Totalmente reformada y amueblada, dos **b.** _____ con tres camas, un cuarto de baño completo y un **c.** _____. Cocina grande y garaje.

182.000€.

dormitorios   aseo   piscina   ducha

b Relaciona **las frases con el(los) anuncio(s) correspondiente(s).**

1. Está rodeado de naturaleza.
2. Está en mal estado.
3. Está bien comunicado.
4. Es posible alojarse poco tiempo.

5. En el precio final incluye otros gastos.
6. No tiene equipos electrodomésticos.
7. Hay que subir escaleras.
8. Está en una zona por donde no pasan coches.

c **¿Cuál de las viviendas te interesa?¿Por qué?** Compara **los precios de alquiler con los de tu país o ciudad y** comenta **con tus compañeros.**

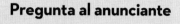

Pregunta al anunciante

Hola, me interesa...

Contactar

Política de privacidad

Particular: Alfredo
Anuncio: 27064598

d Contacta **con el anunciante y** escribe **un correo electrónico.** Recuerda:

- Presentarte.
- Explicar cómo es tu familia y qué tipo de vivienda te gusta, necesitas o buscas.
- Proponer una fecha para visitarlo.
- Despedirte.

3 ¡A la mesa!

 a Observa **y** comenta **con tu compañero las siguientes imágenes.**

| ¿Dónde están? | ¿Qué están haciendo? | ¿Qué ropa llevan? | ¿Por qué están reunidos? |

Yo creo que en la foto número uno hay un grupo de amigos.

Sí, yo creo que son amigos y están de cumpleaños.

1.  2.

 b Entrevista **a tus compañeros. Puedes añadir preguntas extra.**

¿Alguna vez has comido en casa de un desconocido?
¿Has invitado alguna vez a un desconocido a tu casa para comer o cenar?
¿Por qué motivo?

nº 51

c **En el blog** *Cocinillas por el mundo* **entrevistan a Patty, una peruana que vive en España y que ha hecho de su pasión por la comida un modo de vida. Vive en un pueblo de Madrid y recibe en su chalé a gente que no conoce y que sienta a la mesa para probar la verdadera cocina peruana.** Escucha **la entrevista y** responde.

1. Patty cocina y además trabaja...
a. en una página web de comidas.
b. como traductora.
c. de camarera en un restaurante.

2. Actualmente, Patty...
a. no está contenta con lo que hace.
b. necesita tiempo para ella.
c. es quien se ocupa de organizar las cenas.

3. La casa de Patty tiene...
a. cocina-comedor.
b. balcón.
c. ascensor.
d. piscina.

4. La casa de Patty es _____

5. El lugar favorito de Patty es...
a. el jardín.
b. la cocina.
c. el dormitorio.
d. el salón.

Cumplidos
Cuando llegamos a ca...
de alguien es de buen
educación decir cosa
positivas como:
¡Qué bonito/a (es)!
¡Qué grande!
¡Qué luminoso/a!
¡Qué bien está la cocina!

6. Cuando hace buen tiempo hace las cenas en _____

7. Y en invierno hace las cenas en _____
_____

8. El pueblo de Patty es...
  a. tranquilo
  b. grande

c. moderno
d. antiguo

9. En su pueblo hay...
  a. un polideportivo
  b. Correos
  c. una estación

4 Un vecino ejemplar

a **¿Eres un buen vecino? ¿Por qué? Ahora** entrevista **a alguno de tus compañeros.** Completa **el cuestionario con más preguntas.**

	Sí	No
¿Alguna vez has robado el correo a los vecinos?	X	
¿Alguna vez has regalado algo a tus vecinos?		
¿Alguna vez has hecho un favor a tus vecinos?		
¿Alguna vez has regado las plantas de tus vecinos?		

b Explica **a la clase la historia más rara que has vivido con tus vecinos. Vamos a votar cuál es la más rara de todas.**

Una vez robé unos cupones de descuento del buzón del vecino y luego los utilicé.

c Piensa **en tu vecino favorito y** escribe **un mensaje de agradecimiento para él o ella.**

#DíadelVecino ¡Vecino! Gracias por dejarme siempre azúcar y cosas que necesito. ¡Eres un sol!

5 Entrevista **a tus compañeros y** busca **dos posibles compañeros de piso. Puedes añadir alguna pregunta extra.**

¿Eres buen compañero de piso?

1. ¿Alguna vez has visto una película con tu compañero en el sofá o habéis charlado una tarde entera?
2. ¿Alguna vez has dejado tus pelos en la ducha?
3. ¿Alguna vez has olvidado sacar la basura?
4. ¿Cuántas veces has olvidado hacer las tareas de la casa?
5. ¿Alguna vez has usado el cepillo de dientes de tu compañero?
6. ¿Alguna vez has cocinado comida extra para tu compañero?
7. Cuando tu compañero está ocupado, ¿alguna vez le has ayudado en sus tareas?
8. ¿Alguna vez has lavado la ropa de tu compañero?
9. ¿Alguna vez habéis hecho una fiesta de pijamas?

6 Con tus dos compañeros de piso, vas a negociar las reglas de la casa. Escribid cinco normas para vuestra casa.

7 Aquí tienes varios perfiles de gente que busca alojamiento. Lee sus mensajes y con tu compañero decide qué barrio (de la actividad 4.a del Libro del alumno) crees que es mejor para ellos.

1 ¡Hola! Soy abogado y el año próximo voy a viajar a Madrid para comenzar un curso en la escuela de negocios. Me gusta viajar y conocer sitios nuevos, jugar al baloncesto, ver series, comer en buenos restaurantes, ir al cine y al teatro, tomar fotos e ir a la playa. Soy una persona tranquila, no voy mucho a fiestas, no tomo alcohol, tampoco fumo y soy muy ordenado. Busco un compañero de piso hombre o mujer, NO FUMADORES y organizados.
Orlando, Lima.

2 ¡Hola! Mi mujer y yo buscamos un piso, estudio, casa o apartamento para alquilar este verano. Queremos pasar una semana en Madrid y hacer turismo cultural. Buscamos un sitio cerca de la zona de los museos más importantes o en algún barrio con bares, terrazas y cerca de las zonas turísticas. También queremos estar cerca del metro o de paradas de autobuses. ¿Qué barrios y zonas me aconsejan?
Pawel, Polonia.

3 ¡Buenas! Necesito ayuda. La semana próxima empiezo a trabajar en Madrid así que necesito cambiarme de casa cuanto antes. En principio el contrato es por un año y estoy muy contenta porque me apetece este cambio de ciudad, de barrio y hasta de casa. La zona donde voy a trabajar está en las afueras de Madrid, pero yo quiero vivir en el centro. Me encanta el cine, el teatro, los museos, en general la vida de la capital. ¿Qué me aconsejan? Ah, no me importa compartir piso, no fumo ni tengo mascota.
Vero, Alicante.

4 Hola, soy una chica italiana de veinticinco años. Me gustaría comenzar el próximo año un máster aquí, en Madrid. Estoy buscando un apartamento con una habitación individual para mí, pero no sé por dónde buscar. Soy una persona ordenada, alegre y me encanta quedar con amigos. ¿Qué barrio me recomendáis?
Marcella, Verona.

5 Hola, chicos:
En septiembre empiezo a estudiar en Madrid, pero solo por seis meses. Voy como estudiante Erasmus y no sé si alojarme en un piso compartido o en un estudio. Tampoco sé qué barrios son los mejores para vivir, los que tienen más ambiente, con bares y con bibliotecas para estudiar. 😊 ¿Qué me aconsejáis? ¿Podéis recomendarme una página para buscar alojamiento?
David, Francia.

Recomendar
Para recomend podemos usar siguientes estructu
Lo mejor es...
Yo creo que es mejo

8 (nº 52) Escucha la llamada de teléfono de una de estas personas. ¿Quién es y qué barrio elige al final? ¿Cómo es el piso donde va a vivir? Completa la información.

1. Número de habitaciones:
2. Ascensor: Sí ☐   No ☐
3. Piso o planta número:
4. Se puede fumar: Sí ☐   No ☐
5. Mascota: Sí ☐   No ☐
6. Se puede alquilar por temporadas: Sí ☐   No ☐
7. Cómo es:
8. Está cerca de:
bares y terrazas ☐
del metro ☐
de la universidad ☐

UNIDAD 6

1 **En España existen varias empresas de comida a domicilio. Dos de las más famosas han hecho un estudio sobre los gustos de los españoles en sus pedidos.** Lee **el texto y** responde **a las preguntas.**

Mole, sushi, wasabi, tikka masala, ceviche..., son algunos de los ingredientes y platos más solicitados por los españoles que hacen sus pedidos de comida a domicilio, según el estudio realizado por La Nevera Roja, la empresa online especializada en este servicio. La comida china e italiana supone el 64% de los pedidos que se realizan a domicilio, seguido por la comida americana, con un 15%.

"El número de pedidos de platos vegetarianos se ha multiplicado por siete en el último año", afirma Ángel Barquilla, director de Marketing de La Nevera Roja.

Just Eat ha publicado su *Barómetro de Comida a Domicilio* en su blog, un interesante estudio sobre la comida online a domicilio. De sus resultados se extrae que el perfil del usuario español tiene entre veinte y cuarenta y cinco años, vive en grandes ciudades o en capitales de provincia, utiliza Internet y realiza compras online.

El informe muestra que pedimos comida a domicilio cuando se reciben visitas, ya que el 63% de las personas pide para más gente. Al menos una vez al año, todos los españoles piden comida y se gastan de media anual quinientos cuarenta euros. El 30% pide una vez al mes, un 20% una vez cada dos semanas y otro 20% cada semana.

Texto adaptado de: http://www.europapress.es/economia/noticia-65-hogares-espanoles-destinan-media-540-euros-ano-comida-domicilio-20150723141306.html

1. En el texto se dice que...

a. los españoles piden especialmente comida tradicional del país.

b. los españoles prefieren la comida americana.

c. los españoles suelen pedir comida extranjera.

2. En el texto se dice que...

a. la comida americana es la más solicitada.

b. los pedidos de comida vegetariana han aumentado.

c. cada vez hay más pedidos.

3. Según el texto...

a. las personas que viven en ciudades son las que más piden.

b. los jóvenes son los que más comida piden a domicilio.

c. las personas piden más por teléfono.

4. Según el texto, el 40% de los españoles...

a. pide comida a domicilio al menos una vez al año.

b. pide comida a domicilio una vez al mes.

c. pide comida a domicilio como mínimo dos veces al mes.

2 **En esta página web aparecen opiniones sobre algunos restaurantes donde comer en Madrid.** Lee **y** contesta.

a. ¿A qué sitio quieres ir?

b. Busca la carta en Internet y comenta con tus compañeros qué comida y bebida quieres pedir.

c. ¿Qué es lo que más te ha llamado la atención del sitio?

d. ¿Hay lugares como estos en tu ciudad o país?

1. María, Vigo (hace cuatro días)

Comida sana y casera tanto para comer dentro como para llevar.

Aliño es uno de mis sitios favoritos cuando no me apetece cocinar y no quiero aventurarme a probar algo nuevo. El menú es muy barato (5,50€ ¡primero, segundo y bebida!) y tienen varios platos para combinar y elegir (tanto con carne como vegetarianos): ensalada, pasta, cuscús, arroz, verduras al horno, humus, etc. Las porciones son de buen tamaño, todo hecho con mucho amor y de muy buena calidad. **Aliño Take Away.**

2. Manoli, Castilla-La Mancha (ayer)

Bocadillos únicos, ambiente siempre agradable y divertido.

Difícil encontrar bocadillos tan buenos, la calidad del producto se nota. Veo algunas críticas por precio, pero sinceramente, si quieres comer productos de primera calidad hay que pagar por ello. Hay variedad y originalidad en los bocadillos y el ambiente y servicio que he encontrado, ¡siempre excelente! Muy recomendable. **Bocadillo de Jamón y Champán.**

3. Cristina, Madrid (hace cinco meses)

Una forma diferente de tapear.

Este mercado es una mezcla de establecimiento de comidas y bares de tapeo. Un lugar precioso, muy bien ambientado y con un volumen de visitantes alto, especialmente gente joven. Si estás de turismo en Madrid es visita obligatoria después de dar una vuelta por la plaza Mayor. **Mercado de San Miguel.**

4. Kaki, Alicante (la semana pasada)

Perfecto para sorprender a tus amigos con este concepto que mezcla librería y restaurante.

¿Quieres comprarte un libro en la librería y sin salir del edificio tomarte un café o algo más? Entonces, este es tu sitio. Lo que menos me ha gustado ha sido el servicio, a veces un poco lento. Me parece un sitio original y con encanto. **El Bistró de La Central.**

3 Piensa **en un restaurante que has visitado y** escribe **tu crítica.**

---

 4 Escucha **la conversación entre unos clientes y un camarero y** responde **a las preguntas.**

nº 53

1. ¿Qué tipo de vino van a tomar?

a. Vino blanco.

b. Vino rosado.

c. Vino tinto.

2. ¿Van a tomar sopa de primero?

a. Sí.

b. No.

3. ¿Cuál es el mejor plato del restaurante?

a. La ensalada.   b. La hamburguesa.   c. El pastel de zanahoria.

4. ¿Van a tomar algo con el postre?

a. Sí.

b. No.

5. ¿Dónde están comiendo?

a. En un bar.   b. En un restaurante.   c. En una cafete

---

5 En los restaurantes podemos elegir distintos tipos de platos. Completa **esta carta con algunas comidas típicas de tu país.**

ENTRANTES	PRIMER PLATO	SEGUNDO PLATO	POSTRE

6 Lee **estas reseñas y** completa **la tabla con la información de los textos.**

	La bebida más barata	Tienen raciones grandes	Los bares están en la parte vieja de la ciudad	Típicos por tener productos del mar
Alcalá				
Almería				
Badajoz				
Vigo				

DIEZ CIUDADES ESPAÑOLAS DONDE PUEDES COMER TAPAS GRATIS

De Alcalá de Henares a Granada: una decena de ciudades donde el precio de la consumición incluye sabrosos pinchos

Las tapas son una de las costumbres españolas que más se conocen en todo el mundo. Las hay de todos los tipos. Las más elaboradas se denominan pinchos. El precio cambia, desde aquellas que están incluidas en el precio de la cerveza o refresco hasta las que hay que pagar aparte. Seleccionamos algunas ciudades españolas donde se pueden tomar tapas gratis con cada consumición y el precio aproximado de la bebida en la mayoría de sus bares.

Alcalá de Henares

Tapa de huevos con morcilla en el bar Índalo de Alcalá de Henares
En la ciudad hay muchos bares donde junto a la consumición se puede elegir la tapa, gratuita. Raciones de patatas bravas, huevos estrellados, sándwich mixto o vegetal, hamburguesa o diferentes tipos de bocadillos son algunas de las tapas en las variadas cartas de locales como el Índalo, El Tapón o Maimónides. El precio de la caña está sobre los 2,80 €, un poco más caro que en otros bares, pero el gran tamaño de las tapas justifica el precio.

Almería

Tapa de patatas bravas en El Bonillo de Almería
Un paseo por las cuatro calles y la calle Real, en el casco antiguo de Almería, ofrece al visitante una gran cantidad de bares con tapas grandes y gratuitas. Su precio, sobre los 2 €. El barrio por excelencia del tapeo almeriense permite probar las patatas bravas en un bar auténtico, El Bonillo. Para terminar la jornada se puede comprobar el sorprendente tamaño de las tapas del Tío Tom.

Badajoz

Ración de jamón y queso en La Corchuela, Badajoz
Se puede decir que Badajoz es una de las capitales españolas del aperitivo, pequeño plato de comida con la cerveza y el vino. Aunque es posible disfrutar de tapas gratis en casi cualquier barrio de la ciudad, hay tres zonas famosas: Valdepasillas, San Roque y Santa María de la Cabeza. En esta última los precios son bajos y las cantidades generosas (patatas fritas, alitas de pollo, empanadillas...). La Roca, el centenario La Corchuela o el Bar Manolo son algunos de los bares donde las cañas saben mejor acompañadas de un poco de jamón y queso. El precio de la caña está en un 1,20 €.

Vigo

Taberna A Mina, en Vigo
La agradable costumbre de servir una tapa gratis cuando pides una cerveza o un vino es muy frecuente en Vigo. Se beben cañas o vinos albariños, típicos de la región, por ejemplo, en A Mina, una taberna en la parte antigua de la ciudad. Allí hay tapas de siempre –como los mejillones en su salsa– y son famosas las sesiones de vermú de los sábados y domingos. En Patouro, en la zona de Bouzas, los pinchos cambian con los productos de temporada. La gran variedad de vinos y cervezas de importación de La imperial se acompaña siempre de pinchos gratis, como abundantes raciones de fideos y patatas fritas. El precio de la caña, 1,70 €, 2 € el vino.

Texto adaptado de: http://elviajero.elpais.com/elviajero/2015/11/30/actualidad/1448902508_246411.html

7 #CostumbresDeOtrosPaíses

a ¿Crees que la educación es un concepto cultural? Lee este texto y comenta tu opinión con la clase.

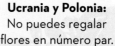

Cosas que no puedes hacer cuando viajas al extranjero

Ucrania y Polonia: No puedes regalar flores en número par.

Francia: No puedes hablar sobre dinero.

India: No puedes tocar a nadie del sexo opuesto en público.

Nueva Zelanda: No puedes tocar el claxon.

El verano y las vacaciones son sinónimos de viajar. En esta época del año, coger el avión y salir al extranjero para conocer otras ciudades, otros ambientes y otras culturas es más atractivo para desconectar de la rutina. Una de las cosas que más nos pueden ayudar para preparar un viaje al extranjero es la parte de la documentación. Conocer el clima, la moneda, el funcionamiento de su transporte público -si lo hay- o el precio de la vida son algunos temas fundamentales. Pero, lo que no puedes olvidar nunca es informarte también sobre las costumbres, las leyes y las tradiciones de cada lugar que visitamos.

- Así, en Hungría, por ejemplo, no puedes chocar los vasos al brindar con la cerveza.
- En Ucrania y en varios países del este de Europa, no se puede regalar un número par de flores (dos, cuatro, seis...) porque está reservado para los muertos.
- En China no puedes regalar un paraguas a un amigo, porque significa que ya no quieres ser su amigo, y tampoco puedes regalar un reloj porque se considera mala suerte.
- En Singapur no puedes comer ni beber en el transporte público. Hay muchas multas económicas y muy altas. No puedes dormir en público en un parque, por ejemplo. No está bien visto. No se puede besar ni abrazar en público.
- En Japón no puedes dejar propinas en los restaurantes y bares. Es de mala educación.
- En Estados Unidos es casi obligatorio dejar la propina.
- En España puedes dejar propina si crees que el servicio ha sido bueno o los camareros han sido especialmente simpáticos o amables.

Texto adaptado de: http://www.europapress.es/desconecta/curiosity/noticia-18-cosas-no-debes-hacer-si-viajas-extranjero-20150624102756.html

b ¿Cuál de las costumbres que se mencionan te parece más curiosa o rara? ¿Conoces otras para añadir a esta lista? ¿Alguna de tu país?

Si tienes tatuajes, no vas a entrar en un onsen en Japón.

c Marca cuáles son las palabras clave de este texto y piensa en otro título para él. ¿Tienes alguna idea mejor?

d Marca si las siguientes afirmaciones sobre el texto son verdaderas, falsas o no se dice nada.

	Verdadero	Falso	No se dice
1. Para viajar es importante informarse del precio de las cosas.			
2. Regalar algunos tipos de flores está mal visto.			
3. Dejar propina en España es obligatorio.			

8 ¿Qué consejos puedes dar para ser culturalmente educado en tu país? En grupos preparad un cartel de consejos básicos para viajar a vuestro país.

Si vas a Italia, no puedes...

UNIDAD 7

1 ¿Te imaginas tu vida sin Internet?

a Lee este texto y comenta con tu compañero. ¿Cuánto tiempo puedes estar sin conexión? ¿Qué hacías cuando no tenías Internet?

DIEZ COSAS QUE HACER CUANDO NO TIENES INTERNET ...Y LO QUE HACÍAS ANTES CUANDO NO LO TENÍAS

- Ir al McDonald's y usar su Wifi gratis
- Dormir una siesta
- Buscar la WiFi de los vecinos
- Leer un libro
- Hacer algo productivo
- Llorar en el rincón, porque la vida sin Internet es el infierno

GraphJam.com   Traducido por Xeiso.com

Las seis de la tarde de un domingo y tú sin plan. ¿Qué haces hasta que llegue la hora de cenar? Puedes echar un vistazo a Netflix por si te gusta alguna película o serie. Puedes poner Spotify a tope mientras buscas un regalo friki para tu mejor amigo. Puedes enterarte de lo que ha pasado en el mundo leyendo Twitter o pasar un buen rato riéndote con los memes de Imgur. Puedes coger el móvil y mandar un mensaje a alguno de tus grupos para ver si alguien reacciona. Puedes abrir Tinder intentando ligar algo... Gracias a Internet es imposible aburrirse. ¡Y todo sin salir de casa! Pero hubo un tiempo en el que Internet no estaba en nuestras vidas. Existía (es más antiguo de lo que piensas), pero no era tan frecuente en nuestra rutina. ¿Qué hacíamos antes de Internet para divertirnos?

Aquí tienes una lista de cosas que hacer si no tienes Internet. La número cero es imprimir esta lista para poder leerla. Aquí tienes las diez restantes:

1. Aprender a hacer un truco de cartas
2. Jugar un solitario
3. Aprender a escribir sin mirar el teclado
4. Ir a correr
5. Ordenar la habitación
6. Llorar porque no tienes Internet
7. Ir al gimnasio
8. Llamar a un amigo para poder usar su Internet
9. Ver una película
10. Dormir una siesta

Texto adaptado de: https://buhomag.elmundo.es/my-life/como-era-la-vida-sin-internet/8d3d7e8c-0004-5813-2134-112358132134

Echar un vistazo
Esta expresión significa mirar algo rápidamente y sin profundizar.

b Escribe las cosas que haces ahora cuando no tienes Internet y las cosas que hacías antes cuando no tenías Internet.

COSAS QUE HAGO CUANDO NO TENGO INTERNET

COSAS QUE HACÍA CUANDO NO TENÍA INTERNET

nº 54

2 Escucha **estos mensajes de oyentes que responden al tema de hoy en la radio: vivir sin Internet.** Marca **quién dice cada mensaje.**

	Mensaje 1	Mensaje 2	Mensaje 3	Mensaje 4
Si no tiene conexión, se siente mal.				
Si no tiene conexión, busca otro lugar con Internet.				
Esta persona cree que hace un uso racional de Internet.				
Si no tiene Internet, cambia su rutina.				
Esta persona necesitaba Internet para trabajar.				
Siempre ha conocido el mundo con Internet.				

3 **¿Qué te sugieren estas imágenes? ¿Te sientes relacionado con alguna de ellas? ¿Por qué?** Comenta **con tus compañeros.**

a.  b. 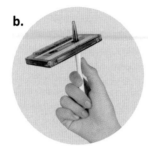 c. 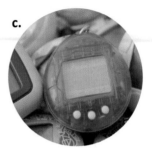 d.

4 Lee **este texto y** responde **a las preguntas.**

#CómoHemosCambiado: hace solo treinta años éramos otros

Hace tres décadas España aún no estaba en la Unión Europea. El Parlamento Europeo y la Comisión Europea celebran estas tres décadas con la campaña *Treinta Años de España en la Unión Europea*. Antes no existían las becas Erasmus en un país extranjero. Las dos instituciones europeas en España han creado la web comohemoscambiado.eu, donde muestran las fotografías que los usuarios están compartiendo con la etiqueta #CómoHemosCambiado en Twitter e Instagram. En Yorokobu hemos pensando en cómo hemos cambiado desde los ochenta. Aquí van algunos ejemplos:

Antes llamábamos a nuestros amigos al telefonillo. Ahora les mandamos un WhatsApp y esperamos. Antes jugábamos al fútbol en la calle y parábamos cuando pasaba un coche. Cargábamos con *walkmans* y *discmans*. Ahora llevamos la música en un objeto diminuto, aunque después enchufamos a él unos auriculares gigantes. Hacíamos recopilaciones de canciones que grabábamos de la radio. Estábamos atentos para dar al *Rec* justo cuando el locutor se callaba. Eso hacía que siempre nos perdiéramos el principio y el final de los temas. Si nos quedaba mal, rebobinábamos con un boli BiC y volvíamos a empezar. No podíamos buscarlas en otro sitio, así que llamábamos a la radio para pedir temas.

Texto adaptado de: http://www.yorokobu.es/comohemoscambiado/

1. Este texto habla sobre...
a. la vida de los europeos hace treinta años.
b. la incorporación de España a la Unión Europea.
c. cómo ha cambiado la vida en treinta años.

2. La campaña se hace en...
a. varias redes sociales.
b. el Parlamento Europeo.
c. una publicación digital.

3. El resultado de la campaña es...
a. un reportaje de televisión.
b. una revista científica.
c. una web europea.

4. ¿Cómo era la vida de los europeos antes de la Unión Europea?
a. No había intercambios de estudiantes universitarios.
b. Todo el mundo tenía la misma moneda.
c. La Comisión Europea no existía.

5. Antes las personas...
a. no salían a la calle a jugar.
b. usaban la radio para escuchar música en la calle.
c. grababan la música desde la radio.

5 **¿Cómo era tu país hace treinta años? ¿Ha cambiado mucho? ¿Cómo?** Prepara **una presentación explicando el antes y el ahora.**

6 Observa **las siguientes fotografías y** relaciona **cada una con el tema o los temas correspondientes.**

programas de la tele   medios de comunicación   educación   juegos   alimentación

a.

b.

c.

d.

7 Relaciona **el siguiente vocabulario con los temas de la actividad anterior. Después,** elige **uno y** comenta **con tu compañero si ha cambiado mucho en los últimos años.**

Antes, la mayoría de la gente no pensaba en la privacidad en Internet, pero ahora estamos preocupados por nuestra identidad digital.

aprobar ≠ suspender   prensa escrita   dejar una nota   cabina   aula   programa

ser vegetariano   academia o escuela de idiomas / de ballet / de música   anuncios o publicidad

ir a Correos   llamar o hablar por teléfono   radio   colegio o biblioteca municipal / pública

televisión   correo electrónico   teléfono   comprar una tarjeta telefónica

ver un programa de televisión   escuchar un programa de radio

8 **#CómoHeCambiado**

a **¿Cómo has cambiado tú y cómo han cambiado tus compañeros?** Escribe **tres preguntas para co-nocer mejor a tus compañeros y** entrevista **a algunos.**

	Compañero 1:	Compañero 2:
¿Qué te gustaba comer?		
¿A quién te parecías?		
¿Qué dibujos animados veías?		

b Trae a clase una foto de cuando eras pequeño. Tu profesor va a poner todas las fotos juntas. Tenéis que adivinar quién era quién, pero solo vuestro profesor sabe la respuesta.

Yo creo que esta es Paola, porque en la foto esta niña está jugando al fútbol y el otro día me dijo que ella jugaba al fútbol de pequeña.

 9 ¿Conoces a algunas de estas personas? ¿En qué crees que se parecen? ¿Alguien de la clase tiene un parecido "razonable" con algún famoso? Busca un parecido "razonable" y explica por qué se parecen.

a.

b.

c.

d.

 10 Lee el siguiente texto y comenta con tus compañeros. ¿Te gustaría buscar a una persona muy parecida a ti? ¿Te gustaría conocer a esa persona?

¿TODOS TENEMOS UN DOBLE?

Todos tenemos un gemelo y ahora puedes buscarlo en Facebook y Twitter.

Un grupo de tres amigos ha decidido demostrar que nuestros gemelos están por ahí y que los podemos encontrar gracias a redes sociales como Facebook, Twitter o Instagram. De hecho, aseguran que no solo tenemos un gemelo en el mundo, sino unos cuantos más. Han creado un grupo llamado *Twin Strangers* (Desconocidos gemelos). La idea ha gustado mucho en las redes sociales y cientos de personas están compartiendo sus propias fotografías con los miembros del grupo, que a su vez las publican para que los "gemelos desconocidos" puedan ponerse en contacto. Así que ya sabes: si alguna vez te has preguntado si hay alguien idéntico a ti por ahí, ahora tienes la forma de saberlo.

Texto adaptado de: http://bit.ly/2Ffe0zk

11 Relaciona **las siguientes fotos y textos con los titulares de la actividad 2 del Libro del alumno (página 104). Hay algunos que no pueden relacionarse.**

A.

Spanish Harlem o El Barrio, es un barrio de Upper Manhattan, en la ciudad de Nueva York.

B.

Una pupusería salvadoreña en Washington.

C.

Cine

En el cine Pedro Almodóvar, Antonio Banderas, Penélope Cruz, Javier Bardem, Alejandro González Iñárritu, Alfonso Cuarón y Guillermo del Toro forman parte de esa comunidad hispana presente en los EE.UU.

D.

Música

La fusión de la música de raíz latina con el pop y el rock es clave para el triunfo de unos artistas que hoy son estrellas universales: Ricky Martin, Enrique Iglesias, Shakira, Jennifer López y hasta Pitbull.

E.

En la lista de los 30 *menores de 30* de Forbes hay latinos

En la categoría de derecho y política, Cristina Jiménez, joven ecuatoriana de veintinueve años, cofundadora de United We Dream, organización liderada por jóvenes inmigrantes que lucha por la dignidad y trato justo de los inmigrantes jóvenes y sus familias.

En educación, Rafael García (veintiséis), uno de los cofundadores de Clever; Elliot Sánchez (veintiséis), fundador de mSchool; Alejandro Gac-Artigas (veinticinco), fundador de Springboard Collaborative y Gustavo Dudamel, que entrega instrumentos y ofrece educación musical gratis a seiscientos niños de barrios vulnerables en los Estados Unidos.

F.

Cuba en EE.UU., Little Havana en Miami.

G.

Es muy difícil pensar en las grandes ligas de béisbol sin la participación de los jugadores latinoamericanos.

UNIDAD 8

1 Lee **el texto y** marca **si las frases son verdaderas o falsas.**

UN LIMÓN, MEDIO LIMÓN...

Está ahí, solo, abandonado, triste, ni te acuerdas del día que lo dejaste sin su media mitad y pasa el tiempo, pero no sabes qué hacer con el medio limón de la nevera. ¿Qué opciones hay?

1. **Elimina** los malos olores del frigorífico: con un vaso de zumo de limón puedes eliminar los malos olores.

2. **Utiliza** el limón para el aguacate: si estás preparando guacamole, fajitas o simplemente haces una ensalada con aguacate, echa limón y así se conserva mejor.

3. **Añade** más sabor: si cocinas pechugas a la plancha.

4. **Evita** olores: añade un poco de limón a la sartén si vas a freír pescado.

5. **Limpia** la tabla de cortar: utiliza un limón para limpiar la tabla. Va a oler mejor.

6. **Toma** un zumo de limón: antes de desayunar es bueno para la salud.

7. **Elimina** el olor de las manos: después de cocinar, usa el limón para lavarte las manos.

8. **Quita** las manchas de los táperes: añade agua al limón y espera. Después es más fácil limpiarlos.

Estas son ocho cosas que puedes hacer con el medio limón que siempre hay en las neveras. ¿Has decidido qué vas a hacer tú con el tuyo? ¿Tienes algún otro truco?

Texto adaptado de: http://innovacionparatuvida.bosch-home.es/10-cosas-puedes-medio-limon-la-nevera/

	Verdadero	Falso
Puede usarse para cocinar.		
El limón no sirve para limpiar.		
Es bueno para la salud.		
Sirve para dar buen olor.		

2 **¡Oye!**

nº 55

a Escucha **de nuevo el podcast de Enrique (actividad 1.b, pista 37) y** ordena **las siguientes expresiones que aparecen en el audio.**

☑ Bueno   ☐ ¿No?

☐ Bien   ☐ Mirad

☐ ¿Verdad?   ☐ Oye

b Relaciona **cada expresión de la actividad 2 con su significado. ¿Para qué crees que son útiles? ¿Tú las usas?**

- Para llamar la atención:

- Para comprobar que comparten nuestra opinión:

- Para organizar nuestras ideas:

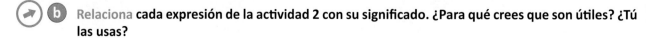

3 Lee **la siguiente noticia sobre deportistas paralímpicos y** responde **a las preguntas.**

JUEGOS PARALÍMPICOS

El equipo paralímpico español en su participación en los Juegos de Río de Janeiro ganó treinta y una medallas que dejan a España en el undécimo puesto, mejorando la posición que alcanzó en Londres 2012.

Como ya pasó en Atenas, Pekín y Londres, China quedó primera en el medallero con 239 medallas, después Gran Bretaña (147), Ucrania (117), Estados Unidos (115) y Australia (81). Los atletas brasileños ganaron 72 medallas.

España ganó en los once días de competición nueve oros, catorce platas y ocho bronces en seis deportes: natación, atletismo, baloncesto en silla de ruedas, ciclismo, tenis de mesa y triatlón.

De las treinta y una medallas españolas, quince llegaron en pruebas masculinas, otras quince en competiciones femeninas y una en categoría mixta.

Teresa Perales ganó en Sidney cuatro medallas de bronce y una de plata. Desde entonces ha ganado veintiséis medallas olímpicas y se acerca a las veintiocho del récord de Phelps. María Teresa nació en Zaragoza y es actualmente es una de las deportistas con más medallas en la historia de los Juegos Paralímpicos.

Texto adaptado de: http://deportes.elpais.com/deportes/2016/09/19/actualidad/1474313869_897664.html

1. Este texto habla sobre...

a. los deportistas españoles paralímpicos.

b. las medallas que ganaron los deportistas españoles.

c. la diferencia de medallas entre juegos olímpicos.

2. España se quedó en la posición del ranking...

a. dentro de los diez primeros.

b. número doce.

c. número once.

3. Los Juegos Paralímpicos duraron...

a. una semana.

b. casi dos semanas.

c. dos semanas.

4. Los deportistas españoles...

a. ganaron más medallas de oro que de plata.

b. ganaron más medallas de bronce que de plata.

c. ganaron más medallas de plata que de oro.

5. Teresa Perales...

a. quiere igualar el récord de Phelps.

b. ya ha igualado el récord de Phelps.

c. ya ha superado el récord de Phelps.

4 Escucha **esta entrevista a Teresa Perales y** marca **si las siguientes frases son verdaderas o falsas. Entra en este enlace:** https://goo.gl/xYC1HW

	Verdadero	Falso
1. Teresa no sabía nadar antes de empezar a ser profesional.		
2. Cuando los médicos le dijeron que no podía volver a caminar, ella no se lo creía.		
3. Ahora enseña a personas de negocios a tener una actitud positiva para superar los problemas.		
4. A Teresa le gusta más ganar medallas que ser conocida por la gente.		
5. Es la primera deportista en ganar la medalla de la Gran Cruz del mérito deportivo.		
6. Cuando la llamaron para ser abanderada del equipo olímpico español, se emocionó mucho.		

5 Escribe un mensaje a Teresa Perales en Twitter (@teresa_perales) para explicarle lo que piensas de su éxito deportivo. También puedes escribir a otros deportistas paralímpicos de tu país.

6 Según el portal de noticias Universia, la sociedad del siglo XXI tiene siete malos hábitos. Relaciona las frases con las imágenes correspondientes.

1. Comemos mucha grasa.

2. No bebemos mucha agua.

3. No dormimos suficientes horas.

4. No descansamos en el trabajo.

5. No nos protegemos del sol.

6. No hacemos bastante ejercicio.

7. Nos estresamos con el trabajo.

a. _____

b. _____

c. _____

d. _____

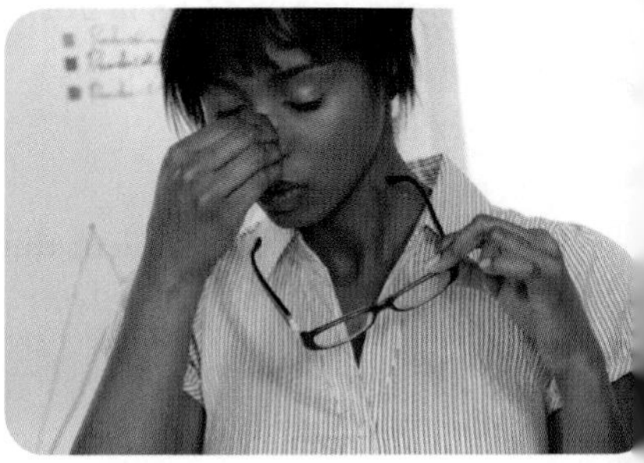

e. _____

f. _____

g. _____

7 **¿Tú tienes alguno de esos hábitos? ¿Cuál?** Entrevista **a tus compañeros y** completa **las siguientes frases.**

a. Muy pocas personas de clase....

b. Muchas personas de clase...

c. La mayoría de las personas de clase...

d. Casi nadie...

e. Todos...

> ¿Comes mucha comida grasa?

> Suelo pedir pizza una vez a la semana, pero el resto del tiempo creo que como bastante sano.

8 Imagina **y** comenta **con tu compañero en qué situaciones puedes decir o escuchar estas frases.**

> ¿Eres alérgico a algo?

> Me encuentro fatal, tengo mucha tos.

> Es que yo tengo una cita con mi médico.

> ¿El centro médico? Está al final de la calle.

9 Elegid **una de las situaciones anteriores y** escribid **en grupo un pequeño diálogo. Luego,** representadla **al resto de la clase.**

10 Entre toda la clase, vais a dar los siguientes premios a las representaciones de la actividad anterior.

Premio a la más original

Premio a la más divertida

Premio a la que tiene más vocabulario de la unidad

11 Lee este texto sobre el mate y marca si las siguientes frases son verdaderas o falsas.

Algunas bebidas, como el mate, se consideran mágicas, sirven para curar casi todos los pequeños dolores del cuerpo y del estado de ánimo.

Pero, ¿qué es el mate? La Wikipedia dice que es una infusión hecha con hojas de la planta llamada yerba mate, que se secan y se cortan en trozos muy pequeños y tienen sabor amargo. Es la bebida típica de Argentina, Bolivia, Chile, Brasil, Paraguay y Uruguay. Dicen que cura casi todos los problemas. Por ejemplo:

- Si quieres adelgazar, toma mate sin azúcar tres veces al día.

- No necesitas beber agua. Solo bebe mate durante todo el día y tendrás la fuerza de Superman.

- Bebe mate toda la noche para no quedarte dormido y poder estudiar o trabajar. Es mejor que el café o los refrescos.

- Si tienes agujetas por el deporte, toma varios vasos de mate.

- Para estar joven y tener la piel como un niño, bebe dos mates al día.

	Verdadero	Falso
El mate se saca de las hojas de los árboles.		
Es típico en todos los países de Hispanoamérica.		
Tiene un sabor muy dulce.		
El mate es bueno para no tener dolor muscular después de hacer deporte.		
Si tienes insomnio beber mate es bueno para dormir.		

12 ¿Has probado alguna vez el mate? ¿Crees que es verdad todo lo que dice el artículo? ¿Existe alguna bebida parecida en tu país? Explica tus respuestas a tus compañeros.

13 ¿Hay en tu país algunos remedios caseros? Coméntalo con tu compañero.

SABES QUE...?

Cada lugar tiene sus remedios caseros. Por ejemplo, en España, si te duele una muela decimos: *Mastica perejil.*

Apéndice gramatical

APÉNDICE GRAMATICAL

1. EL SUSTANTIVO

El sustantivo en español se usa para hablar de cosas, ideas, personas, animales, lugares…, y siempre tiene género, es decir, no importa si la referencia es una persona o una cosa, todos tienen género: *la mesa, el tiempo, la profesora, el perro, la ciudad…*

Las reglas del español dicen que el sustantivo y los adjetivos con los que trabaja tienen que tener la misma forma de género y número: *la jueza es justa, el juez es justo, los jueces son justos, las juezas son justas; Esta ventana está sucia y rota.* Recuerda que por eso también cambian los artículos (*el, la, los, las / un, una, unos, unas*) y los demostrativos *(este, esta, estos, estas / ese, esa, esos, esas / aquel, aquella, aquellos, aquellas).*

1.1. EL GÉNERO

Los sustantivos que se refieren a personas y animales que terminan en *-o* generalmente forman el femenino con *-a* y también los que acaban en consonante: *el gato / la gata, el profesor / la profesora…*
Algunos sustantivos forman el femenino de una manera especial con formas que no son la *-a* como, por ejemplo, *-triz, -esa, -isa*, aunque esto es menos frecuente:

- *El actor argentino más famoso es Ricardo Darín. La actriz española más famosa es Penélope Cruz.*
- *El príncipe está estudiando la carrera de Ingeniería. La princesa está estudiando la carrera de Matemáticas.*
- *La poetisa chilena más famosa es Gabriela Mistral.*

Hay sustantivos que se refieren a personas y que no cambian su forma. Son generalmente los que terminan en *-ista* o *-nte.* Puedes saber su género por el artículo: *el / la periodista, el / la taxista, el / la artista, el / la estudiante.* Aunque hay algunos casos que sí cambian, por ejemplo, *la presidenta o el modisto.*

Entre los nombres que no se refieren a personas ni animales, tienes que recordar algunas cosas excepcionales:
- una *-a* no siempre indica femenino: *el problema, el tema, el día, el rosa, el violeta, el naranja, el lila.*
- una *-o* no siempre indica masculino: *la mano, la moto, la radio.*

1.2. EL NÚMERO

Sobre el plural, recuerda que hay algunas palabras que terminan en *-s*, como los días de la semana (*el lunes, el martes, el miércoles, el jueves, el viernes*) tienen la misma forma en singular y en plural *(El lunes voy al médico, Los lunes voy a clases de español).*

Hay algunos sustantivos que suelen usarse en plural porque hacen referencia a algo compuesto por dos partes iguales: *las gafas, los vaqueros, las tijeras.*

1.3. LA ORTOGRAFÍA

Sobre la ortografía de los sustantivos, recuerda que los nombres propios, de personas o lugares, tienen que llevar mayúscula en español: *Paco, García, Afganistán, Andalucía.* También los nombres de disciplinas científicas (*Este año he elegido el curso de Química*) y de fiestas (*En Navidad me gusta ir a caminar por la plaza Mayor*). En español los nombres de los meses y de los días no llevan mayúscula y tampoco los nombres de los idiomas (*Los lunes voy a clase de español*).

ACTIVIDADES

1. ¿Conoces a estas personas? Observa las fotos y señala cuál es su trabajo.

a.

b.

c.

d.

2. ¿Quiénes son tus iconos culturales favoritos? Completa esta ficha con sus datos personales básicos.

Nombre completo:

Lugar de nacimiento:

Fecha de nacimiento:

Profesión:

Idiomas que habla:

Aficiones:

Ciudad preferida:

Comida favorita:

Personas que le inspiran:

2. EL ARTÍCULO DETERMINADO E INDETERMINADO

Como hemos dicho, los sustantivos en español tienen que ir "con algún acompañante". Puede ser un artículo *(el, la, los, las, un, una, unos, unas)* o un demostrativo *(este, esa, aquellos…)*.

- Recuerda que cuando hablamos de partes del cuerpo no usamos el posesivo, usamos el artículo: *Me duele la cabeza*. Nunca vamos a decir *Me duele ~~mi~~ cabeza*.
- Recuerda que con el verbo *jugar* necesitamos la preposición *a* y el artículo determinado. Es obligatorio: *Voy a jugar a la pelota*. Es incorrecto decir *Voy a ~~jugar a pelota~~*. Pasa lo mismo con los sujetos de los verbos como *encantar, gustar*… Siempre decimos: *Me gusta el mole mexicano, me encanta el ceviche peruano*. Es incorrecto decir *Me ~~gusta mole~~ mexicano*.
- El artículo *la* no puede estar delante de palabras que empiezan con una *a-* fuerte. No es correcto decir *Me voy ~~a la aula~~ de español*. ¿Es muy difícil de pronunciar, verdad? Decimos: *Me voy al aula de español*. Esto pasa también con *una, esta, esa* o *aquella*.
- El artículo indeterminado *(un, una, unos, unas)* implica indefinición, no hay un referente único, obvio y fácilmente identificable. Por ejemplo, podemos decir: *Me duele un dedo,* pero, ¿cuál exactamente?
- *Unos* o *unas* a veces tiene valor aproximativo, es decir, lo usamos para hablar de una cantidad aproximada, no exacta. Por ejemplo: *¿Cuántas personas vinieron al concierto? Unas cincuenta*.

ACTIVIDADES

1. Observa las imágenes y completa con un comentario o diálogo.

a.   b.   c.

2. Piensa en alguna situación de la clase ahora mismo. ¿Qué puedes decir usando _unos_ o _unas_ con valor aproximativo?

3. EL ADJETIVO

Los adjetivos tienen el mismo género y número que los nombres con los que "trabajan": _La profesora es muy organizada; Los profesores son muy organizados._

Pero hay algunos que no cambian. Por ejemplo, generalmente los adjetivos terminados en _-e_ sirven para el masculino y el femenino: _interesante, agradable, dulce..._

El libro es muy interesante.
Esta cafetería tiene un ambiente muy agradable.

Funcionan también así los adjetivos terminados en _-ista_: _Mi compañero de clase es progresista._

ACTIVIDADES

1. Escribe una descripción de algún compañero de la clase, pero no puedes decir su nombre. El resto tiene que adivinar quién es. Usa muchos adjetivos.

2. Observa estas imágenes y usa adjetivos para describirlas. Explica por qué usas esos adjetivos y no otros. Presta atención a la concordancia.

a.   b.

4. LA COMPARACIÓN EN ESPAÑOL

4.1. SUSTANTIVOS Y ADJETIVOS

En español podemos comparar cosas, personas, lugares... (sustantivos) o cualidades (adjetivos).

Hay tres estructuras para hacerlo:

- Si algo es superior (+) a otra cosa, utilizamos *más... que:*
  Esta cafetería es más cara que mi favorita.
  Este café es más dulce que tu café.

- Si las dos cosas tienen la misma categoría o cualidad (=) utilizamos *tan... como:*
  Esta cafetería es tan cara como esa.
  Este café es *tan* dulce *como* el café de Juan.

- Si algo es inferior (-) a otra cosa, utilizamos *menos... que:*
  Este café es menos caro que ese.
  Este café es *menos* dulce *que* el café de Carlos porque tiene menos azúcar.

4.2. GÉNERO Y NÚMERO

Ya sabes que en español los nombres y los adjetivos tienen relación en su género y su número. Esto pasa también cuando comparamos dos nombres con las mismas características. La forma *tanto/a/os/as* tiene que tener la misma forma que el sustantivo al que acompaña: *Hay tantos libros como estudiantes / Hay tantas sillas como estudiantes.*

Más		que
Menos	+ sustantivo	que
Tanto/a/os/as		como

4.3. CASOS ESPECIALES

Además de estas reglas generales, hay algunos adjetivos un poco especiales. No funcionan como los otros, porque que no cambian el género, pero sí su forma. Son *mejor, peor, mayor, menor*.

Más bueno/a = **mejor**   Más malo/a = **peor**
Más grande = **mayor**   Más pequeño/a = **menor**

NO decimos: *Este bar es ~~más bueno~~ que aquel.*
              Esta habitación es ~~más mala~~ que aquella.
              Mi hermano es ~~más grande~~ que yo. Yo tengo dieciocho años y él tiene veinte.

SÍ decimos: *Este bar es **mejor** que aquel.*
              Esta habitación es **peor** que aquella.
              *Mi hermano es **mayor** que yo. Yo tengo dieciocho años y él tiene veinte.*

ACTIVIDADES

1. Lee las siguientes afirmaciones y compara con la realidad de tu país o región.

a. El chino es la lengua más hablada del mundo. 1092 millones de personas hablan chino.

El polaco es una lengua menos hablada que el chino.

b. España tiene cuarenta y seis millones de habitantes aproximadamente.

c. Los griegos trabajan una media de cuarenta y dos horas semanales.

d. En Rusia hay más de trece mil pueblos sin habitantes.

2. Mira las siguientes fotos. ¿Te sientes identificado con ellas (el barrio donde vives, tu casa, el tipo de comida, tus aficiones, etc.)?

a.    b.    c.

Ejemplo: Yo no como tantas hamburguesas como otras personas.

5. LOS PRONOMBRES

Los pronombres son palabras que usamos para sustituir un sustantivo, un adjetivo o un adverbio. Los pronombres se utilizan para no repetir una palabra dos veces si tenemos claro sobre lo que hablamos o cuando no conocemos la cosa o persona de la que hablamos.

5.1. LOS PRONOMBRES INDEFINIDOS

Los pronombres indefinidos se utilizan para indicar existencia o cantidad poco precisa de un conjunto que no se especifica. Los pronombres aparecen solos, no acompañan al sustantivo, lo sustituyen: *¿Ya hay estudiantes en la clase? Sí, han llegado algunos (no sabemos cuantos ni quienes).*

A veces acompañan a un sustantivo, pero entonces funcionan como adjetivos y tienen que coincidir en género y número: *En la clase hay muchos alumnos, algunos son americanos.*

Alguien y *nadie* no cambian su forma y se utilizan para indicar si hay o no hay personas:
- ¿Hay *alguien* en clase?
- ▲ No, no hay *nadie*.

Nada es invariable y se utiliza para hablar de la ausencia de cosas: *No tengo casa, no tengo coche, no tengo dinero: no tengo nada.*

Singular		Plural	
Masculino	**Femenino**	**Masculino**	**Femenino**
poco	poca	pocos	pocas
alguno	alguna	algunos	algunas
mucho	mucha	muchos	muchas
demasiado	demasiada	demasiados	demasiadas
bastante		**bastantes**	
alguien			
nadie			
nada			

La expresión *un poco* la usamos para hablar de algo negativo, pero sin ser demasiado directos, es una manera de suavizar: *Tu amigo es un poco antipático, ¿no? / Este bolso es un poco caro, cuesta trescientos cincuenta euros.*

5.2. PRONOMBRES PERSONALES DE OBJETO DIRECTO

Los pronombres se utilizan para sustituir información sobre las personas que hacen la acción del verbo: *Luis baila tango > Él baila tango.*

Los pronombres personales de sujeto ya los conoces: *yo, tú, él, ella, usted, nosotros, nosotras, vosotros, vosotras, ellos, ellas, ustedes*. Recuerda que si es muy obvio no hace falta repetir el pronombre de sujeto: *yo soy polaca, nosotros somos muy trabajadores*; podemos decir: *Soy polaca, somos muy trabajadores*. Solo hacemos eso cuando queremos marcar con fuerza la idea de "yo" o "nosotros". En estos casos hacemos fuerza también con la entonación: *Yo soy polaca. Nosotros somos muy trabajadores.*

Pero también tenemos que hablar de las "cosas que hacemos" y a veces de "para quien" las hacemos.

	Singular		Plural	
	Masculino	**Femenino**	**Masculino**	**Femenino**
1ª persona	**me**		**nos**	
2ª persona	**te**		**os**	
3ª persona	lo	la	los	las

Estos pronombres sustituyen al "qué" hacemos con el verbo. Tienen que tener el mismo género y el mismo número para tener claro de qué cosa hablamos.

¿Tu madre ha visto la casa? Sí, la ha visto.

Si alguna vez quieres usar un pronombre para algo de lo que no sabes el nombre, el género o el número, o para sustituir una idea completa, puedes usar *lo*:

¿Te ha dicho Luis *que puedes usar su teléfono? Sí, me lo dijo.*

¿*Sabes cuál es el bus que va a la universidad? No lo* sé / *No sé.*

5.3. PRONOMBRES PERSONALES DE OBJETO INDIRECTO

Hemos visto que hay pronombres para la persona que hace la acción *(Él compra patatas y lechugas)* y también pronombres para las cosas *(Él las ha comprado).* Pero también tenemos pronombres para indicar "a quien" afecta la acción del verbo.

	Singular		Plural	
	Masculino	**Femenino**	**Masculino**	**Femenino**
1ª persona	**me** (a / para mí)		**nos** (a / para nosotros/as)	
2ª persona	**te** (a / para ti)		**os** (a / para vosotros/as)	
3ª persona	**le** (a / para él, ella, usted)		**les** (a / para ellos, ellas, ustedes)	

María ha comprado flores para ti por tu cumpleaños.
↓
TE
María te ha comprado flores por tu cumpleaños.

Los pronombres personales de objeto indirecto sustituyen a la persona o al objeto al que ya nos hemos referido anteriormente.

¿*Pregunto a Juan?* → *Sí claro, le puedes preguntar.*

5.4. ¿DÓNDE PONEMOS LOS PRONOMBRES DE OBJETO DIRECTO E INDIRECTO?

Los pronombres personales de objeto directo e indirecto se colocan en diferentes posiciones dependiendo del modo del verbo.

- Antes del verbo conjugado:
  María te ha comprado flores / Luis las ha comprado.
- Después del imperativo afirmativo:
  Llámame / Dámelo / Bésame.
- En perífrasis: antes o después del infinitivo o del gerundio:
  Voy a verlo / Lo voy a ver.
  Estoy escribiéndole / Le estoy escribiendo.
  ¿Puedo enviarle un mensaje? / ¿Le puedo enviar un mensaje?
- Cuando aparecen juntos el pronombre de OI *(le/s)* y el de OD
  (lo/s, la/s), el pronombre de OI se escribe *se:*
  Carlos le ha regalado un libro (a Pepe) / Carlos se lo ha regalado (a Pepe).

ACTIVIDADES

1. Lee estas frases e intenta poner todos los pronombres posibles.

Luis ha comprado flores para su padre.

María ha dado un beso a David.

Paula ha regalado un coche a Paco.

2. Relaciona las frases que has escrito en la actividad anterior. ¿Por qué has elegido cada viñeta?

a.

b.

c.

6. LAS PREPOSICIONES

Las preposiciones son palabras que no cambian y que normalmente introducen otra palabra o grupo de palabras. En español hay muchas preposiciones y siempre van delante *(Este es el compañero con el que trabajo)*. No pueden aparecer al final de la frase *(Este es el compañero que trabajo ~~con~~)*.

Las preposiciones tienen un significado más frecuente y otros más especiales que son una extensión.

6.1. CON

Indica compañía, "añadimos algo".

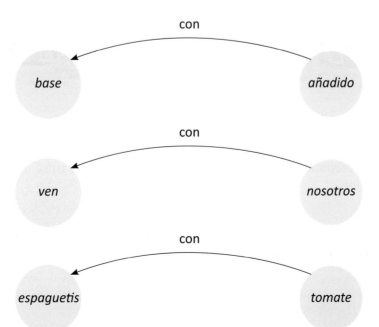

6.2. EN

Indica lugar, localización, medio de transporte: *Estoy en México, Voy en tren (¿Dónde estás? En el tren).*

6.3. POR (RUTA) / A (DESTINO)

Por indica la ruta, el camino: *Camino por la ciudad.*
A indica el destino al que vamos: *Voy a Madrid.*

6.4. DE / DESDE

Indica el punto de inicio (de lugar o tiempo).

Tengo clase desde las nueve de la mañana.

6.5. A / HASTA

Indica el punto final (de lugar o tiempo).

Tengo clase hasta las ocho de la tarde.

Tengo clase de nueve de la mañana a ocho de la tarde.

Tengo clase desde las nueve de la mañana hasta las ocho de la tarde.

De y *a* son las dos únicas preposiciones que forman una sola palabra con el artículo *el*:
Voy al cine / vengo del cine.

De indica origen principalmente. Este origen puede ser un lugar *(de mi casa a la tuya)*, una hora *(de 8:00 a 14:00)* o también una persona *(Este libro es de Leticia).*

ACTIVIDADES

1. Observa estas imágenes e intenta escribir un # para ellas. Por ejemplo, *#Aclase.*

a.

b.

c.

d.

e.

2. Escribe unas frases sobre lo que has hecho estos días relacionadas con estas etiquetas #

#AEstudiar	#De20:00a21:00	#ALas9:00
#PorLaCalle	#DesdeMiVentana	#HastaPronto
#En5Minutos		

7. EL VERBO

Los verbos son las palabras que sirven para expresar acciones. En español, los verbos pueden clasificarse en tres conjugaciones según su terminación en infinitivo. Esta información es importante porque nos ayuda a hacer las formas de pasado, futuro, etc.

1ª conjugación	infinitivos terminados en **-ar**	*estudiar, hablar, saludar*
2ª conjugación	infinitivos terminados en **-er**	*aprender, leer, responder*
3ª conjugación	infinitivos terminados en **-ir**	*describir, escribir, repetir*

7.1 EL PRETÉRITO PERFECTO

El uso

Usamos el pretérito perfecto para situarnos en el tiempo y en el espacio de una acción que nos afecta en el presente, porque hace poco tiempo que ha pasado o que la sentimos como actual. Nos situamos en el mismo espacio psicológico que el verbo.

- Cuando *ya* acompaña al pretérito perfecto queremos indicar que la acción del verbo se ha hecho: *¿Ya has hecho los ejercicios? Sí, ya los he hecho.* Por el contrario, usamos *todavía no* para indicar que algo no está hecho: *No, todavía no los he hecho.*

- Utilizamos *alguna vez* para hacer preguntas "en general" sobre nuestra vida y no respecto a un momento específico: *¿Alguna vez has tocado una guitarra?* (en tu vida y hasta el espacio del presente, del ahora). Usamos *nunca* para negar en general sobre la vida: *Nunca he comido pulpo* (hasta ahora).

La forma
Este tiempo se forma con el verbo auxiliar *haber* en presente más el **participio** del verbo.

Yo	he	
Tú	has	+ participio pasado
Él, Ella, Usted	ha	**-ar**= -ado: desayun**ado**
Nosotros/as	hemos	**-er**= -ido: com**ido**
Vosotros/as	habéis	**-ir** = -ido: ven**ido**
Ellos, Ellas, Ustedes	han	

Recuerda que el verbo auxiliar (que indica quién) y el participio (que indica qué) no se pueden separar porque si no, no tiene sentido.

Como ya hemos visto, hay algunos participios irregulares que vienen del latín: **decir**→*dicho* / **poner**→*puesto* / **ver**→*visto* / **hacer**→*hecho* / **volver**→*vuelto.*

ACTIVIDADES

1. ¡Menudo día! Observa esta imagen. ¿Qué crees que ha hecho esta persona antes? ¿Tú has hecho lo mismo? ¿Qué cosas tenéis en común? ¿Qué crees que ha hecho al final del día?

2. Completa las siguientes frases. Después comprueba si tienes algo en común con tus compañeros.

Este año todavía no he...

Este año ya he...

Nunca he...

Este año ya ha...

En mi país este año ha...

Mi escritor favorito ha / no ha...

7. 2. EL PRETÉRITO INDEFINIDO

El uso
El pretérito indefinido se utiliza para hablar sobre un pasado que está fuera del espacio del presente. No sentimos su relación ni consecuencias en el presente:
El sábado pasado hice el trabajo de Tecnología.
Mi hermana nació en 1980.

Ayer comí pulpo. Y también calamares. De postre, tomé tarta de Santiago.

La forma
El pretérito indefinido de los verbos regulares se forma siguiendo estas reglas.

	-ar	**-er**	**-ir**
	Trabajar	**Volv**er	**Viv**ir
Yo	trabaj**é**	volv**í**	viv**í**
Tú	trabaj**aste**	volv**iste**	viv**iste**
Él, Ella, Usted	trabaj**ó**	volv**ió**	viv**ió**
Nosotros/as	trabaj**amos**	volv**imos**	viv**imos**
Vosotros/as	trabaj**asteis**	volv**isteis**	viv**isteis**
Ellos, Ellas, Ustedes	trabaj**aron**	volv**ieron**	viv**ieron**

¡Fíjate! Cuando hay dos vocales seguidas en el infinitivo de los verbos acabados en *-er* o *-ir (creer, leer, oír)*, las terminaciones *-ió, -ieron* se transforman en *-yo, -yeron*:
Ana leyó un libro.
Ellos oyeron un ruido.

Hay algunos verbos que son son completamente irregulares.

	Ir / Ser	Estar	Hacer	Tener
Yo	fui	estuve	hice	tuve
Tú	fuiste	estuviste	hiciste	tuviste
Él, Ella, Usted	fue	estuvo	hizo	tuvo
Nosotros/as	fuimos	estuvimos	hicimos	tuvimos
Vosotros/as	fuisteis	estuvisteis	hicisteis	tuvisteis
Ellos, Ellas, Ustedes	fueron	estuvieron	hicieron	tuvieron

ACTIVIDADES

1. Coloca estos acontecimientos en una línea del tiempo y añade los que son más importantes de tu país, región o ciudad. Después presenta tu línea del tiempo a la clase.

cae el muro de Berlín

la empresa norteamericana IBM presenta el primer ordenador

creación de la red social Facebook

primer hombre a la Luna

1969 | 1981 | 1989 | 2004

2. Señala si las siguientes afirmaciones son verdaderas o falsas. Después puedes buscar información en Internet para comprobarlo. ¿Conocías a estas personas? ¿Qué otros datos puedes comentarles a tus compañeros?

1. Cinco escritores y escritoras de España e Hispanoamérica ganaron un premio Nobel de Literatura hasta 2017.
2. Alejandro González Iñárritu, director de cine mexicano, ganó dos premios Óscar, uno en 2014 y otro en 2015.
3. Fernando Valenzuela, uno de los mejores jugadores hispanos de la historia, se retiró del béisbol en 1999.
4. Rocío Dúrcal fue una de las artistas españolas que más discos vendió: unos cien millones.

7.3. EL PRETÉRITO IMPERFECTO

Estaba rico el pulpo. Picaba. El restaurante era barato, cinco euros.

El uso

El pretérito imperfecto se usa para hablar del pasado con una perspectiva estática. Damos información y detalles, pero la historia no avanza: *Era una niña cuando llegué a México para vivir allí con mi familia. Estaba estudiando cuando llamaste. Cuanto tenía siete años iba todos los días al colegio.* Vemos el verbo como si fuera una foto fija. Con el indefinido la historia avanza, es más como un cómic completo.

La forma

El pretérito imperfecto de los verbos regulares se forma siguiendo estas reglas.
Recuerda que hay tres verbos que son irregulares.

	-ar	-er	-ir
	Trabajar	**Ten**er	**Viv**ir
Yo	trabajaba	tenía	vivía
Tú	trabajabas	tenías	vivías
Él, Ella, Usted	trabajaba	tenía	vivía
Nosotros/as	trabajábamos	teníamos	vivíamos
Vosotros/as	trabajabais	teníais	vivíais
Ellos, Ellas, Ustedes	trabajaban	tenían	vivían

	Ser	Ver	Ir
Yo	era	veía	iba
Tú	eras	veías	ibas
Él, Ella, Usted	era	veía	iba
Nosotros/as	éramos	veíamos	íbamos
Vosotros/as	erais	veíais	ibais
Ellos, Ellas, Ustedes	eran	veían	iban

ACTIVIDADES

1. ¿Sabes por qué son importantes esas fechas? Busca la información en Internet.

¿Dónde estabas el...?

...23 de febrero de 1981.   ...26 de diciembre de 2004.   ...5 de diciembre de 2013.

...23 de junio de 2016.   ...26 de septiembre de 2016.

2. Piensa dónde estabas en estos momentos importantes de la historia. Presenta a tus compañeros tu historia personal de ese día.

3. Observa estas imágenes y describe qué pasó antes, qué pasaba durante y qué pasó después.

a.  b.  c.

7.4. EL IMPERATIVO

El uso

El imperativo se usa en español para dar instrucciones, expresar consejos o expresar obligación. También podemos utilizar la forma *tener que + infinitivo*. Recuerda que las dos son personales. Si quieres expresar una obligación "indirecta" o "impersonal", puedes usar la estructura *hay que + infinitivo*. También utilizamos esta forma cuando no queremos ser demasiado directos, porque puede resultar maleducado:
Hay que estudiar más.
Hay que limpiar la casa más.

La forma

El imperativo de los verbos regulares se forma siguiendo estas reglas.

	Cantar	**Leer**	**Escribir**
Tú	canta	lee	escribe
Vosotros/as	cantad	leed	escribid

La forma "tú" es igual a la del presente de indicativo de "tú", pero sin la *-s*:
***Cantas** muy bien / ¡Canta ahora tu canción favorita!*

Si el verbo es irregular en presente, también tiene la misma irregularidad en el imperativo para "tú":
*¿Cuándo **vuelve** Manuel? / **Vuelve** antes de las once a casa.*

En español podemos dar instrucciones y consejos también a varias personas con la forma del imperativo en plural (vosotros): *bailad, comed, hablad, saltad*. Para construir esta forma de imperativo, tomamos el infinitivo *(comer)*, le quitamos la *-r* y le ponemos una *-d*: *comer + d = ¡Comed!* Esta forma es siempre regular. Recuerda que con los imperativos los pronombres los ponemos detrás: *llámame, dímelo*.

Hay algunos verbos que son irregulares y que usamos mucho.

	Decir	**Hacer**	**Poner**	**Salir**	**Tener**	**Venir**	**Ser**	**Ir**
Tú	di	haz	pon	sal	ten	ven	sé	ve
Vosotros/as	decid	haced	poned	salid	tened	venid	sed	venid

ACTIVIDADES

1. Imagina situaciones donde puedes usar estos imperativos.

a.

b.

c.

#GritaSi   #LloraSi   #SonríeSi

2. Escribe tú también frases siguiendo los ejemplos anteriores.

7.5. EL GERUNDIO

Para hablar de una acción en desarrollo en este momento utilizamos el verbo *estar* seguido de otro verbo en gerundio. Así, este tiempo tiene dos partes:
1.º El verbo *estar* en presente.
2.º Otro verbo en gerundio que le da el significado.

	EL GERUNDIO	
	Terminaciones	**Ejemplos**
1ª conjugación (**-ar**)	-ando	*estudiando, hablando, jugando*
2ª conjugación (**-er**)	-iendo	*comiendo, haciendo, volviendo*
3ª conjugación (**-ir**)		*escribiendo, despidiéndose, viviendo*

Los gerundios de los verbos irregulares más frecuentes son estos:

ver → *viendo*   **reír** → *riendo*   **decir** → *diciendo*   **dormir** → *durmiendo*
leer → *leyendo*   **ir** → *yendo*   **oír** → *oyendo*

ACTIVIDADES

1. Observa estas imágenes y cuenta qué crees que está pasando. Después comprueba si tus compañeros han pensado lo mismo.

a.

b.

c.

2. Busca en Internet noticias que están pasando ahora mismo en el mundo. ¿Hay alguna noticia importante de algún país hispanohablante?

En Ecuador está...

En España está...

En Paraguay está...

En...

7.6. CASOS DE VERBOS ESPECIALES

Recuerda que hay verbos que no siguen la estructura más frecuente para los verbos en español *(yo, tú, él...)*. Son verbos como *gustar, interesar, doler...* Con estos verbos necesitamos usar obligatoriamente los pronombres **me, te, le, nos, os, les.**

Se emplea la forma en la tercera persona del singular *(él...)* seguida de un sustantivo en singular: *Me duele la cabeza / ¿Os duele la cabeza?*

Se emplea la forma en tercera persona del plural *(ellos...)* seguida de un sustantivo plural: *Me duelen los pies / ¿Os duelen las piernas?*

ACTIVIDADES

1. ¿Qué te gusta más? Elige cuáles de estas cosas te gustan más. Después tus compañeros te van a entrevistar para intentar conocerte mejor.

	Tú	Tu compañero	Tu compañero
refresco o agua			
películas o libros			
perros o gatos			
zapatos o tenis			
bailar o cantar			
dulce o salado			
playa o montaña			
series o películas			
comedia o drama			

2. Comenta con tu compañero cuáles crees que son los gustos de tu profesor o profesora. Después vais a hacerle las preguntas todos juntos.

¿Qué te gusta más ver series de televisión o películas en el cine?

7.7. LAS PERÍFRASIS VERBALES

Las perífrasis verbales se forman con dos verbos que están juntos y tienen un único significado. A veces podemos tener una preposición *(a, de...)* o una conjunción *(que)* entre ellos:

Tienes que estudiar.

- El primer verbo funciona como auxiliar. Marca la persona y el número: *Tienes.*
- El segundo verbo puede ser un infinitivo o un gerundio. Marca el significado: *estudiar.*

a. Tener que / hay que
Si expresamos obligación podemos usar *tener que + infinitivo* o, si es impersonal, *hay que + infinitivo*:

Tienes que estudiar para aprobar / Hay que estudiar para aprobar

b. Poder
Si queremos expresar posibilidad, usamos *poder + infinitivo*:

En este restaurante puedes comer pizza (es una posibilidad, no una obligación).

c. Empezar a / terminar de
Si la acción del verbo se inicia usamos *empezar a + infinitivo* y al finalizar *terminar de + infinitivo*:

Empecé a estudiar la carrera en 2000 y terminé de estudiarla en 2004.

d. Dejar de
Si queremos expresar que ya no vamos a hacer algo que antes solíamos hacer, usamos *dejar de* + infinitivo:

Antes iba al gimnasio, pero dejé de ir porque soy muy vago.

e. Volver a
Si queremos expresar que vamos a repetir algo que ya no hacíamos, podemos usar *volver a* + infinitivo:

Antes iba al gimnasio y dejé de ir porque soy muy vago; pero el médico me dijo que tenía que hacer ejercicio, y por eso he vuelto a ir al gimnasio.

f. Seguir
Si queremos expresar que antes hacíamos una cosa y que todavía la hacemos, usamos *seguir+ gerundio*:

Todavía sigo estudiando japonés.

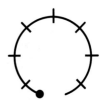

ACTIVIDADES

1. Piensa en tu vida y en las cosas que has empezado, terminado, etc., y continúa las siguientes frases.

Empecé a...

Dejé de...

Terminé de...

Volví a...

Empecé a... y sigo...

2. Ahora entrevista a tus compañeros y busca experiencias en común.

8. EL ADVERBIO

8.1. FUNCIONAMIENTO

Los adjetivos "acompañan" a los sustantivos y los modifican. Los adverbios hacen este trabajo con los adjetivos y los verbos en español. Los adverbios terminados en *-mente* significan algo aproximado a "de modo...". Por ejemplo: *generalmente = de modo general, habitualmente = de modo habitual, rápidamente = de un modo rápido*. Se forma sobre la base de un adjetivo que termina en vocal, quitando la última letra y poniendo una *a*:

Ligero / –o / + a / + mente = ligeramente.
Si termina en consonante, como *fácil*, se añade directamente *-mente = fácilmente.*

Hay adverbios que sirven para ordenar nuestro discurso cuando hablamos. Son importantes para parecer organizados con la información que contamos: *primero, segundo, después...*

8.2. POSICIÓN

En español la posición del adverbio es bastante flexible, pero si quieres que sea la información más importante o quieres que modifique a toda la frase, tienes que ponerlo al principio:
Generalmente voy al gimnasio los lunes.
Los lunes voy al gimnasio generalmente.
Los lunes generalmente voy al gimnasio.

ACTIVIDADES

1. Observa estas imágenes e intenta describir lo que pasa usando un adverbio terminado en *-mente*.

a.

b.

c.

2. Piensa qué cosas has hecho esta semana de esta manera.

Algo que has hecho rápidamente:

Algo que has hecho lentamente:

Algo que has hecho fácilmente:

Algo que has hecho casualmente:

9. LAS CONJUNCIONES

Las conjunciones sirven para unir palabras y frases, por ejemplo: *Quiero helado y fruta.*
Recuerda que la conjunción *y* cambia a *e* cuando la siguiente palabra empieza por *i-* o *hi-* para que no suene
mal: *Han venido a clase padres e hijos (Han venido a clase padres y̶ hijos).* Pasa lo mismo con la conjunción *o*
que cambia a *u* delante de palabras que empiezan por *o-*: *Quiero un helado u otra cosa fría (Quiero helado o̶*
otra cosa fría).

ACTIVIDADES

**1. Intenta imaginar una historia jugando con algunos compañeros. Uno empieza la historia, otro
continúa y así en cadena. Tenéis que usar estas palabras y conectar las frase con: *y, o, pero*.**

**2. Observa estas imágenes y pregunta a tus compañeros qué prefieren. Pide una explicación de la
respuesta. Puedes añadir otras preguntas extra si quieres.**

¿Tú eres de los que ponen la alarma una vez o muchas veces? ¿Por qué?

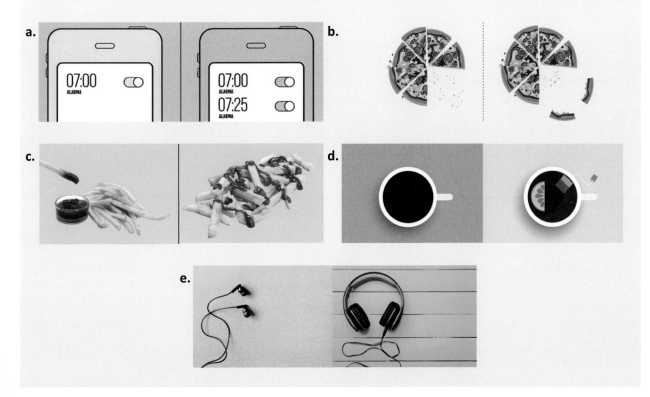

a.

b.

c.

d.

e.

10. LOS INTERROGATIVOS Y LOS EXCLAMATIVOS

En español podemos preguntar o expresar sorpresa con los interrogativos y los exclamativos. Recuerda que siempre debemos usar los símbolos al principio y al final: ¿? ¡!

- Podemos preguntar por cosas con *qué. Qué* no cambia nunca.
- Para hablar sobre personas usamos *quién*. Este pronombre tiene plural: *quiénes*.
- Para preguntar por la cantidad usamos *cuánto / cuánta / cuántos / cuántas*. Cambia en género y número con el sustantivo al que acompaña: *¿Cuántas personas hay en clase?*
- Para mostrar sorpresa podemos usar *¡qué!* más adjetivos, adverbios y verbos: *¡Qué eficiente es! ¡Qué bien! ¡Qué interesante es esta exposición!*
- Estas formas interrogativas y exclamativas siempre llevan tilde: *qué, quién, cuánto...*

ACTIVIDADES

1. Observa estas imágenes y haz preguntas sobre ellas. Uno de tus compañeros te va a responder imaginando los detalles.

a.

b.

c.

UNIDAD 1

Pista 1

Conversación 1

A: ¿Sí?

B: ¡Hola, Bego! ¿Qué tal?

A: Hombre… Tomás. ¿Qué tal estás?

B: Muy bien… Oye, te llamo para preguntar si quieres ir esta noche a ver a David Guetta en la Central.

A: ¡Guau! ¡Qué planazo! ¿A qué hora?

B: Esta noche a las doce.

A: ¿Cuánto cuesta la entrada?

B: Dieciocho euros, pero como somos estudiantes nos hacen un descuento del veinte por ciento.

A: ¡Genial! Paso por tu casa a las once.

B: Perfecto. ¡Nos vemos!

Conversación 2

A: Uf, cuántos wasaps tengo.

B: ¿Quién te escribe?

A: Es mi amigo Rubén. Me pregunta si quiero ir con él esta noche al centro…

B: ¿Qué planes tiene?

A: Quiere ir a ver a un grafitero muy famoso… No recuerdo su nombre…

B: ¡Ah, qué interesante! ¿A qué hora quiere quedar tu amigo?

A: Creo que después de ir a tomar algo. ¿Te vienes?

Conversación 3

A: Bueno, yo creo que ya ha llegado el momento de abrir regalos, ¿no? Este es nuestro regalo.

B: ¡Gracias! A ver, a ver. ¡Guau! ¡Dos entradas para ver mi película preferida! ¡Qué guay! ¡No me lo puedo creer! ¡Gracias! ¡Cómo mola!

Conversación 4

¡Buenas! Oye, esta noche vamos a ir todos a la fiesta *Baila a tu ritmo*. El local está en la calle Mayor y solo tienes que llevar unos auriculares. ¡Nos vemos! Ah, y no olvides los cascos para oír tus canciones.

Conversación 5

A: ¿Tienes planes para esta noche?

B: Pues aún no… ¿Por?

A: Esta noche se celebra en el parque de El Retiro el evento *Tú pintas en mi vida*. Participa mucha gente y siempre aprendes algo. Este año vamos a colorear mandalas gigantes en cuerpos de personas. ¿Te apuntas?

Conversación 6

Cajero: Hoy tenemos una oferta especial en los palos para hacerse selfis. Te regalamos dos entradas para el evento *Madrid en imágenes,* donde los asistentes pueden exponer sus fotografías de la ciudad.

Cliente: ¡Uy! ¡Qué suerte, pues me lo llevo!

Pista 2

Conversación 1

■ Jason, aquí tengo el programa con las exposiciones de este año. La verdad es que son bastante interesantes y hay dos que me gustaría ver. ¿Te apetece ir conmigo?

▲ Es que no me interesa mucho la fotografía. Prefiero la pintura. ¿Por qué no vamos a alguna exposición temporal en el museo del Prado?

■ ¿Qué tipo de pintura te interesa?

▲ En general toda, pero prefiero el arte de los siglos XVIII y XIX, el arte moderno me interesa menos.

■ Pues ven con nosotros a Toledo este fin de semana, queremos ver las obras de El Greco.

▲ Ah, genial. ¿A qué hora salimos?

■ Pronto, a eso de las nueve, así podemos hacer alguna ruta y visitar la judería, la mezquita del Cristo de la Luz, la sinagoga del Tránsito, la catedral y el alcázar.

▲ De acuerdo. Me gusta el plan.

Conversación 2

■ ¿Quedamos para ir de tapas este viernes por la noche?

▲ No sé, bueno…, este fin de semana me voy a un festival con unos colegas y quiero acostarme pronto. ¿Por qué no te vienes?

■ Vale, ¿por qué no? ¿Cuándo os vais?

▲ El sábado por la mañana y volvemos el domingo por la tarde.

■ ¿Tenéis ya las entradas?

▲ No, hoy las vamos a comprar. ¿Entonces vienes?

■ Sí, me parece un buen plan. ¡Gracias por la invitación!

Conversación 3

■ ¿Qué tal si hacemos algo este fin de semana?

▲ Sí, vale, yo no tengo planes. ¿Hay algo interesante?

■ Esta semana empieza la Feria del Libro. Hay encuentros, charlas, cuentacuentos, conferencias. Aquí tengo el programa.

▲ Uy, mira, hay algo súperinteresante. Una charla con *booktubers*.

■ ¿Y eso qué es?

▲ No sé, vamos y nos enteramos.

■ Vale, ¿cuándo es?

▲ Espera, miro el programa y lo confirmo.

Pista 3

1. A mí me molestan mucho los flashes y las fotos cuando voy a una galería o a un museo.
2. Es mejor permitir un día o dos a la semana las fotos en los museos.
3. En mi opinión mucha gente se hace fotos para presumir, a mucha gente lo que le importa es tener muchos "me gusta "y seguidores. La gente no hace un selfi porque sí.
4. A mí me parece bien adaptarse a los tiempos, el arte tiene que salir de los museos.
5. Las autofotos están muy de moda entre los jóvenes pero también hay gente mayor que se hace fotos y las comparte.
6. A través de este proyecto podemos comprender si a los jóvenes les interesa el arte o ellos mismos.
7. Creo que no deberían aceptar esas palabras. En español ya existe una palabra para eso.
8. Completamente de acuerdo, tenemos que defender más nuestro idioma.

UNIDAD 2

Pista 4

Buenas noches, bienvenidos a Radio Genial. Hoy es tres de enero. ¡Feliz año! Por cierto. Como todos los años, en enero hacemos una lista de propósitos, de cosas que queremos hacer. Red Bull ha publicado un artículo con algunas ideas: navegar en barco, ver una aurora boreal, correr un maratón, viajar por el mundo, resolver un cubo de Rubik... Estas son algunas ideas que han aparecido en el blog de Red Bull.

Yo os tengo que confesar que este año me he prometido a mí mismo que voy a empezar a hacer deporte de una manera más frecuente y de modo regular. También, he pensado en aprender francés por fin. Toda la vida lo he pensado, pero nunca lo he hecho. Creo que nunca es tarde para hacer algo tan positivo.

Y vosotros, radioyentes, ¿qué cosas hay en vuestra lista? Podéis escribir un tuit con la etiqueta #CosasQueHacerEnLaVida. Yo ya os he contado mis propósitos. Espero leer los vuestros.

Pista 5

Locutor: ¡Hola! Buenas tardes. Les habla Miguel Veliz, esta vez desde la ciudad de Salta, en Argentina, para el mundo. Hoy hablamos con una persona admirable, en mi opinión. Buenas tardes, Candela.

Abuela Candela: Buenas tardes, Miguel. Gracias por invitarme.

Locutor: Candela, dime, ¿cuántos kilómetros has recorrido en tu viaje?

Abuela Candela: Pues..., es difícil de calcular, pero más de veintitrés mil aproximadamente. He visitado varios continentes y muchos países.

Locutor: ¿Con quién has viajado? ¿Cómo te organizas para comprar los billetes? ¿Tienes una ruta fijada o improvisas?

Abuela Candela: Viajo sola, principalmente, pero, a veces, conozco a alguien que viaja al mismo sitio y compartimos la experiencia. Nunca compro los billetes con antelación, solo los de avión. Mi ruta la he diseñado con flexibilidad. Mis planes han cambiado durante el viaje dependiendo del lugar, de la gente que he conocido, de los horarios de los transportes o de si una puesta de sol me ha impresionado.

Locutor: ¿Cuántos países has visitado exactamente? ¿Cuál es el próximo?

Abuela Candela: Unos sesenta o setenta..., y todavía tengo que visitar muchos en África. Probablemente algún país cercano de Argentina. Uruguay, posiblemente.

Locutor: ¿Cuáles han sido las peores cosas y las mejores de estos viajes?

Abuela Candela: Para ser sincera, Miguel, lo peor, sin duda: dormir todos los días en una cama diferente. Lo mejor: la confianza y la humanidad de personas que no conozco. Me han ayudado siempre tanto, me han tratado bien, siempre me han acogido e, incluso, en pequeños lugares me han invitado a comer. No en grandes ciudades, claro, son más impersonales, pero en los pueblos, allí donde las personas son naturales y cercanas, allí es donde he tenido las mejores experiencias, más reales, más intensas.

Locutor: Candela, ¿cuántos años has trabajado? ¿Tu sueño por fin se ha cumplido?

Abuela Candela: He trabajado toda mi vida para esto, así que, sí se ha cumplido. Mi sueño es viajar y conocer el mundo, pero en persona. Creo que viajar es la mejor forma de romper los estereotipos y los prejuicios.

Locutor: ¿Algún lugar que tenemos que visitar sí o sí en algún momento de nuestras vidas?

Abuela Candela: La India, Japón y España. Me he enamorado de sus habitantes, de sus comidas y de sus costumbres.

Locutor: Muchas gracias, Candela, por tu ejemplo y por aceptar esta entrevista. Mucha suerte.

Abuela Candela: Gracias a ti, Miguel. Gracias por vuestro interés y a los oyentes por escucharnos.

Locutor: Y ahora, seguimos con la siguiente sección del programa dedicada a...

Pista 6

Paco: ¡Hola, Lola! ¿Qué tal el día?

Lola: ¡Hola, Paco! Bien, ¿y tú? Mucho trabajo como siempre, pero bien, nada especial.

Paco: Lola, tenemos que hablar.

Lola: ¡Uh! Ninguna conversación que empieza con "tenemos que hablar" es buena... A ver, ¿qué pasa?

Paco: Lola, verás, en nuestra vida juntos ya hemos viajado a otros países, hemos compartido aficiones y nuestro tiempo libre, ya hemos estudiado otros idiomas, hemos ido a conciertos y a museos...

Lola: Sí, es verdad, ya hemos hecho muchas cosas juntos. ¿Es genial, no?

Paco: Sí, pero todavía nos falta algo importante por hacer.

Lola: ¿Sí? ¿Qué? ¿Qué propones?

Paco: Nunca hemos hecho un maratón de series y tampoco hemos ido a una fiesta de disfraces.

Lola: ¡¿Qué?! Bueno, oye, cosas más raras hemos hecho. Venga, vale. Una cosa más para nuestra lista de cosas memorables que hacer en nuestras vidas.

Pista 7

Miguel: Bienvenidos un domingo más a Radio Genial. Nos gusta compartir nuestras noches con vosotros. Esta noche invitamos a nuestros oyentes a contar algunas de las actividades más raras y curiosas de nuestra rutina. Vamos con la primera llamada. ¿Hola? ¿Quién llama?

Águeda: Buenas noches. Mi nombre es Águeda. Soy ingeniera y en mi tiempo libre me gusta memorizar guiones de películas famosas para luego representarlas los fines de semana con mis amigos.

Miguel: Muchas gracias por tu llamada, Águeda. Vamos con el segundo radioyente de la noche. ¿Buenas noches?

Gerardo: Hola. Mi nombre es Gerardo. Soy jardinero, pero en mi tiempo libre me gusta leer la guía de teléfonos. Muchos días estoy unas tres horas para estudiar los números de las guías, sobre todo los fines de semana. Esta afición se ha convertido en una obsesión e incluso he asistido a varios programas de televisión para mostrar a la gente mi talento.

Miguel: Gracias por compartir tu afición, Gerardo. ¿Pasamos a la siguiente llamada?

Germán: Mi nombre es Germán. Soy guardia civil. Además de trabajar, durante la semana también entrenó para ser el campeón mundial de comer guindillas. Cada día como más de veinte guindillas sin beber agua antes de la cena. Ya he conseguido el segundo puesto en España y creo que puedo ganar el primer premio, solo es cuestión de práctica.

Miguel: ¡Qué testimonios más interesantes! Gracias por compartirlos con nosotros, Águeda, Miguel y Germán. Ha sido un placer. Y hasta aquí el programa de hoy. El próximo día, más historias increíbles. ¡Buenas noches!

Pista 8

Domingo, Genial, algunas, Águeda, ingeniera, guiones, amigos, segundo, Gerardo, jardinero, guía, gente, siguiente, Germán, guardia, guindillas, conseguido.

Pista 9

Hola, mi nombre es Miquel Albertos y voy a contar cómo ha ido mi mes sobre ruedas por Uruguay. La verdad es que ha sido una de las experiencias más increíbles de mi vida. Desafortunadamente, solo tengo tres minutos para resumir mi viaje, así que voy a hacerlo de una manera muy especial. Voy a contaros cómo he vivido mi viaje a través de mis cinco sentidos, es decir, la imagen, el sonido, el olor, el sabor y la sensación con la que me quedo de Uruguay tras mi experiencia.

El sonido de las olas contra las rocas en playa Brava, en Punta del Este, los barcos en el puerto y el acento de los uruguayos son algunos de los sonidos que más me han impresionado, pero si tengo que elegir un sonido, me quedo con la canción *Al otro lado del río*, de Jorge Drexler. Creo que es la banda sonora oficial de este viaje. Una canción que nunca voy a olvidar y que he escuchado por primera vez en las calles de Colonia del Sacramento.

La cálida y fina arena de playa Mansa sobre mis pies ha sido también una experiencia maravillosa. ¡Nunca he tocado una arena más fina y suave.

He probado muy buenos vinos en mis viajes a Francia, Argentina o Italia, pero el sabor dulce del vino uruguayo es, sin duda, el mejor que he probado.

Además, poder disfrutar de un vino tan bueno en un restaurante tradicional, mientras veo a lo lejos la Fortaleza del Cerro, en Montevideo capital, es una experiencia inolvidable. Esta fortaleza de estilo colonial del siglo XIX es una de las construcciones que más me ha impresionado del viaje.

Sin duda, mi aventura en Uruguay ha despertado mis sentidos, sobre todo, el olor del mate caliente. Creo que nunca voy a olvidar ese particular olor a hojas, aunque tampoco voy a olvidar el olor a libro viejo de los mercadillos o el de la sal de sus playas.

UNIDAD 3

Pista 10

Hombre: Bueno, Luisa, ¿cómo viajamos? ¿Por agencia o buscamos en Internet?

Mujer: Andrés, pues la verdad, no tengo ni idea, quiero viajar pero no sé cómo ni a dónde, así que mejor agencia y con guía turístico, ¿no? A ver si hay alguna oferta.

Hombre: ¿En serio? Pero si me has dicho que Santi y Ana vienen con nosotros y van a hacernos de guía.

Mujer: Sí, pero ahora en febrero tienen mucho trabajo, así que prefieren hacer el viaje en verano.

Hombre: Pues entonces viajamos en verano con ellos, así hacemos un viaje largo, podemos ver más cosas. Además, Santi ha estado en el Caribe, en África y en Asia, y tiene amigos por todas partes. Si vamos con él es más fácil todo.

Mujer: Es que a mí en verano no me apetece, todo es mucho más caro.

Hombre: Pues entonces vamos por nuestra cuenta, reservamos dos billetes y buscamos alojamiento.

Mujer: No sé, mejor viajamos con una agencia. Los guías conocen qué lugares visitar… Es más seguro.

Hombre: Pues no estoy de acuerdo. Me fío más de las opiniones de la gente que de los viajes organizados. ¿Por qué no entramos en un foro y preguntamos o miramos en Internet?

Mujer: Vale…

Hombre: Mira, mira…, oferta de vuelo y excursión a la Riviera Maya. ¿Nos vamos dos semanas con nuestras mochilas a disfrutar de Yucatán? No es muy caro.

Mujer: Bien, nunca he estado en México. ¡Qué ganas de ver ruinas, monumentos, probar la comida local, bañarme en las playas!

Hombre: Pues yo esta semana voy a leer un par de blogs de viajes y así empiezo a prepararme.

Mujer: Entonces yo me ocupo de buscar alojamiento para las primeras noches y luego nos organizamos.

Hombre: No olvides que hay que tener seguro de viaje.

Mujer: Sí, sí, yo me ocupo. Pero compra tú un buen mapa. Bueno, pues perfecto, entonces. Hablamos.

Hombre: Vale, genial. Hasta luego.

Pista 11

Conversación 1

Ana: Sí, ¿diga?

Cristina: Hola, Ana. Soy yo, Cris. ¿Qué estás haciendo?

Ana: Nada especial, ahora mismo estoy estudiando chino, porque el lunes tengo un examen.

Cristina: Uf, ¡qué complicado! Yo estoy muy aburrida. ¿Hablamos más tarde cuando acabes?

Ana: Sí, claro. Te llamo más tarde. No te preocupes.

Cristina: Besos.

Conversación 2

Gonzalo: Hola, ¿qué pasa?

Cristina: Hola, Gonzalo. Nada, estoy viendo la tele. ¿Qué haces tú?

Gonzalo: Estoy leyendo el último cómic de Paco Roca. ¡Es genial! Y después voy a comer con mi hermana.

Cristina: Ah, me lo tienes que prestar. Bueno, hablamos luego.

Conversación 3

Javi: Sí, ¿quién es?

Cristina: Hola, Javi. Soy Cristina. ¿Qué haces?

Javi: Pues estoy escuchando música. ¿Y tú?

Cristina: Nada, estoy aburrida. Mañana hablamos.

Conversación 4

Jaime: Hola, ¿qué tal?

Cristina: Aburrida, estoy en casa. ¿Y tú?

Jaime: Yo estoy comiendo ahora, porque me he levantado muy tarde.

Cristina: Ah, vale. Pues hablamos más tarde, Jaime, y ya vemos qué hacemos.

Pista 12

Presentador: Estamos en Yucatán, México y queremos hablar con Imke. Es alemana, habla español y ha venido a pasar una semana en esta zona del país. Imke, cuéntanos, ¿por qué México?, ¿por qué Yucatán?

Imke: Me parece un lugar maravilloso, donde la tradición, la historia y la naturaleza están presentes. Me interesa mucho la cultura hispanoamericana y me viene muy bien practicar la lengua.

Presentador: ¿Has venido con una agencia de viajes o en plan aventura?

Imke: Generalmente viajo o sola o con amigos, pero siempre por nuestra cuenta. Este viaje lo he hecho con amigos porque así hemos repartido algunos gastos. Lo primero que hemos hecho es decidir dónde ir y cómo preparar el viaje. Así, sin agencias.

Presentador: ¿Y este viaje cómo lo habéis preparado?

Imke: Siempre leo blogs y guías de viaje pero con lo que más disfruto es con listas de películas y música del lugar que voy a visitar.

Presentador: ¿Y para México qué películas y canciones has visto y escuchado?

Imke: Natalia Lafourcade y Ximena Sariñana son dos de las cantantes que he escuchado y en cuanto a pelis he visto *Y tu mamá también*. Me encantan los viajes en coche y en esta peli los protagonistas hacen uno muy bonito. También hay unas playas preciosas.

Presentador: Sí, pero las playas de esa película están en la costa pacífica, ¿no te interesa visitar esa zona?

Imke: Sí, claro, pero hemos preferido venir a Yucatán, solo hemos tenido una semana de vacaciones. Desde Berlín se pueden encontrar ofertas de vuelo a Mérida, Cancún y toda la Rivera Maya. Nuestro avión ha aterrizado en Mérida, una ciudad colonial con una vida cultural increíble. En esta semana hemos podido visitar las pirámides de Chichen Itzá, el templo de Kukulkan y también bañarnos en playas y cenotes. Hemos estado también en Celestún, una reserva natural increíble. Nos hemos alojado en Mérida y hemos disfrutado de la vida cultural interesante que tiene y de su gastronomía. No hemos podido visitar todos los sitios arqueológicos recomendables cercanos a Mérida, pero seguro que voy a volver otra vez. Aquí hay muchos sitios arqueológicos impresionantes y todos tan diferentes.

Presentador: Pues sí que habéis aprovechado el tiempo para ver todo lo que me cuentas, ¿no?

Imke: Bueno, lo que sí hemos hecho es contratar guías locales, creo que así se aprovecha más el tiempo y ayudamos a la economía local. Hemos reservado un coche para movernos por la península. Me ha parecido todo fascinante y me llevo unos cuantos recuerdos llenos de colores, es preciosa la artesanía local.

Presentador: ¿Qué te ha sorprendido de la lengua?

Imke: Pues que dicen ¡qué chido! en lugar de ¡qué guay!

UNIDAD 4

Pista 13

Chico: Oye, pero que quede claro que pago yo...

Chica: Que no, que no...

Chico: Que sí, que te he invitado yo y además hoy es mi cumple...

Chica: ¿En serio? Jo, qué bien, ¡Cómo mola cumplir años un día como hoy!

Chico: Pues sí, nací el Día del Libro, igual es por eso que me gusta tanto leer.

Chica: ¡Qué suerte! Seguro que te regalan muchos libros, ¿no? Es el Día Internacional del Libro y en Cataluña celebramos Sant Jordi que es nuestra versión del Día de los Enamorados.

Chico: Bueno a mí lo que no me gusta de Sant Jordi es que a la chica le regalan una flor y al chico un libro. Yo quiero libros para chicas y para chicos. Es como decir que los chicos leen y las chicas no.

Chica: Sí, a mí tampoco me gusta si lo miro desde ese punto de vista... pero depende un poco de tus amigos. A mí también me regalan libros.

Chico: ¿Sabes que es una fiesta que se celebra en más de cien países?

Chica: No, no. A ver yo sé que Cervantes y Shakespeare murieron ese día, bueno no sé exactamente si el veintidós o el veintitrés. Hay un debate sobre este tema.

Chico: Sí es verdad que hay un debate, pero desde el año 1995 el veintitrés de abril de cada año se celebra el Día Mundial del Libro y del Derecho de Autor.

Chica: Deja que mire en Twitter a ver qué comentan. Aquí hay un tuit de la revista *Muy Historia* sobre el veintidós de abril y dice que Shakespeare y Cervantes murieron el veintidós de abril, no el veintitrés.

Chico: Sí, pero en otros sitios dicen que el veintitrés. Yo, por si acaso, celebro mi cumple y el Día del Libro juntos, el veintidós y el veintitrés. Ja, ja, ja... Además, tengo mucha suerte porque tanto la familia como mis amigos me regalan libros...

Chica: Y también ese día nació un montón de gente famosa: futbolistas, filósofos, cantantes, políticos, músicos, directores de cine... Mira, tal día como hoy nació la científica italiana Rita Levi-Montalcini que ganó el Premio Nobel de Medicina en el año 1986. Me encanta cuando se reconoce el trabajo de las mujeres.

Chico: Completamente de acuerdo. Por suerte cada vez se reconocen y valoran más los méritos sin importar si son hombres o mujeres.

Chica: Sí, pero queda mucho por hacer todavía. Voy a ver si el día de mi cumpleaños hay tantas cosas importantes como hoy, que tengo una curiosidad enorme.

Pista 14

Periodista: Buenas tardes, soy Paco, hoy estaré con vosotros porque Miguel está de vacaciones. Hoy tenemos en el programa a Kina Malpartida, nuestra campeona mundial de boxeo. Bienvenida Kina, ¿Cómo estás?

Kina: Muy bien, muy contenta de estar aquí con vosotros.

Periodista: Me alegro mucho. Tengo muchas preguntas sobre tu vida, pero vamos a empezar por tu infancia. ¿Qué recuerdas?

Kina: Guau, pues que viajé mucho al extranjero por el trabajo de mis padres. Mi padre fue campeón de surf y mi madre modelo. Recuerdo que además tuve mi primera bici a los cuatro años y que nadé por primera vez en el océano, no en una piscina.

Periodista: Sí, ¡yo también tuve mi primera bici a los cuatro añitos! Oye, y de tu adolescencia, ¿qué recuerdas?

Kina: Ah, esa etapa me gustó mucho más porque tuve mi propio móvil, me enamoré por primera vez y fui a la discoteca por primera vez.

Periodista: Ja, ja, como casi todos, y ¿a qué edad te enamoraste, con quince o dieciséis?

Kina: Con catorce, ja, ja... Muy, muy pronto

Periodista: ¡No me digas! ¡Pero qué joven! Y de tu juventud, ¿qué recuerdas?

Kina: Puf, eso es más complicado, nos fuimos a vivir a Australia y recuerdo que empecé a estudiar inglés y suspendí casi todos los exámenes y estuve castigada bastante tiempo.

Periodista: Claro, es normal, con el cambio de país y a esa edad. ¿Y ahora de adulta?

Kina: Pues empecé a practicar boxeo con veintitrés años y con veintinueve años gané mi primer campeonato y me saqué el carné de conducir.

Periodista: Guau, en solo seis años ganaste un título mundial. ¡Impresionante! No tenemos más tiempo, pero muchas gracias por todo Kina. Ha sido un placer tenerte con nosotros. Eres un ejemplo para muchas personas a las que les gusta el boxeo. Te deseamos mucha suerte.

Kina: De nada, gracias a vosotros.

Periodista: Ahora nos vamos a las noticias y después continuamos con el programa.

Pista 15

Mujer: Parece increíble, porque todos esos trabajos siguen existiendo hoy día.

Hombre: Sí, además en todas las familias hay un profesor, un peluquero o un comerciante. Mi padre trabajó en el campo y luego vino a vivir a la ciudad y tuvo su propia frutería..., y conoció a mi madre que era peluquera.

Mujer: Mis abuelos también fueron agricultores, y mi madre es profesora. Mi padre tuvo una vida intensa y tuvo muchos trabajos de joven, fue camarero, dependiente, peluquero, taxista, cajero en un supermercado y al final estudió para ser bombero y trabajó como bombero más de veinticinco años, pero ahora ya está jubilado. Yo solo he sido niñera y ahora soy periodista, y espero continuar, ja, ja.

Hombre: Yo también he sido camarero, dependiente y he trabajado en un supermercado, como tu padre. Durante mis estudios tuve que trabajar para poder pagarme la carrera. Ahora me dedico a lo que me gusta, soy ingeniero informático y tengo mi propia empresa.

Mujer: ¡Qué suerte! Yo también quiero tener mi propia empresa.

Hombre: Anímate, conozco muchas mujeres empresarias y sé que hay becas, créditos, microcréditos y un montón de oportunidades.

Mujer: No sé, no sé... Algún día voy a dar el paso.

Pista 16

Chica: A ver si adivináis el año en que nací y el título de la canción. El año en que yo nací se escucha una canción dedicada a la primera víctima del muro de Berlín. Se llama Peter Fechter y con dieciocho años muere el diecisiete de agosto intentando cruzar el muro. La canción dice: *Tiene casi veinte años y ya está cansado de soñar; pero tras la frontera está su hogar, su mundo y su ciudad.*

Pista 17

1. Buenos días. Estudié Economía en la universidad e hice un máster en redes sociales. Soy una persona muy trabajadora, el año pasado viajé a más de diez países por mi trabajo, porque no me gusta estar mucho tiempo en el despacho y nunca trabajé más de seis horas al día. Me gustó mucho conocer el trabajo de mis compañeros en otros países. Creo que puedo ganar el premio.

2. Aló. Estudié Relaciones Comerciales en la universidad y soy especialista en Internet. El año pasado conocí a mucha gente nueva por mi trabajo, y me encantó porque soy muy sociable. Lo único que no me gustó de mi trabajo fueron los cambios y los errores de mis compañeros. Pero creo que soy una buena directora y puedo ganar el premio.

3. Buenos días. Estudié Derecho y Marketing en la universidad y también un máster sobre dirección de empresas. El año pasado trabajé mucho en equipo, y me encantó y eso que soy un poco tímido. Me gustó mucho conocer las ideas de mis compañeros, tener reuniones y sentirnos como una familia. Quiero ganar el premio porque trabajé mucho.

4. Hola. Me licencié en Marketing y estudié varios posgrados en redes sociales. Soy muy optimista y creo que muy amable. Quiero ganar el premio, porque el año pasado trabajo con un gran equipo, pero como soy directora, siempre defiendo mis ideas, porque es muy difícil escuchar a todos y además no me gustan las reuniones.

Pista 18

¡Buenos días, viajeros! Otro domingo más estamos aquí para hablar del viaje de nuestros sueños. La semana pasada Lourdes desde Barranquilla nos contó que siempre ha sido su sueño visitar África, pero que el tema del idioma le daba un poco de miedo. Entonces hemos pensado en ofrecerle una posibilidad "perfecta": país africano donde se habla español. Hoy hablamos de Guinea Ecuatorial.

Pues bien, ¿conocen ustedes algo sobre este país? La verdad es que no es el más famoso del continente quizás porque es un país pequeño en el centro este de África. Curiosamente su capital, Malabo, está en una isla y no en el territorio del continente. Debe ser fácil comunicarse porque se habla español, portugués y francés y muchas lenguas propias del país y que no son europeas. Una de las más habladas es el fang. La mayoría de la población es de religión católica. Su gastronomía es famosa por los pescados o frutas como el ñame o la yuca. Como no es un país tan conocido no hay turismo de masas. Lo más visitado son sus catedrales construidas en la época colonial o el turismo de naturaleza: hay playas maravillosas, montañas y selva que ver.

El equipo de fútbol que más ligas ha ganado es el Sony Elá Nguema y se puede visitar su estadio también. Estos son algunos datos básicos, pero, querido oyente, llámanos y cuéntanos tu experiencia allí, o si te gustaría visitarlo o qué cosas te gustaría conocer del país. Esperamos vuestras llamadas. Mientras, vamos a entrevistar a un guineano que vive en Cáceres y que nos va a contar su experiencia en España y otras historias de su país...

UNIDAD 5

Pista 19

Profesora: ¡Hola, David! ¿Qué tal? ¿Te has apuntado a la excursión que vamos a hacer por el barrio de las Letras?

David: La verdad es que no sé... Ya tengo planes para esta tarde...

Profesora: Anda, anímate que va a ser muy interesante. Vamos a visitar la Casa Museo de Lope de Vega, un escritor español del Siglo de Oro y está muy cerca de aquí...

David: Me apetece, pero he quedado con unos amigos para comer. ¿A qué hora vais a ir?

Profesora: Pues nosotros también hemos quedado para comer en un restaurante en la calle Huertas a las dos, luego vamos a dar un paseo por el barrio y tenemos pensado empezar la visita a las cinco que es a la hora a la que empieza la última visita.

David: Vale, voy a intentar llegar pero para la visita. Es que hemos quedado para comer cerca del Banco de España. ¿Sabes si está muy lejos el museo?

Profesora: Mmm, creo que son unos diez minutos andando.

David: A ver, dime la dirección exacta y lo busco en Google Maps.

Profesora: Es en la calle Cervantes, número once. Muy cerca. Mira, el mapa te indica cómo llegar: tienes que coger el paseo del Prado y seguir recto hasta la fuente de Neptuno. Luego tienes que girar a la derecha y caminar unos cien metros.

David: Tengo que girar enfrente del Starbucks, ¿no?

Profesora: Bueno, más o menos. Ahí también está el Hotel NH y enfrente está el museo del Prado...

David: Sí, sí..., ya veo la calle Cervantes. Vale, entonces primero cojo el paseo del Prado, luego sigo hasta la fuente de Neptuno y por último giro a derecha en la calle Cervantes...

Profesora: Exacto.

David: Pues intento estar a las cinco.

Profesora: Perfecto, te esperamos y si quieres venir con tus amigos no hay problema porque es gratis y he reservado para veinte y al final vamos a ser solo quince personas.

David: Genial...

Pista 20

Profesora: ¡Hola, David! ¿Qué tal? ¿Te has apuntado a la excursión que vamos a hacer por el barrio de las Letras?

David: La verdad es que no sé... Ya tengo planes para esta tarde...

Profesora: Anda, anímate que va a ser muy interesante. Vamos a visitar la Casa Museo de Lope de Vega, un escritor español del Siglo de Oro y está muy cerca de aquí...

David: Me apetece pero he quedado con unos amigos para comer. ¿A qué hora vais a ir?

Profesora: Pues nosotros también hemos quedado para comer en un restaurante en la calle Huertas a las dos, luego vamos a dar un paseo por el barrio y tenemos pensado empezar la visita a las cinco que es a la hora que empieza la última visita.

David: Vale, voy a intentar llegar pero para la visita. Es que hemos quedado para comer cerca del Banco de España. ¿Sabes si está muy lejos el museo?

Profesora: Mmm, creo que son unos diez minutos andando.

David: A ver, dime la dirección exacta y lo busco en Google Maps.

Profesora: Es en la calle Cervantes, número once. Muy cerca. Mira, el mapa te indica cómo llegar: tienes que coger el paseo del Prado y seguir recto hasta la fuente de Neptuno. Luego tienes que girar a la derecha y caminar unos cien metros.

David: Tengo que girar enfrente del Starbucks, ¿no?

Profesora: Bueno, más o menos. Ahí también está el Hotel NH y enfrente está el museo del Prado...

David: Sí, sí..., ya veo la calle Cervantes. Vale, entonces primero cojo el paseo del Prado, luego sigo hasta la fuente de Neptuno y por último giro a derecha en la calle Cervantes...

Profesora: Exacto.

David: Pues intento estar a las cinco.

Profesora: Perfecto, te esperamos y si quieres venir con tus amigos no hay problema porque es gratis y he reservado para veinte y al final vamos a ser solo quince personas.

David: Genial...

(...)

David: Oiga, perdone. ¿Sabe dónde está por aquí la Casa Museo de Lope de Vega?

Hombre: Lo siento, pero no lo sé. No soy de aquí. A ver, ¿qué dirección te han dicho?

David: Calle Cervantes, número once.

Hombre: Pero esta no es la calle Cervantes, es la paralela a esta.

David: Ah, vale, gracias.

Pista 21

Laura: Jorge, ¿qué haces?, ¿qué estás leyendo con tanto interés?

Jorge: Pues mira, estoy leyendo un artículo interesantísimo sobre casas museo de pintores españoles. Habla de Dalí y de Picasso y de las casas donde vivieron.

Laura: Ah, ¡qué interesante! A mí me encanta Picasso, es uno de mis pintores favoritos.

Jorge: Ah, a mí también me gusta mucho. Cuando voy al Reina Sofía me gusta sentarme en el suelo y mirar *El Guernica* durante un rato. Para mí es la obra más importante del siglo XX. Pero me gusta conocer también la vida de los artistas: dónde han vivido, con quién se han casado, si han tenido hijos... Lo necesito para poder entender su obra. Me interesa lo humano. Por ejemplo, todo el mundo sabe que Picasso vivió entre España y París, ¿no?

Laura: Sí, sí. Yo sé que nació en Málaga en 1881 y que vivió un tiempo en Barcelona y luego en París.

Jorge: Exacto, pero hay mucho más. Mira, aquí dice que se trasladó con toda la familia a La Coruña en 1891, su padre trabajó allí como profesor de la Academia de Bellas Artes. Luego, en 1895 se fue a Madrid para estudiar en la Academia San Fernando. ¿Sabes en qué barrio vivió?

Laura: Ni idea...

Jorge: En Lavapiés, muy cerca de donde yo vivo. Después, ese mismo año se fue a Barcelona donde conoció a otros pintores importantes. Allí también hay un museo Picasso, él mismo participó y apoyó la creación de ese museo.

Laura: Yo he estado en los museos de Málaga y Barcelona, pero en La Coruña no he estado nunca. ¿Y tú?

Jorge: No, yo no conozco ninguno de los museos de España.

Laura: Dicen que el museo de París también es interesante. ¿Has estado allí?

Jorge: Sí, me pareció curioso, bastante completo. Mira, también hay fotos de algunas de sus casas francesas. Dice aquí que viajó a París en 1900 con diecinueve años, pero se fue a vivir de manera definitiva a París en 1904. Allí vivió en Montmartre y en Montparnasse en varios sitios: pisos, apartamentos y en un estudio.

Laura: ¿Y no volvió a España?

Jorge: De vacaciones, claro. Luego vivió en otras casas y en diferentes pueblos de la costa Azul. Aquí hablan también de su casa en Cannes y del castillo donde pasó sus últimos días. Murió en 1973 en su casa de Francia, llamada Notre-Dame-de-Vie, a los noventa y un años.

Laura: ¡Qué vida más interesante! ¡Y yo, toda mi vida viviendo en el piso donde nací! Ja, ja, ja.

Jorge: ¿En serio?

Pista 22

Entrevistador: ¡Buenos días! Hoy Radio Genial desde la calle. Hemos salido a preguntar a la gente qué opina sobre la nueva moda de hacer casas pequeñas... ¡Tanto!, que han hecho una en París de ocho metros cuadrados. Parece increíble, ¿no? Vamos a ver qué opinan... ¡Señora! Perdone, mire, estamos haciendo un programa sobre las casas. ¿Qué requisitos mínimos tiene que tener una casa para usted?

Señora: Hombre, pues, a ver... una cocina, un salón y una terraza. Claro, una habitación o dos, mejor, y un baño. Digo la terraza porque a mí me gusta mucho poner mis flores allí. La tengo preciosa. Creo que la moda de las casas pequeñas es una forma de adaptarse a los precios y a las ciudades, pero me parece poco personal. No sé, pero a mí me gusta sentirme en casa. Hogar dulce hogar, ¿no? Pues no me imagino diciendo eso en una casa de ocho metros cuadrados... Oye, ahora te pregunto yo: ¿esa casa de ocho metros cuadrados qué tiene?

Entrevistador: Pues, mire, aunque no parece posible, en la noticia dicen que tiene una pequeña cocina, un baño y una cama. Todo plegable, es decir, desde la pared se sacan las cosas, incluida una mesa. Hay un vídeo en Internet muy sorprendente, yo lo vi y me quedé sin palabras.

Señora: Ah, pues nada, ese piso no es para mí. Yo me quedo con mi terraza, ja, ja, ja.

Entrevistador: ¡Diga que sí, señora! Muchas gracias por hablar con nosotros. Vamos a por otro entrevistado. A ver, este chico... ¡Hola! Perdona...

Chico joven: ¡Dime!

Entrevistador: Mira, perdona, unas preguntas para la radio. Hemos visto un reportaje sobre las casas más pequeñas del mundo. ¿Qué cosas tiene que tener una casa para ser una casa para ti?

Chico joven: Huy, a ver..., pues..., un buen sofá. Paso muchas horas en él viendo la tele, estudiando, trabajando en el ordenador… Creo que no puedo vivir sin sofá. ¿Te imaginas una casa sin sofá? Bueno, y claro, Wifi, ja, ja, ja. No sé cómo vive la gente sin Internet en casa. A lo demás me puedo adaptar.

Entrevistador: ¿Alguna vez has vivido en una casa pequeña o vieja?

Chico joven: Claro, cada año. Como estudio en la universidad alquilo un piso o una habitación compartida. El primer año alquilé un estudio porque quería más independencia. Muy pequeño y con la cocina, el salón y la habitación… todo junto. Fue un poco agobiante. Al año siguiente alquilé una habitación. Compartir piso me pareció más divertido. No me sentí solo nunca. Este año, mi tercer año, he alquilado otra habitación en un piso compartido y ahora tengo una habitación más grande que el año pasado. La cocina y el baño son viejos, pero no importa. La casa es acogedora. No sé, pero me siento bien al llegar a casa. Además, mis compañeras lo han decorado genial. Han puesto muchas postales y fotos, incluso en el baño. Es un piso muy personal. Somos tres para vivir y no tenemos problemas. Es genial. ¡Aprovecho para saludar a mis compis de piso Valentina y Marta! ¡Qué majas que sois! ¡Me encanta vivir con vosotras!

Entrevistador: Bueno, ja, ja, ja…, pues después de esto vamos con nuestro tercer entrevistado… ¡Hola, perdona! Estamos haciendo una entrevista para la radio…

Chica joven: Huy, nooo, que tengo prisa, perdona, no te puedo contestar, ¡lo siento!

Entrevistador: Bueno, vamos a buscar a otros. ¡Hola chicos! Perdonad. Estoy haciendo preguntas a la gente porque ha salido un reportaje de las casas más pequeñas del mundo. ¿Cómo os llamáis?

Carlos: Yo, Carlos. Pues, a mí me parece fatal. ¿Por qué tenemos que vivir en casas tan pequeñas? ¿Somos animales o qué? Mis padres tienen un piso enorme y han trabajado toda la vida para pagarlo, pero son felices. Yo me veo pagando una hipoteca toda la vida por un apartamento de una habitación con un baño y con una cocina muy pequeños y no me gusta la idea. Ahora vivo con ellos todavía porque no tengo trabajo, pero quiero tener una casa luminosa, grande, espaciosa, con una decoración moderna… Javier, ¿tú qué dices?

Javier: Pues yo no estoy de acuerdo. Creo que hay momentos en la vida para tener casas pequeñas, cuando eres joven y vives solo y, cuando eres mayor pues un piso más grande para compartirlo o para vivir con tu pareja. A mí me gustan los animales y las plantas, así que también quiero una casa grande y con jardín, pero no puedo pagarla ahora. Vivo en un piso compartido, viejo y grande pero sin jardín, claro. No se puede tener todo. De todas maneras, ¿en serio hay gente que quiere vivir en casas tan pequeñas?

Entrevistador: Pues esa es una muy buena pregunta, voy a pasarle la pelota a mi compañero del estudio. ¿Quién vive en esas casas? ¿Sabemos algo más del reportaje? Ya veis que en la calle, por lo menos a los españoles, no les gusta mucho la idea de casas pequeñas.

Locutor: Gracias, Luis, por esta conexión. Seguimos con este tema, pues curiosamente…

Pista 23

Quique: ¡Hola! ¿Qué tal?

Celia: ¡Hola! Soy Celia, la nueva vecina del primero.

Quique: ¡Hola! Encantado. ¿Cuándo llegaste?

Celia: Llegué al barrio hace tres días. Todavía estoy conociendo la zona. De hecho, perdona… ¿Te puedo preguntar algunas cosas?

Quique: ¡Claro, mujer! ¿Para qué estamos los vecinos? Dime.

Celia: Mira, ¿en el barrio hay tiendas de confianza y de buena calidad?

Quique: Sí, es un barrio muy cómodo, hay de todo: panadería, frutería, pescadería, carnicería, pastelería… Incluso tenemos un supermercado y un hipermercado. Lo que no hay es farmacia ni zapatería. Pero sí tenemos un centro de salud. Tienes que ir al ayuntamiento a registrarte para poder usar este centro que tenemos tan cerca. Es muy importante.

Celia: ¡Ah! Mil gracias, ¡qué información tan importante! Entiendo. Y, por cierto, ¿para hacer deporte qué me recomiendas?

Quique: Sí, claro, ¿quieres correr? Hay un parque y varias zonas verdes tres calles más abajo y también hay un gimnasio barato muy cerca.

Celia: ¿Y hay una tienda de música? ¿Y un restaurante o algún bar?

Quique: Por supuesto. Bares hay varios. El bar Pontevedra es más barato que el bar Siglo XXI. De tienda de música no sé nada.

Celia: Pues muchas gracias y perdón por molestar. Otro día te invito a un café para darte las gracias por tu ayuda.

Quique: Nada, mujer, de nada. Si necesitas algo, puedes subir y pedirme azúcar o cualquier cosa… Ja, ja, ja.

Celia y Quique: ¡Hasta pronto!

Pista 24

Qué, vecina, cuándo, hace, conociendo, farmacia, cerca, quieres, parque, música, azúcar.

Pista 25

Locutor: Buenas tardes, queridos oyentes de Radio Genial. Hay momentos muy importantes en nuestras vidas y uno muy difícil es cuando nos compramos una casa. Debemos conocer bien el barrio y a los vecinos, porque es muy importante para llevar una vida tranquila y feliz. Un mal vecino puede ser una pesadilla. Hoy nos acompaña Mar Castro, experta en protocolo social, que nos va a dar una serie de recomendaciones. Hola, buenas tardes, Mar.

Mar Castro: Hola, buenas tardes. Sí, tienes toda la razón. Es que tener un mal vecino es un drama: si hace ruido, si no es limpio… Por eso podemos dar una serie de recomendaciones básicas para asegurar una buena relación. Primero, es necesario cuidar los espacios comunes, tenerlos limpios y organizados. Por otro lado, ¡a todos nos molestan los ruidos! Cero ruidos debería ser nuestra forma de vivir con otras personas. Si tenemos animales, es necesario ser limpio. Hay que ser agradable y charlar en el ascensor con una buena sonrisa por las mañanas. Eso siempre ayuda a tener buenas relaciones. ¡Ah!, y muy importante: no ser un cotilla es fundamental. Nadie quiere tener vecinos que saben todo de ti: ¿a qué hora sales?, ¿a qué hora llegas?, ¿a qué te dedicas?… Eso no le gusta a nadie.

Locutor: Pues después de estos breves consejos, vamos a dar paso a los oyentes que te van a hacer preguntas, ¿de acuerdo, Mar?

UNIDAD 6

Pista 26

Atención al cliente: Buenas noches, está llamando a Pizzas Geniales. Soy Carmen. Dígame.

Cliente: Buenas noches, quería una pizza familiar.

Atención al cliente: ¿De qué la quiere?

Cliente: De cuatro quesos.

Atención al cliente: ¿Alguna bebida?

Cliente: Sí, por favor. Cuatro latas de refresco de naranja.

Atención al cliente: ¿Conoce nuestra oferta dos por uno? Puede pedir una pizza y le regalamos otra. Además, incluye dos bebidas gratis.

Cliente: De acuerdo, pues entonces una pizza cuatro quesos y otra de jamón y champiñones.

Atención al cliente: ¿Desea algo más? ¿Alguna salsa? ¿Algún complemento extra? Tenemos postres también.

Cliente: No, gracias. Es todo.

Atención al cliente: ¿A qué dirección se lo enviamos?

Cliente: Calle San Gregorio, número catorce, segundo A.

Atención al cliente: ¿Me da su número de teléfono?

Cliente: Seis, tres, cuatro, cuatro, tres, cuatro, tres, tres, tres.

Atención al cliente: Muchas gracias. En veinte minutos tendrá su pedido.

Pista 27

Restaurante: Buenos días, dígame.

Cliente: Hola, buenos días. Quiero reservar una mesa para esta noche.

Restaurante: Lo siento, pero es imposible. Está todo completo, pero mañana por la noche sí es posible.

Cliente: De acuerdo. Entonces para mañana por la noche, a las diez y cuarto. Mi nombre es Alberto.

Restaurante: Muy bien. ¿Para cuántas personas es la mesa? Si son cuatro tenemos una oferta.

Cliente: No, somos tres. ¿Tienen menú o tienen carta?

Restaurante: Por la noche tenemos un menú degustación por ochenta euros.

Pista 28

Oye, que llego tarde, ¿estás ya allí? ¿Pueden mantenernos la reserva para dentro de media hora? Estoy en un atasco.

Pista 29

Chica: ¡¿Ramón?! ¡Hola! ¡Cuánto tiempo! ¿Qué tal?

Chico: Hola, María. ¿Cómo va la vida?

Chica: Bien, como siempre, aquí tomando algo con los amigos...

Chico: Me alegro.

Chica: ¿Y tú? ¿Qué tal estás?

Camarero: Buenos días. ¿Qué le pongo, una caña?

Chico: Buenas. No, que tengo que conducir. Mejor un refresco de limón.

Camarero: Perfecto. ¿Y de tapa?

Chico: ¿Qué tienes?

Camarero: Tenemos croquetas de jamón, de cocido y de queso, pisto manchego, anchoas y tortilla de patatas.

Chico: Pues un pincho de tortilla, por favor.

Camarero: Caña y tortilla. Perfecto.

Chico: Perdona, ¿me traes también unas croquetas de queso?

Camarero: Claro.

Chico: Pues nada, María, sin novedades. Y tú, ¿qué tal?

Chica: Bien, me quedo en la ciudad unos días con mi marido.

Chico: ¿Cómo? ¿Con tu marido?

Chica: Sí, bueno, llevo dos meses casada...

Chico: ¡Pero si el año pasado tú y yo...!

Chica: Ramón, lo sé y lo siento. No estaba preparada entonces...

Camarero: Aquí tiene la caña y el pincho.

Chico: Gracias... ¡Ah! ¿Y ahora sí estás preparada? No importa. La vida es así, supongo.

Chica: Yo... Lo siento, de verdad.

Chico: No importa. Lo entiendo perfectamente. Mi enhorabuena.

Chica: Espera... Te lo explico...

Chico: Tengo que irme. Nos vemos por ahí... Adiós.

Pista 30

A.

■ Hola, perdona, ¿esta silla está libre? ¿Puedo cogerla?

▲ Sí, claro, está libre, puedes cogerla.

■ ¡Gracias!

B.

■ Perdone, ¿está libre este asiento?

▲ No, lo siento. Está ocupado.

C.

■ Perdón, ¿se puede?

▲ Sí, adelante, puede pasar.

■ Gracias.

Pista 31

Sonia: Perdón, ¿podemos sentarnos en la terraza?

Camarero: Claro, pueden sentarse, aunque dentro la consumición es más barata.

Luisa: ¿No prefieres entrar en el bar y sentarnos en la barra? Tengo un poco de frío.

Sonia: Pues vamos dentro. ¿Qué camarero más honrado, no?

Luisa: Sí, sí, la verdad... ¡Qué simpático!

Camarero: ¿Qué quieren tomar?

Sonia: Una caña y una ración de patatas bravas.

Luisa: Un vermú, por favor.

Camarero: ¡Marchando una caña, un vermú y una de bravas!

UNIDAD 7

Pista 32

¡Uy! Cuando era pequeña estudiaba mucho, sí, era una niña muy responsable, pero hablaba mucho. Ponía nerviosa a la gente porque nunca me callaba. No me gustaba el deporte demasiado. Prefería leer. Leía muchos libros. Uno cada semana. No me gustaba nada comer verduras y tampoco pescado. Ahora tampoco las como ja, ja, ja. Mi madre siempre me peinaba con una coleta de lado. No me gustaba nada. Tenía unos ojos verdes preciosos, ahora los tengo menos verdes que antes. Mi nariz era perfecta. Era más baja que mis compañeras de clase. Era una de las más pequeñas de la clase. Me encantaba ver dibujos animados en la tele ¡Ay! Mis dibujos preferidos eran *Dragon Ball Z* y *Barrio Sésamo*. Mi mejor amiga se llamaba Paula y era de Andalucía. Era súperrubia, simpática y amable. Nuestras aficiones preferidas eran escuchar música y leer las revistas para chicas. Podíamos hacer eso tardes enteras.

Pista 33

Presentador: Buenas noches, queridos oyentes. Hoy, en nuestro programa hablamos con gente de España, Cuba, Puerto Rico,

Perú y Argentina. Hablamos de recuerdos de ayer, qué programas se veían en las casas de estos países.

Comenzamos con Ernesto de Andalucía, España. Cuéntanos qué recuerdas de esa época, de tu niñez.

Ernesto: Pues recuerdo el tiempo que pasaba jugando en la calle. Vivíamos en un pueblo de la sierra de Cazorla y a la hora de comer mi madre nunca sabía dónde estaba. Hoy eso es impensable, en las ciudades los niños pasan muchísimo tiempo dentro de sus casas. Tenía muchos amigos y jugábamos en un parque por las tardes. Eso sí, los viernes por la noche volvía pronto a casa para ver mi programa favorito, el concurso de los concursos, el *Un, Dos, Tres... responda otra vez*. Mi hermano y yo nos peleábamos a ver quién cogía el sillón más cómodo del salón.

Presentador: César, de Cuba, ¿qué veías en la tele?

César: A mí me encantaba *La Película del Sábado*, como dice su nombre la ponían el sábado. Eran dos pelis y la primera era de acción. El sábado salía con amigos a tomar algo o a dar un paseo por el parque pero volvía pronto para ver las películas, toda Cuba veía la tele a esa hora. De lunes a viernes a las nueve veía la telenovela, eran brasileñas. Me acuerdo sobretodo de *Una mujer llamada Malú, La próxima víctima...* En mi barrio había muy pocas teles a color y una de ellas estaba en mi casa, así que mi casa parecía un cine: todos los niños del barrio, mis primos y tías venían a ver la tele. Todos los días mi madre nos daba la merienda pronto, nos duchábamos y a las siete ya estábamos mi hermana y yo delante de la tele.

Presentador: Enid es puertorriqueña pero vive en Estados Unidos.

Enid: En Puerto Rico era muy común sentarse en familia a ver el programa *Sube Nene, sube*. Era un programa de juegos televisado por el canal 4, Wapa TV. Había juegos, premios, concursos, espectáculos musicales y mucha diversión. Otro programa que también se veía mucho era *Miss Universo*. Nos gustaba sentarnos en familia, la tele nos acompañaba.

En cuanto a la escuela, las maestras eran muy exigentes y teníamos que aprender muchas cosas de memoria, por suerte eso ha cambiado. Me gustaba hacer deporte, pero casi todo era para chicos: fútbol, béisbol y esas cosas.

Presentador: Ahora hablamos con Patricia que es peruana.

Patricia: En Lima los de mi generación veíamos *Gasparín, Los pitufos* y *El chavo del 8,* que era mexicano. Me encantaba también *Sábado Gigante* con don Francisco, su presentador, que era parte de nuestra vida, casi de la familia. Recuerdo que pasábamos tardes enteras viendo el programa. Mi papá siempre compraba dulces de la pastelería del barrio y nos sentábamos ante el único televisor que había en la casa. Es verdad que ahora hay mucha variedad pero comprar productos artesanales cuesta más caro. Ahora, al menos en mi barrio, veo muchísima comida industrial: galletas, magdalenas, dulces..., pero casi todo industrial.

Presentador: Y nuestra última invitada es de Buenos Aires.

Vanesa: En Argentina, de chica, en la primaria veía una telenovela para niños llamada *Pelito*. Como yo iba al cole en el turno de tarde, cuando salía corría para llegar a casa y poder verla. Yo tenía mi propia llave así que llegaba, comía y ponía la tele. Era sobre las aventuras de un grupo de niños, adolescentes y preadolescentes que vivían en el mismo barrio. A los doce años ya salía por las tardes a la plaza del barrio y allí nos encontrábamos un grupo de amigos, hablábamos, reíamos y montábamos en bici. Eso sí para quedar no mandábamos WhatsApp ni llamábamos al móvil como ahora. Sabíamos la hora a la que llegábamos y cuando se hacía de noche cada uno volvía a su casa.

Pista 34

Mi juego favorito…. A ver… Tengo que pensar. Yo soy de México, ¿sabías? Tenemos muchos juegos que tú no conoces… Jugaba mucho con mis amigos, por eso me gustaban los juegos de equipo. Ah, ya sé. Me gustaba uno en el que éramos dos grupos.

Cada grupo a un lado del campo. En el medio una persona tenía un pañuelo en la mano. El capitán de cada equipo tenía que coger el pañuelo y una persona del otro equipo tenía que atraparlo. Si te cogían, perdías. Si no, quedaba eliminado el del otro equipo. Era muy divertido. Corríamos mucho, jugábamos fuera de casa… ¡Tengo ganas de jugar!

Pista 35

Carolina: Hola, Diego, ¿qué tal? Oye, ¿has visto los titulares de la revista *Latinos de América?*

Diego: Sí, sí, y me parece chévere poder leer noticias como estas.

Carolina: Claro que sí, yo también he notado muchos cambios. Mira, hace quince años que vivo en Boston y veo cambios muy positivos. Antes no había tantos programas de español para estudiantes de la escuela primaria y había más interés en otras lenguas como, por ejemplo, el francés. Ahora mucha gente prefiere estudiar español. Me acuerdo de lo difícil que era encontrar traductores de español en hospitales y otros centros sociales. Ahora muchos sitios tienen su propio traductor si lo necesitas. ¿Tú cómo lo ves?

Diego: Sí, yo también he visto muchos cambios. Estoy aquí desde hace ya diecisiete años y en aquella época la gente reconocía como hispanos a Celia Cruz o a Cantinflas. Hoy, la mayoría de la gente nos ve como americanos y eso es positivo, es sinónimo de que nos hemos integrado o que nos ven como parte de esta cultura.

Carolina: Bueno, todavía hay estereotipos.

Diego: Sí, pero no como antes. Hoy en día a la gente no le importa de dónde eres. Por ejemplo, mis alumnos saben que Sofía Vergara es colombiana, porque yo lo he comentado, pero en general muchos piensan que ella y Shakira son norteamericanas.

Carolina: Es verdad. Yo creo que el tema del carácter nos ha ayudado bastante. Por otra parte la televisión y el cine muchas veces se han encargado de aumentar el estereotipo. Es en la relación día a día que se genera el cambio de actitud. Los latinos en general siempre hemos sido personas abiertas y fáciles de integrar. Y ahora es mucho más fácil que hace unos años.

Diego: Claro que sí, me encanta ver en la prensa este tipo de noticias.

Pista 36

Sonidos

UNIDAD 8

Pista 37

¡Hola! Bienvenidos un mediodía más a *Cocineros perezosos.* ¡Queridos amigos y amigas!

Bueno, ya sabéis que empecé esta serie de podcast en Internet para ayudar a mis nietos, Andrea y Jesús, que están en la universidad. Mi nieta estudia Ingeniería Industrial y mi nieto, Lenguas Extranjeras.

No les gusta cocinar mucho, pero, mirad, viven lejos y no tienen otra opción y, bueno, tampoco tienen mucho tiempo: son muy estudiosos.

Y tú, que escuchas este podcast: ¿eres estudiante también? Oye, ¿sabes que puedes tuitearme con la etiqueta #CocinerosPerezosos y contarme lo que te gusta o no?

Bien, otro día más vamos a presentar una receta súperfácil. ¿Qué tienen los estudiantes en sus neveras? ¿Tenemos medio limón? Ja, ja, ja. ¡Sí! ¿Verdad?

A ver, hoy vamos a cocinar con ese medio limón, ¿vale? Pero, claro, necesitamos algo más: pollo, aceite de oliva, sal y pimienta. También podemos hacerlo con merluza, pero hoy lo hacemos con pollo. Son ingredientes muy fáciles, ¿no? Paso a paso.

Coged el pollo y poned sal y pimienta. Después, exprimid el limón y con el zumo del limón, mojad el pollo, ¿listos? Siguiente paso: poned aceite en la bandeja del horno y colocad el pollo encima. Si es muy grande, unos noventa minutos. Si es una parte pequeña de pollo, es suficiente una media hora. Si te gusta mucho el limón, puedes añadir un poco de limón dentro del pollo. Si quieres acompañar el pollo con algo, puedes poner patatas en el horno y asarlas. Puedes añadir a la patata, ajo y perejil. Puedes acompañar el pollo también con una ensalada con tomate, cebolla, lechuga, zanahoria... Cualquier verdura está bien. Mientras el pollo se cocina puedes aprovechar para estudiar. Bueno, se termina nuestro tiempo. La próxima semana otra receta fácil para tener una dieta saludable. ¡Ya no tienes excusa!

Pista 38

Hola. ¡Bienvenidos a nuestros cinco minutos sociales! Hemos pensado que es una buena idea ayudar a nuestros oyentes a pensar en buenos propósitos para este año. Siempre decimos que vamos a ir más al gimnasio, comer mejor... pero normalmente las buenas ideas duran dos semanas. Por eso, vamos a daros consejos prácticos: compra fruta y verdura. Si la tienes en la nevera, seguro que la comes. Haz deporte. Es suficiente hacerlo dos o tres días a la semana. Si no tienes tiempo, haz pequeñas cosas como subir las escaleras o caminar. Damos paso a los radioyentes. ¿Dudas, preguntas? Estamos aquí para atenderos.

Pista 39

Titular 1. Buenas tardes. Con solo diez años se convirtió en la campeona del mundo más joven de la historia del deporte. Hoy hablaremos de...

Titular 2. Buenos días, informando desde Río de Janeiro sobre la española que más medallas olímpicas ha ganado...

Titular 3. Hoy entrevistamos al mejor. Por cuarta vez. Y en la era de mayor competitividad del triatlón, hoy hablamos con...

Titular 4. Es un honor dar la bienvenida hoy a nuestro programa al jugador que más veces ha ganado el Torneo de Roland Garros de todos los tiempos. Bienvenidos...

Titular 5. Es la primera deportista en conseguir once títulos mundiales en su especialidad ¿Increíble, no? Pero es verdad. Ella, que empezó tan joven en el kitesurf... Hoy, en el día de su cumpleaños, felicitamos a....

Titular 6. Con once años fue campeón de España y entonces empezamos a imaginarnos la gran carrera que tenía por delante este gran deportista. Hoy en directo desde el campeonato de tierra batida más famoso hablamos con...

Pista 40

Noticia 1
¡Navas, Navas va corriendo! Tiene el balón, se lo pasa a Jesús, Jesús lo pasa a Torres, Torres lo pasa a Iniesta, no llega, nooo llegaaaa, lo coge Fábregas y Fábregas, Fábregas se lo pasa a Iniesta y, y, y, y... ¡Gooooool!

Noticia 2
Nadal va ganando este set. Le toca sacar la pelota. La saca fuerte y la mete directamente. ¡Qué buen saque! Punto para Nadal y ya vamos cuarenta a quince..

Pista 41

1. Hola, Malena. ¿Qué te ha pasado con los contactos? Ja, ja. Soy María Moreno, tu compi de inglés. Me duele mucho el oído y no puedo ir a clase. ¿Qué puedo hacer?
2. Hola, me siento mal, estoy muy cansada, tengo agujetas, he hecho demasiado deporte, necesito tomar vitaminas. Ah, que soy Leyre (García, ya sabes), perdón.
3. Hola. ¡Qué desastre eres! Soy Ana, bueno Ana Blanco, ya sabes, tu prima. Que me duele mucho la garganta y no he podido ir a trabajar, ni puedo hablar. ¿Algún consejo?
4. Aló, buenas noches. Que mi hijo Jeremy tiene un fuerte dolor de cabeza, así que no puedo ir a cenar. Oye, ¿qué puedo hacer? Un besote.
5. Buenas, soy Luis Sánchez, tu compi de yoga. Que mañana no voy a clase por el dolor de cuello. ¿Tienes alguna recomendación para mi cuello?
6. ¿Otra vez problemas con el móvil? En fin, que como me duele la espalda y no puedo moverme, que no sé qué hacer... Ah, soy Paloma López, la pesada de tu vecina, ja, ja.
7. Guapa, necesito ir al dentista urgentemente, tengo un dolor de muelas terrible. Llámame. Ah, claro, que soy Manuela.

Pista 42

1. ¡Ay, Pepe! ¿Sigues mal? Te mando este mensaje rápido. Compra miel y limón. Cómpralos hoy mismo y bébete un té caliente con eso. Mañana, si sigues mal, vete a la consulta sin problemas. Mejórate.
2. Hola, colega, ¿cómo estás? Mi madre siempre me dice: toma leche caliente y tómate una aspirina. Seguro que mañana estás mejor.
3. Uf, qué mal. Métete en la cama y duerme toda la noche. Mañana dúchate con agua caliente y si no estás mejor ve a la consulta del médico.

Pista 43

Aviso A. Señores pasajeros, abróchense los cinturones. Levanten las ventanillas. Nos quedan veinte minutos para llegar al aeropuerto de destino.
Aviso B. Señores pasajeros, tenemos turbulencias. Abróchense los cinturones. Si está en el baño, vuelva a su asiento.
Aviso C. Buenos días, pase, pase. ¿Qué asiento tiene? Por allí. Gracias.
Aviso D. Adiós. Hasta pronto. Muchas gracias por volar con nosotros.
Aviso E. A continuación la tripulación va a pasar por la cabina para ofrecer el servicio de comidas. Si desea algo, por favor, llame al auxiliar de vuelo.
Aviso F. Buenos días, señores pasajeros. En cinco minutos empezamos el embarque. Busquen su tarjeta de embarque y pasaporte para presentarlos antes de subir al avión.
Aviso G. Señores pasajeros acabamos de aterrizar en el aeropuerto de Asunción, son las diez y quince minutos de la mañana y la temperatura es de diecinueve grados. Les damos las gracias por volar con LATAM Paraguay. Las maletas de este vuelo saldrán por la cinta número diez.

Pista 44

Uno: Cambia dinero en las ciudades, no siempre se consigue cambio en los pueblos pequeños.

Dos: Los alojamientos más económicos son casas con familia y posadas turísticas. Reserva con tiempo porque no siempre encuentras sitio.

Tres: Si vas a recorrer el país, alquila un coche o auto, pero si solo vas a moverte por grandes ciudades, los taxis y buses son una buena opción.

Cuatro: Prueba la comida local y si viajas por el país, para y prueba la comida que venden en la carretera, está buenísima y es muy económica. Ah, un dato: la sopa paraguaya no es sopa. Ja, ja, ja.

Cinco: Bebe mucha agua, ponte protector solar, lleva gorra y repelente para mosquitos. Suele hacer bastante calor, pero claro, depende de la época del año.

Seis: Es un país bastante seguro y la gente es muy acogedora y simpática pero mi consejo es este: lee blogs de viajeros y las páginas oficiales de las embajadas de tu país, así no tendrás sorpresas desagradables.

UNIDAD 1

Pista 45

Mensaje 1: Marta, nos vemos a las nueve menos cuarto en la entrada. Acuérdate de que el primer grupo empieza a tocar a las nueve. A mí me gusta estar en primera fila, ¡sé puntual por favor!

Mensaje 2: Chicos, ¿vale la pena verla? ¿Qué tal están los actores? Es que quiero ir con mi hermano este fin de semana, pero no me gustan las que son pesadas o muy tristes.

Mensaje 3: María, ya tengo las entradas. La tuya te la dejo en tu mesa de trabajo porque voy a llegar un poco tarde. Vienen Fran y Gonzalo para animar a nuestro equipo y luego nos tomamos una caña con ellos. ¿Te apetece? ¿Vas a llevar la bufanda para animar o la camiseta?

Mensaje 4: Hola, Antonio. No te la puedes perder. El último día para verla es el domingo veintiocho. Ah, y en se puede ver en dos horas. Tienen un folleto que te ayuda a entender mejor todo. Muy bien hecho y explica las cosas genial.

Pista 46

1. Tranquila, voy a ser puntual. ¿Qué ropa te vas a poner? Yo la camiseta del grupo, que ya sabes que soy superfan. Ah, y una cosa, ¿podemos esperar al final del concierto para ver si los cantantes nos firman la camiseta?

2. Pues sí, la peli está genial, pero hay mucha gente. La mejor sesión es la de las seis porque hay menos personas. Si quieres voy contigo las dos veces, pero si me invitas a las palomitas, je, je, je.

3. Claro, sí genial, pero mira, el partido acaba a las once, casi mejor que cañas nos vamos a cenar, ¿no? Y sí, me voy a poner la camiseta del equipo y la bufanda, pero, por favor, no quiero ir yo sola así, ¡lleva la tuya también!

4. Sí, sí. Vamos a la exposición juntos, ¿vale? Me han dicho que hay que ir muy elegante, ¿es verdad? Solo una cosa, ¿me prestas una corbata?

UNIDAD 2

Pista 47

1. Buenos días. Comenzamos esta semana con la noticia de la visita del expresidente a Japón. Allí va a estar siete días invitado por una editorial para promocionar la traducción al japonés de un libro sobre su vida. Mujica va a participar en muchas actividades. Seguimos con otras noticias breves...

2. Hola. Hoy miércoles el expresidente Mujica en su visita al país nipón va a dar una rueda de prensa en la editorial que lo ha invitado. Va a atender periodistas y responder preguntas. Su agenda le va a llevar a varios lugares de Tokio, incluida una visita a la universidad para dar una conferencia mañana.

3. Buenas tardes. Hoy Mujica ha hecho una conferencia en la Universidad de Estudios Extranjeros de Tokio. Ha emocionado con sus palabras y los profesores estaban muy contentos con su visita. Ha tenido tiempo para responder preguntas de los estudiantes. La visita está siendo un éxito. Han salido en todos los medios del país noticias sobre él y sobre nuestro Uruguay.

UNIDAD 3

Pista 48

Viajero: Hola, ¿es el teléfono de emergencias para turistas?
Policía: Sí, está llamando a la comisaría de policía de Yucatán, ¿en qué podemos servirle, señor?
Viajero: Ah, pues que me han robado el equipaje y tenía toda mi ropa, y quiero poner una denuncia.
Policía: Claro señor, ¿dónde le han robado el equipaje? ¿En el aeropuerto o en el hotel?
Viajero: Pues en la calle, esperando un taxi.
Policía: ¿Ha visto quién era?
Viajero: No he visto nada, no sé cómo ha pasado.
Policía: ¿Cómo es su equipaje?
Viajero: Pues es una mochila pequeña, negra y roja y tiene un cartel con mi dirección
Policía: Puf, señor es muy difícil encontrar una mochila en la calle. Su nombre y su teléfono.
Viajero: Me llamo Paco Martín, y no tengo teléfono, está en mi mochila. Llamo desde el hotel Vista al Mar.
Policía: De acuerdo, si encontramos algo, llamaremos al hotel.

UNIDAD 4

Pista 49

¡Hola radiooyentes! Comenzamos este programa del sábado doce de octubre recordando efemérides históricas. En concreto, hoy vamos a recordar la independencia de Guinea Ecuatorial de España tal día como hoy, pero en 1968, cuando la independencia fue reconocida oficialmente. El nombre del país viene del lugar donde está: el Golfo de Guinea y porque está cerca de la línea del Ecuador. La verdad es que conocemos muy poco sobre este país, pero en los últimos años y gracias a la película *Palmeras en la nieve* y al libro en el que se basa el guion, conocemos más. El libro fue un superventas y por eso se hizo la película. En la película se ven paisajes impresionanes y podemos conocer un poco más la vida del país durante la época colonial. Con esta película Mario Casas ganó un premio Fotograma de Plata al Mejor Actor. Es muy dura y habla de la esclavitud. La verdad es que es un documento que nos enfrenta a nuestra historia como país colonial. La verdad es que la dictadura de Obiang que empezó en 1979 tampoco ayuda al turismo o al interés por el país. Pero bueno, no solo pasó esto un doce de octubre: el doce de octubre de 1492 Colón pisó por primera vez el Nuevo Mundo y en 1935 nació Luciano Pavarotti, este inolvidable tenor italiano de voz profunda. También, como sabéis, hoy celebramos el Día Nacional de España, pero en países hispanoamericanos se conoce como Día de la Raza y en otros como Día de la Hispanidad. Y, querido oyente, ¿cómo vas a celebrar hoy este día? ¿Tienes otra razón importante para ti para recordar o celebrar el doce de octubre?

Pista 50

1. El artista latino que más ha vendido ha sido Julio Iglesias, con más de trescientos millones de copias. ¡Hoy es su cumpleaños y le felicitamos!

2. Si tienes todavía videos en tu casa y quieres digitalizarlos, llama al nueve, cero, dos, nueve, cero, dos, nueve, cero, dos.

3. Se cumplen sesenta años de la muerte del mayor coleccionista del mundo que llegó a tener treinta mil unidades

4. Este objeto ya ha sustituido los disquetes y los cedés en nuestra vida diaria. ¿Quién no tiene varios?

5. Ya puedes visitar la instalación en horario de viernes a domingo de diez a cinco. Este año el tema es *Mucho más que un muñeco: diseña el tuyo y juega como un niño*. Baja en la parada de Chamartín.

6. Hoy hay una convención en la ciudad de aficionados que van a jugar sin pausa durante veinticuatro horas.

7. En 2001 apareció el primero y desde entonces todo el mundo tiene uno para escuchar música mientras viaja o hace deporte.

8. Estos Reyes regala un clásico. Este cubo mágico es ideal para desarrollar la concentración y pasar un buen rato. ¡No te quedes sin él!

UNIDAD 5

Pista 51

Periodista: Hola, Patty.

Patty: ¡Hola y bienvenidos a mi casa!

Periodista: Muchas gracias. ¡Qué casa tan bonita! Tenemos muchas preguntas que hacerte para nuestros oyentes.

Patty: Pues encantada de contestar a todas.

Periodista: ¿Por qué y cuándo decidiste hacer esto?

Patty: Soy traductora y trabajo desde casa, así que como generalmente no me relaciono con mucha gente, una amiga me aconsejó inscribirme en alguna página para anunciar mi comida. Lo hice y funcionó. Cocino, conozco gente, me divierto y gano un dinero extra que no viene mal.

Periodista: ¿Entonces tu casa es un restaurante?

Patty: Solo un día a la semana. Empecé una vez al mes, pero ahora cada sábado tengo reservas. La casa es grande y eso me permite recibir hasta doce personas, tanto en invierno como en verano.

Periodista: ¿Cuánto tiempo necesitas para preparar un menú?

Patty: Necesito un día y medio para organizarme. Decido el menú, hago la compra y cocino.

Periodista: ¿Le gusta a la gente la comida peruana?

Patty: Sí. En Madrid hay restaurantes de muchos sitios, pero la gente que viene a comer a mi casa busca experiencias y probar comida auténtica. Además, uso ingredientes de primera calidad. También cuando vienen, ven el pueblo que es un lugar precioso, tranquilo y con una arquitectura interesante.

Periodista: ¿Cómo es el trato con un desconocido? Porque tener gente que no conoces de nada en el salón o en la cocina de tu casa es un poco incómodo, ¿no?

Patty: Para mí no son desconocidos. La gente que viene se pone en contacto conmigo antes de venir. Me cuenta quién es, qué hace, sus intereses y muchas veces repiten.

Periodista: ¿Quién te enseñó a cocinar así?

Patty: Sobre todo mi abuela, pero mi madre y mis tías también. Cuando llegué a España empecé a sentir nostalgia de la comida de mi país, así que tuve que recuperar todas las recetas de la familia.

Periodista: Qué historia tan bonita, Patty. Bueno, ¿nos enseñas tu casa?

Patty: Claro. Pasen, pasen. Este es el salón donde pasamos bastante tiempo, sobre todo cuando estamos todos en casa.

Periodista: ¡Ay! ¡Qué grande y luminoso es!

Patty: Sí, es verdad, pero en verano hace mucho calor aquí, así que solo lo usamos en invierno. Allí al fondo, a la derecha, está la cocina-comedor. Ya saben que me encanta cocinar, así que cuando lo hago me gusta estar cerca de la familia y los amigos. Así todos colaboran y hablamos mientras cocino.

Periodista: Es muy cómodo tener una cocina grande.

Patty: Por eso vivimos fuera de Madrid. Los precios de alquiler en Madrid son más caros que aquí, además estamos más tranquilos. Lo malo es que mi marido tiene que levantarse muy temprano para ir a trabajar. Entre autobús y metro necesita más de una hora para llegar a su oficina. Yo trabajo desde casa, así puedo estar también cerca de los niños.
Al lado de la cocina tenemos un aseo y a la izquierda está mi habitación de trabajo, es el lugar donde tengo mi mesa y mi ordenador. Ahí es donde trabajo cuando estoy sola en casa, pero cuando llegan los niños de la escuela estamos mucho tiempo en el salón o en la cocina-comedor, depende del momento del día. Y al final del pasillo tenemos el dormitorio de invitados y un cuarto de baño.

Periodista: ¡Qué bonita la habitación!

Patty: Y no es nada calurosa. Cuando no tenemos invitados en verano la usamos nosotros. Arriba está la parte privada de la casa: son tres dormitorios: el nuestro, los de los niños y el cuarto de baño. Y bueno, por último les enseño donde desayunamos y cenamos cuando hace buen tiempo. Para mí es la mejor zona de la casa, la más bonita y mi favorita, el jardín. Como tenemos plantas y árboles es muy fresquito. Así que en verano organizo las cenas aquí y en invierno en la cocina-comedor.

Periodista: Nos encanta la casa. ¿Y qué tal el pueblo y los vecinos?

Patty: Es tranquilo, aquí casi todos nos conocemos, porque la mayoría tenemos hijos y van juntos a la escuela, o al polideportivo o nos vemos en la piscina del pueblo o en las fiestas.

Pista 52

Agente: Hola.

Cliente: Hola, mira, te llamaba por el piso compartido.

Agente: Ah, sí, sí, hablamos antes, ¿no? Mira, tengo un pisito con tres habitaciones en un barrio con muchas terrazas y restaurantes y cerca de la zona turística.

Cliente: ¿Sí? ¡Qué bien! ¿Y de precio, cómo está?

Agente: Entra dentro del presupuesto.

Cliente: ¿Y tiene bares, terrazas y restaurantes?

Agente: Sí, es un barrio con muchas calles pequeñas llenas de bares y es una de las mejores zonas para salir de tapas.

Cliente: ¡Genial! ¿Y sabes si es posible tener mascota o si las otras personas del piso tienen mascota?

Agente: No, no tienen, pero creo que sí es posible. Lo que no se puede es fumar, es un piso de no fumadores.

Cliente: Ah, perfecto. ¿Puedo ir a verlo hoy?

Agente: Sí, claro. ¿A las cinco te parece bien?

Cliente: Sí, sí. Ah, y una cosa más. ¿Puedo empezar desde el mismo uno de septiembre o es un problema?

Agente: No, no. Es que en verano lo alquilan por semanas para vacaciones, pero el uno de septiembre ya está listo para vivir en él.

Cliente: Ok, creo que nada más. ¿Nos vemos luego?

Agente: Sí, hasta la tarde.
Cliente: Gracias, chao.
Agente: Chao.

(...)

Agente: ¿Sí?
Cliente: Buenas, vengo a ver el piso.
Agente: Sí, sube, sube. Te estaba esperando.
Cliente: ¿Es en el tercero, no?
Agente: Sí, tienes el ascensor a la derecha.
Cliente: Ah, vale, gracias.

(...)

Agente: Pasa, pasa. Te enseño el piso y la habitación. Mira, este es el salón comedor.
Cliente: Ah, bien. Es grande y tiene muchísima luz. Además me encanta cómo está decorado.
Agente: Es que aquí viven otros dos chicos que estudian en la universidad así que me imagino que tenéis gustos parecidos.
Cliente: Y la habitación, ¿cuál es?
Agente: Es la que está al fondo del pasillo. Y enfrente está el cuarto de baño que vas a compartir con uno de tus compañeros, por eso es más barata...
Cliente: Vale, me la quedo.

UNIDAD 6

Pista 53

Camarero: Buenas noches, ¿qué quieren beber?
Cliente: Queremos una botella de vino tinto y una botella de agua sin gas.
Camarero: De acuerdo. ¿Qué quieren tomar de primero?
Cliente: Pues queremos tres ensaladas y un gazpacho.
Camarero: Muy bien, ¿y de segundo?
Cliente: Hum, pues no sabemos aún, ¿qué nos recomienda?
Camarero: La lasaña de verduras es excelente y la hamburguesa es nuestro mejor plato.
Cliente: Genial, entonces queremos dos lasañas y dos hamburguesas.
Camarero: ¿Y de postre? Les recomiendo nuestro pastel de zanahoria y nuestra degustación de chocolates.
Cliente: Sí, claro, pues queremos una degustación de chocolate y tres pasteles de zanahoria.
Camarero: De acuerdo, ¿algo más?
Cliente: No, gracias.

UNIDAD 7

Pista 54

Mensaje 1
¡Hola! Tengo veinte años y siempre he vivido con Internet, no puedo imaginar la vida sin la red. Mis padres me cuentan historias y yo no puedo imaginarlo. Me gusta escuchar cómo se peleaban cuando no sabían algo durante horas y ahora en un minuto y un clic en Google solucionas todas las preguntas. Creo que la vida ha mejorado mucho y vivir sin Internet es poco práctico. Si no tengo Internet, pues veo la tele, hago los deberes, salgo a la calle,... pero es que tampoco estoy todo el día en el ordenador. Creo que hago un uso equilibrado. Puedo pasar un buen rato con mis amigos en persona o con Whatsapp, así que todo me parece bien.

Mensaje 2
Hola, yo recuerdo que tuve mi primer móvil con dieciocho años. Ahora los niños con diez ya tienen uno. Mandaba mensajes SMS y no había Internet en los teléfonos. Claro, yo creo que el punto de diferencia es la conexión a Internet en los teléfonos. Ahora nos ofrece mil aplicaciones. Yo creo que es interesante. Antes hablaba más cara a cara con otras personas y salía más a la calle. Ahora trabajo todo el tiempo y siempre estoy conectada para ver el correo del trabajo. Pero también conozco muchas más cosas de la vida diaria de mis amigos. Si no tengo conexión lo paso mal. Puedo estar dos o tres horas. Normalmente si pasa eso aprovecho para hacer la compra o limpiar la casa.

Mensaje 3
Yo cuando no tengo Internet sufro. Lo uso para todo: mi vida personal y profesional. Sin Internet no puedo trabajar: enviar correos, buscar información... Si no hay Internet por algún problema, lo primero que hago es llamar a la compañía para calcular el tiempo aproximado del problema. Si es para mucho tiempo, hago un plan B de trabajo. Muchas veces puedo cambiar mi horario de trabajo y entonces voy al gimnasio de mañana, a hacer la compra, a tomar un café, pero todo eso me pone muy nervioso. Me gusta estar conectado.

Mensaje 4
Si no tengo Internet en casa porque hay un problema, me voy a otro lugar como una biblioteca pública o una cafetería. Lo necesito. No tengo plan B. Solo si pasa a última hora de la tarde llamo a algún amigo para tomar algo o pasear, pero me pone nervioso no poder ver si tengo mensajes o notificaciones de wasap, Instagram, Facebook...

UNIDAD 8

Pista 55

Julia Otero: Teresa, ¡hola, bienvenida!
Teresa Perales: ¡Hola! ¿Qué tal, Julia?
Julia: Bienvenida.
Teresa: Muchas gracias.
Julia: Tu silla. ¿Qué tal, Teresa?
Teresa: Muy bien, encantada de estar aquí.
Julia: ¿Cómo pez en el agua?
Teresa: Como pez en el agua, tranquila y relajada.
Julia: Como una supersirena en el agua.
Teresa: Bueno, lo intento siempre que puedo.
Julia: ¿Cuándo decidiste tirarte a la piscina, Teresa?
Teresa: Jo, pues ya han pasado muchos años. Sí... Decidí tirarme a la piscina por hacer algo de ejercicio, por tener un medio cómodo en el que poderme mover sin silla y sin nadie.
Julia: O sea, sabías nadar, pero me han contado que... ¿no sabías nadar?
Teresa: No, no sabía.
Julia: ¿Cómo que no sabías nadar? ¿Pero ni flotabas?
Teresa: A ver, sabía chapotear, sabía mantenerme a flote, estilo perro, que eso yo creo que todos nacemos con esa sensación innata, ¿no?, pero no, no sabía nada.
Julia: O sea, de chapotear a veintidós medallas olímpicas.
Teresa: Así es.

Julia: Bueno, cuéntame, ¿eso cómo se hace?

(...)

Teresa: A veces hace falta alguien que te diga: Oye, que sí que vales, que eres un diamante en bruto que tenemos que pulir. Luego está que tú te lo creas un poquito y que pelees mucho para conseguirlo. Pero sobre todo es querer hacerlo de verdad.

Julia: ¿Y tú quieres desde el primer día que supiste que no volverías a andar o hubo un proceso de mentalización y de coraje por dentro que te hizo como eres ahora, Teresa?

Teresa: A ver, lógicamente, el primer día cuando me dicen "No vas a poder caminar", no pienso "Me voy a meter a una piscina y voy a ganar medallas" o "Voy a intentar ganar medallas o llegar a unos Juegos". Yo había perdido al fin y al cabo la movilidad y la sensibilidad en mis piernas, aunque había sido algo progresivo, pero, hombre, tú te intentas aferrar a que eso no...

Julia: No va a pasar.

Teresa: No va a pasar, ¿no? Y, además, aunque sí pasa, eso se irá, y tú volverás a caminar otra vez y tal. Hay un proceso de tiempo en el que yo todos los días por la mañana lo primero que hacía era mirarme los pies, a ver si los movía. Pero también creo que el momento mejor es cuando me olvido de hacer eso un día y digo: "Ya está. Ya hemos hecho ese cambio".

(...)

Julia: Y ahora ayudas a ejecutivos a ponerse de pie...

Teresa: ¡Mira qué bueno esto!

Julia: ¿No?

Teresa: Esto me lo voy a apuntar, Julia.

Julia: Claro, porque les enseñas cómo convertir los hándicaps o las situaciones conflictivas a favor y a sacar de ellos la máxima energía, ¿no?

Teresa: Sí, de hecho, algunas de las charlas que he dado o alguno de los procesos que he iniciado con gente lo he llamado "cómo gestionar el cambio", porque creo que el cambio normalmente produce como una montaña rusa de emociones y las emociones se entrenan. Entonces yo hablo de cómo puedes gestionar tus emociones para afrontar cualquier circunstancia.

(...)

Julia: Supongo, Teresa, que el reconocimiento de la gente forma parte digamos, del pago al esfuerzo de tantísimas horas y horas, días, semanas, meses, metida en el agua entrenando.

Teresa: Es mucho mejor que cualquier medalla. ¿Sabes? El salir ahora por la calle y que la gente me conozca es increíble. Y no lo digo de una forma egocéntrica, de fíjate, no, no, no, lo digo... Hay un deportista, o una deportista en este caso, paralímpica, como nunca antes había pasado: que un paralímpico fuera conocido en otras ciudades y de la manera que lo es ahora mismo.

Julia: Y una paralímpica que ha tenido reconocimiento más allá de las medallas de los Juegos Olímpicos, concedido, por ejemplo, por el Consejo de Ministros: la Medalla del Mérito Deportivo.

Teresa: Es verdad, nunca antes un deportista paralímpico había recibido la Gran Cruz. Sí que teníamos las reales órdenes, yo tenía de hecho la Real Orden al Mérito Deportivo en categoría de bronce primero..., la tuve, y luego en categoría de oro, pero ya el máximo reconocimiento institucional que hay en España al deporte...jo... desde luego no me lo habría planteado nunca.

(...)

Julia: Yo creo que ahora te has planteado ser el motor de ese cambio, Teresa..., ¿no?

Teresa: Bueno, no me importa. Creo que de alguna forma me he convertido en una persona que, por esa trayectoria deportiva, tengo quizá más voz en algunos lugares, ¿no? Y tengo que aprovechar esa ocasión para decir "que estamos aquí " Y que yo quiero que esto cambie. Y volviendo a si quieres que las cosas cambien, tú mismo tienes que provocar el cambio. Y eso es lo que hago yo cada día, tratar de provocar el cambio.

Julia: Siempre aprovechar la coyuntura para ponerla a favor de los principios en los que crees.

Teresa: Así es.

Julia: Abanderada por tanto de una buena causa, y abanderada en Londres de la selección española. ¿Cómo recuerdas ese momento en que te dicen: "Teresa, quieres ser nuestra abanderada"?

Teresa: Pues estaba en el coche, me acuerdo perfectamente como si fuera ayer, estaba en el coche, esperando a que bajara mi marido para ir a buscar al niño al colegio y recibo una llamada del presidente del Comité Paralímpico Español, de Miguel Carballeda, y me dice: "Bueno, Teresa, por esto, por esto y por esto, pues hemos decidido que este año vas a ser la abanderada del equipo español". Y se me puso un nudo en la garganta porque, jo, es muy emocionante. Porque yo recordaba cada una de las veces que había entrado en ese túnel previo al estadio y cómo se abre la puerta, entras tú por ahí y ves el estadio ¡brutal! Y yo siempre, bueno normalmente, nunca he ido en la parte delantera, nunca había salido en la tele ni nada, y siempre iba en la parte de atrás y este año iba a estar en la parte de delante llevando yo la bandera. Sobre todo pensaba en mi madre y en mi hermano que era como el gran orgullo para ellos que fuera la abanderada.